D1828050

Renate Luca, Stefan Aufenanger
Geschlechtersensible
Medienkompetenzförderung

Schriftenreihe Medienforschung
der Landesanstalt für Medien
Nordrhein-Westfalen

Band 58

Renate Luca, Stefan Aufenanger

Geschlechtersensible Medienkompetenzförderung

Mediennutzung und Medienkompetenz
von Mädchen und Jungen sowie
medienpädagogische Handlungsmöglichkeiten

unter Mitarbeit von
Petra Grell

>lfm:

VISTAS

Bibliografische Information der Deutschen Nationalbibliothek
Die Deutsche Nationalbibliothek verzeichnet diese Publikation in der Deutschen Nationalbibliografie; detaillierte bibliografische Daten sind im Internet über http://dnb.d-nb.de abrufbar.

Herausgeber:
Landesanstalt für Medien
Nordrhein-Westfalen (LfM)
Zollhof 2
40221 Düsseldorf
Tel.: 0211 / 770 07 – 0
Fax: 0211 / 72 71 70
E-Mail: info@lfm-nrw.de
Internet: www.lfm-nrw.de

Copyright © 2007 by
Landesanstalt für Medien
Nordrhein-Westfalen (LfM), Düsseldorf

Verlag:
VISTAS Verlag GmbH
Goltzstraße 11
10781 Berlin
Tel.: 030 / 32 70 74 46
Fax: 030 / 32 70 74 55
E-Mail: medienverlag@vistas.de
Internet: www.vistas.de

Alle Rechte vorbehalten
ISSN 1862-1090
ISBN 978-3-89158-468-2

Umschlaggestaltung: disegno visuelle kommunikation, Wuppertal
Satz: Schriftsetzerei – Karsten Lange, Berlin
Druck: Bosch-Druck, Landshut

Vorwort des Herausgebers

Mädchen und Jungen nutzen Medien sehr unterschiedlich. Nutzungsstudien zeigen beispielsweise, dass Jungen im Vergleich zu Mädchen in ihrer Freizeit lieber den PC nutzen, Mädchen nehmen demgegenüber eher einmal ein Buch zur Hand. Auch wenn das Fernsehen Lieblingsmedium beider Geschlechter ist, divergieren die inhaltlichen Präferenzen jedoch enorm: Während Daily Soaps von den Mädchen wesentlich lieber gesehen werden, liegen die Vorlieben der Jungen bei Sportsendungen und Actionserien und -cartoons. Mädchen und Jungen unterscheiden sich auch in ihren Kompetenzen im Umgang mit Medien. Mädchen wird nachgesagt, dass ihre technischen Kompetenzen eher schwächer ausgebildet sind, so dass der Zugang zum und die Nutzung des PC im Geschlechtervergleich bei ihnen weniger ausgeprägt ist. Jungen hingegen – so auch die PISA-Studie – scheinen mit Blick auf eine „kritisch-argumentative Auseinandersetzung“ mit Texten weniger lesekompetent als Mädchen.

Diese Ausführungen verdeutlichen im Ansatz die unterschiedlichen medialen Präferenzen und Aneignungsweisen von Mädchen und Jungen. Ziel der vorliegenden Studie war es, die wissenschaftlichen Erkenntnisse über die unterschiedlichen Nutzungsgewohnheiten und -kompetenzen systematisch aufzubereiten, um auf dieser Basis Maßnahmen zur Förderung von Medienkompetenz so ausrichten zu können, dass sie den geschlechterspezifischen Fähigkeiten und Defiziten besser gerecht werden. Über die Auswertung bestehender Forschungsergebnisse hinaus wurden beispielhaft Praxisprojekte ermittelt, die eine geschlechterhomogene Medienkompetenzförderung umsetzen. Theoretische Befunde und Praxisbeispiele wurden schließlich kontrastiert, um Bedarfe für die Medienkompetenzforschung und -förderung ableiten zu können. Dabei zeigt sich, dass weniger eine geschlechter*spezifische* als vielmehr eine geschlechter*sensible* Medienpädagogik notwendig ist, bei deren Umsetzung unterschiedliche mediale, personale, soziale und situative Faktoren berücksichtigt werden müssen.

Prof. Dr. Norbert Schneider
Direktor der LfM

Frauke Gerlach
Vorsitzende der Medienkommission der LfM

Inhalt

1 Einleitung

Die geschlechterspezifische Medienkompetenzförderung ist vor dem Hintergrund der Annahme, dass Jungen und Mädchen Medien unterschiedlich nutzen und rezipieren eine zentrale Herausforderung der Medienpädagogik. Jedoch liegen noch relativ wenige empirisch fundierte Erfahrungen zu medienpädagogischen Aktivitäten vor, die diese Betrachtung auch wissenschaftlich begründen und belegen. Darüber hinaus fehlt es an einem systematischen Überblick und der Bewertung des aktuellen Forschungsstands zur geschlechtsspezifischen Mediennutzung, zu unterschiedlichen Formen der Rezeption von Medien sowie Effekten in Bezug auf Mediensozialisation.

Medienkompetenz kann aktuell als ein zentraler Begriff der Medienpädagogik angesehen werden (vgl. Moser 2004, Vollbrecht 2001) und auch in bildungspolitischen Diskussionen nimmt er einen besonderen Raum ein. Seine Bestimmung ist vielfach unternommen worden (vgl. Baacke 1973, 1999; Aufenanger 2000, 2001; Grapski 2001; Groeben/Hurrelmann 2002), aber im empirischen Bereich gibt es noch vielfach Lücken (Schell/Stolzenburg/Theunert 1999). So ist vor allem bei der Förderung spezifischer Aspekte von Medienkompetenz bei Kindern und Jugendlichen unter geschlechterspezifischen Aspekten ein relevanter Nachholbedarf zu sehen. Zwar gibt es in der medienpädagogischen Praxis anscheinend eine Vielzahl von Projekten, die u. a. die Vermittlung von Kompetenzen im Bereich der Nutzung von Medien insbesondere neuen Medien zum Ziel haben, aber in den meisten Fällen sind diese Aktivitäten theoretisch konzipiert und begründet und es fehlt ihnen an einer Begleitforschung, die Fragen nach dem Erfolg solcher Maßnahmen zu beantworten sucht. Dies ist besonders vor dem Hintergrund der Annahmen zu sehen, dass Jungen und Mädchen unterschiedliche Zugangs- und Nutzungsweisen von Medien haben, wie etwa die KIM-Studien jährlich verdeutlichen. In einer neueren Übersichtsarbeit (Luca 2003) wird ebenfalls gezeigt, dass das Geschlecht eine relevante Variable nicht nur in der Rezeption von Medien, sondern auch bei deren kompetenter Nutzung sowie unter der Perspektive von Mediensozialisation darstellt. Die bisherigen Diskussionen konzentrieren sich sehr stark auf Mädchen, denen häufig mangelnde Kompetenzen unterstellt werden. Neuere empirische Studien, die dies untermauern würden, fehlen jedoch. Auch konzentriert sich Medienkompetenzförderung zu sehr auf Mädchen, während die Perspektive der Jungen häufig außer Acht gelassen wird. Die vorliegenden Ansätze zur Förderung von Medienkompetenz wie etwa die Arbeit von Burkhardt (2001) oder der Grundbaukasten Medienkompetenz (Pohlschmidt 2002) greifen zwar diesen Aspekt auf, was jedoch fehlt sind auf wissenschaftlicher Basis fundierte Konzepte. Die vorliegende Studie möchte diese Forschungslücke zwar nicht selbst empirisch schließen, jedoch auf der Grundlage vorfindbarer empirischer Studien und theoretischer Ansätze aus der Medienpädagogik und der Erziehungswissenschaft als auch von benachbarten Disziplinen den geschlechterbezogenen Umgang mit sowie die Rezeption von Medien den aktuellen Diskussionsstand wiedergeben und bewerten. Darüber hinaus werden Projekte zur Förderung von Medienkompetenz unter geschlechterspezifischen Aspekten dokumentiert und ausgewertet. Aus beiden Perspektiven werden dann Konzeptionen für legitimierbare Projekte zur Förderung von Medienkompetenz vorgestellt.

Es soll jedoch ergänzt werden, dass gerade im praktischen Teil dieser Studie nicht alle relevanten Projekte aufgeführt werden können. Zum einen sind nicht alle medienpädagogisch relevanten Projekte dokumentiert, so dass es sicher noch bedeutsame Projekte geben mag, die hier nicht erwähnt werden; zum anderen verbergen sich möglicherweise hinter manchen unbedarften Projekttiteln Ansätze geschlechtersensibler Medienkompetenzförderung, die nicht sofort erkennbar sind. Uns ging es auch nicht in erster Linie darum, eine umfassende Projektdokumentation vorzulegen, sondern vielmehr darum, anhand einer Vielzahl von dokumentierten Projekten differente Konzeptionen geschlechtersensibler Medienkompetenzförderung deutlich zu machen.

Der Aufbau der Studie ist Folgender: Zuerst werden wir die Diskussionen um dem Medienkompetenzbegriff vorstellen und die systematischen Ansätze aufzeigen. Hier gibt es zwar vielfältige Ansätze, aber im Grunde gehen doch alle in die gleiche Richtung. Es scheint in der Medienpädagogik ein gemeinsames Verständnis davon zu geben, was unter Medienkompetenz zu verstehen ist. Auch wird der Begriff in Zusammenhang mit der internationalen Diskussion gestellt, da Medienkompetenz eher ein deutscher Ausdruck ist. Dem schließt sich ein Referat zu Theorien der Mediensozialisation an, die eine Grundlage für die Frage nach geschlechterspezifischer Medienkompetenzförderung darstellen sollen. Dass die Diskussionen um den Begriff Geschlechter bzw. zu Fragen von Geschlechtersozialisation noch nicht abgeschlossen sind, wird im nächsten Kapitel deutlich. Hierzu werden die aktuellen Debatten vorgestellt und bewertet. Wie die verschiedenen Medien – ob alt oder neu – aus der Perspektive des Geschlechts genutzt werden, gibt der Überblick über Mediennutzungsdaten wieder. Dieser wird ergänzt durch Studien, die sich vor allem unter qualitativer Perspektive den geschlechterspezifischen Rezeptionsprozessen widmen.

Projekte zur geschlechterbetonten Medienkompetenzförderung werden in einem weiteren Kapitel vorgestellt. Hierzu wurden Recherchen vorgenommen, die Projekte katalogisiert und systematisch bezüglich ihrer Ansätze und Methoden ausgewertet. Ergänzt wird diese Vorgehensweise durch Expertinnen- und Experteninterviews, die zu den Konzepten solcher Ansätze Stellung nehmen. Zum Abschluss des Berichts werden verallgemeinerbare Konzepte zur geschlechtersensiblen Medienkompetenzförderung vorgelegt sowie weitere Forschungsperspektiven zur Thematik entwickelt.

2 Medienkompetenz – Stand der Diskussion

2.1 Ausgangslage – Gesellschaftlicher Diskurs

Der Begriff *„Medienkompetenz"* nimmt in der gesamtgesellschaftlichen Debatte um das Leitbild *Wissensgesellschaft bzw. Mediengesellschaft* eine zentrale Bedeutung ein. Im Hinblick auf den gesellschaftlichen Wandel von der Industriegesellschaft zur Informations- und Wissensgesellschaft rückt die medienvermittelte Information und Kommunikation in das Zentrum des gesellschaftspolitischen und wirtschaftlichen Interesses. Vor diesem Hintergrund wird Medienkompetenz oftmals als Schlüsselqualifikation bzw. als Anpassungsleistung der Individuen an die veränderten gesellschaftlichen Bedingungen betrachtet.

Da die strukturellen Veränderungen des technologischen Wandels alle gesellschaftlichen Bereiche beeinflussen, wird der pädagogische Begriff „Medienkompetenz" auch außerhalb pädagogischer Zusammenhänge diskutiert. Die Debatte um Medienkompetenz findet dabei in anderen wissenschaftlichen Disziplinen wie Politikwissenschaften, angewandter Informatik, Rechts- und Wirtschaftswissenschaften aber auch in nicht-wissenschaftlichen, öffentlichen Bereichen statt. Gapski konstatiert in einer explorativen Fallstudie zu Definitionen der Medienkompetenz eine konjunkturelle Verwendung des Begriffs sowohl in Massenmedien als auch in Fachpublikationen (vgl. Gapski 2001).[1] Die Popularität des Begriffs Medienkompetenz vergleicht Kübler mit dem der „Chancengleichheit" und der „Bildung für alle" (Kübler 1999). Die steigende politische Relevanz von Medienkompetenz zeigt sich vor allem daran, dass ihre Förderung jüngst als Aufgabe der Landesmedienanstalten gesetzlich im Rundfunkstaatsvertrag verankert wurde. Die vielfältigen Ansätze zur Förderung finden dabei auf breiter gesellschaftlicher Ebene statt. Zum Thema Medienkompetenz

1 Gapski wertet 104 deutschsprachige Medienkompetenz-Definitionen aus dem Zeitraum 1996 bis 1999 inhaltsanalytisch aus.

werden unter anderem Tagungen veranstaltet, Ratgeber und Arbeitshefte herausgegeben, Projekte initiiert sowie Stiftungen und Förderpreise eingerichtet.[2]

In den zahlreichen Definitionen und parallelen Diskursen zu „Medienkompetenz“ wird die unspezifische Substanz des Begriffs besonders deutlich. Selten werden die vielfältigen Umschreibungen und die mit „Medienkompetenz“ verbundenen Zielsetzungen in eine gesamtgesellschaftliche Sichtweise integriert. Vielmehr spiegeln sich in den Bestimmungsversuchen die unterschiedlichen Perspektiven wider, welche der jeweiligen Disziplin verhaftet sind. Inhaltliche Schwerpunkte und Zielsetzungen stehen daher einseitig nebeneinander. Beispielsweise wird Medienkompetenz aus wirtschaftlicher Sicht eher als Produktions- und Standortfaktor betrachtet, somit werden berufsbezogene Qualifikationen und technische Anpassungsleistungen akzentuiert. In gesellschaftspolitisch orientierten Beiträgen wird Medienkompetenz vor allem als Teil der „Demokratiekompetenz“ betrachtet, folglich als Voraussetzung für die Partizipation mündiger Bürger in einer demokratischen Informationsgesellschaft (vgl. Gapski 2003).

Eine Übereinstimmung in den unterschiedlichen Diskursen findet sich lediglich in der Auffassung, dass „Medienkompetenz“ eine zentrale Qualifikation innerhalb der Informationsgesellschaft darstellt. Überwiegend wird Medienkompetenz als individuelle Aufgabe zur Bewältigung von Orientierungsproblemen in einer von Medien durchsetzten Gesellschaft betrachtet.

Kontinuierliche Diskussionsstränge findet man in der Debatte um Medienkompetenz eher selten, vielmehr werden immer wieder neue Definitionen formuliert. Dabei zeichnen sich die meisten Definitionen dadurch aus, dass sie schnell überholt sind (vgl. Kübler 1999). Das liegt vor allem an dem Umstand, dass vorwiegend medientechnologische Aspekte ins Zentrum der Analysen gerückt werden. Technologische Entwicklungen im Medienbereich bringen aber schnelle Veränderungen mit sich, so dass Definitionen mit medientechnologischem Inhalt nur kurze Gültigkeit haben (vgl. Aufenanger 1997).

Sogar beim medienpädagogischen Diskurs, der durch eine langjährige und vergleichsweise kontinuierliche, inhaltliche Auseinandersetzung mit Medienkompetenz gekennzeichnet ist, wird in Fachtagungen zunächst geklärt, was unter Medienkompetenz grundsätzlich verstanden werden soll. Hierbei findet zwar eine kritische Auseinandersetzung mit alten Konzeptionen statt, jedoch

---

2 Einige Beispiele: Die Gründung des *Europäischen Medienkompetenzzentrums* in NRW (ecmc), welches unterschiedliche Medienprojekte professionell betreut bzw. umsetzt, und das Netzwerk für die Vermittlung von Medienkompetenz in NRW *„Mekonet“* wurden u. a. initiiert von der Landesanstalt für Medien NRW. Die Stiftung *MedienKompetenz Forum Südwest* (MKFS), die u. a. von der Landesanstalt für Kommunikation Baden-Württemberg, der Landeszentrale für Medien und Kommunikation Rheinland-Pfalz getragen wird, fördert medienpädagogische Maßnahmen und Projekte in Baden-Württemberg und Rheinland-Pfalz. Mit dem Webportal *Internet-ABC* soll Internetkompetenz auf breiter gesellschaftlicher Ebene gefördert werden. Zu den Mitgliedern des Trägers Internet-ABC e. V. gehören elf Landesmedienanstalten.

werden auch hier weitere Definitionen und Komponenten hinzugefügt. Zum gegenwärtigen Zeitpunkt gibt es daher auch innerhalb der Medienpädagogik keine einheitliche Sicht auf Medienkompetenz.

2.2 Medienpädagogischer Diskurs

Das Thema Medienkompetenz wird innerhalb der Medienpädagogik bereits seit Beginn der 1970er Jahre diskutiert. Dieter Baacke, der zu den einflussreichsten Vertretern der Medienpädagogik zählt, führte den Kompetenzbegriff in die medienpädagogische Debatte ein, indem er Chomskys Konzept der linguistischen Kompetenz aufgreift und in Beziehung zu der sozialwissenschaftlichen Theorie des kommunikativen Handelns von Habermas setzt. Seiner These nach stützen, *„Sprachkompetenz und Verhaltenskompetenz, die zusammen die kommunikative Kompetenz ausmachen[...]“* die grundlegende Aussage, *„[...] dass der Mensch ein kompetentes Lebewesen sei“* (Baacke 1973: 262).

Das Konzept der „Kommunikativen Kompetenz“, in welches Baacke die mediale Kommunikation integriert, wird vielfach als theoretischer Ausgangspunkt von Medienkompetenz betrachtet (vgl. Theunert 1999). Baacke beschreibt also Medienkompetenz als einen Teilaspekt der kommunikativen Kompetenz. Diese kann wiederum als eine Teilmenge der allgemeinen Handlungskompetenz, dem klassischen Erziehungsziel, betrachtet werden.

Für Baacke bedeutet „Medienwelt“ immer auch „Lebenswelt“ (Baacke 1999: 31). Medienkompetenz bezieht sich somit auf alle Lebensbereiche und geht insofern über institutionell vermittelte Medienerziehung hinaus. „Kompetenz“ versteht Baacke als übergeordnetes Bindeglied zwischen Bildung und Erziehung (vgl. Baacke 1999).

2.3 Inhaltliche Differenzierung von Medienkompetenz

Ein häufiger Kritikpunkt betrifft die Substanzlosigkeit des Medienkompetenzbegriffs. Aufgrund mangelnder Trennschärfe wird eine willkürliche Verwendung erleichtert, die wissenschaftliche Erarbeitung eines „universalen und konsensfähigen Begriffs von Medienkompetenz“ (Kübler 1996) aber erschwert. Zur Spezifizierung des Begriffs wurden eine Reihe von Systematisierungs- und Differenzierungsmodellen vorgelegt, in denen verschiedene inhaltliche Dimensionen von Medienkompetenz akzentuiert werden.

2.3.1 Medienkompetenz-Modelle

Die nachstehende Tabelle soll einen möglichst breiten Überblick zu klassischen und neueren Medienkompetenz-Modellen geben. Angesichts der vielfältigen inhaltlichen Ausdifferenzierungen, kann an dieser Stelle kein Anspruch auf

	Aufenanger (1997)	Baacke (1999)	Dewe/Sander (1996)	Groeben (2002)	KBE (1999)
1	Kognitive Dimension – Wissen, Verständnis und Analyse von Medien (Mediensysteme, medienspezifische Symbole/Codierungen, Medieninhalte)	Medienkunde – informativ – instrumentell-qualifikatorisch	Sachkompetenz (tätigkeitsbezogen) – Anwendungswissen – autonomes Zugriffswissen – Problemlösefähigkeit – mediales Schlüsselwissen – intermediale Übertragungs-/Transferfähigkeiten	Medialitätsbewusstsein/Medienwissen *Medialitätsbewusstsein:* – Medien sind Konstruktionen – 3 Ebenen: 1. Medialität-Realität 2. Realität-Fiktionalität 3. Realitätsbezug – Fiktionalitätsbezug *Medienwissen:* – Kenntnisse von übergeordneten Mediensystemen/-strukturen/-gattungen – Kenntnisse von Medienfunktionen und -wirkungsstrukturen	Wahrnehmungskompetenz Differenzierte, bewusste Wahrnehmung von Medieneindrücken und -erlebnissen – Ästhetik – Gestaltung – Sprache (medienspezifisch)
2	Moralische Dimension – medienspezifisches Verantwortungsbewusstsein – Medienethik – Medienanthropologie	Medienkritik – analytisch (Erfassung problematischer gesellschaftlicher Prozesse) – reflexiv (Anwendung des analytischen Wissens auf sich selbst und auf eigenes Handeln) – ethisch (soziale Verantwortbarkeit analytischen und reflexiven Denkens)	Selbstkompetenz (persönlichkeitsbezogen) – aktive Auseinandersetzung mit neuen Medien – lebenslanges Lernen – selbstständige Aneignung – Differenzierung: Realität – virtuelle Welten – Reflexion (gesell. Bedeutung von Medien)	Medienspezifische Rezeptionsmuster – technologisch-instrumentelle Fertigkeiten – komplexe, kognitive Verarbeitungsmuster/verschiedene Verarbeitungsstrategien zwischen Medien und innerhalb eines Mediums – Aufbau medienspezifischer, angebotsabhängiger Erwartungen	Verarbeitungskompetenz Kognitive Verarbeitung von Medieninhalten – In-Bezug-Setzen zu innerer und äußerer Erfahrungswelt – kritische Reflexion
3	Soziale Dimension – soziale und politische Interaktionen – politische Mediensysteme	Mediennutzung – rezeptiv, anwendend – interaktiv, anbietend	Sozialkompetenz (sozial ausgerichtet) – Fähigkeit zum Wechsel von Rollenperspektiven – Integrationsfähigkeit – Konfliktfähigkeit, Kommunikationsfähigkeit	Medienbezogene Genussfähigkeit Genussorientierung: Auswahl bestimmter Medienangebote situationsabhängig – emotional (Stimmung) – motivational (Unterhaltungsbedürfnis) – eskapistisch	Beurteilungs- und Selektionskompetenz – Wertorientierung innerhalb von Medienangeboten erkennen und mit eigenen Wertevorstellungen abgleichen (Analyse, Beurteilung)

3			– Medien als Ausdrucks- und Nutzungsinstrument für soziale Kooperationen – Rückkopplungsfähigkeit		
4	Affektive Dimension – Medien erleben – angemessener Umgang mit Emotionen	Mediengestaltung – innovativ – kreativ		Medienbezogene Kritikfähigkeit – kognitive, distanziert-kritische Analyse- und Bewertungsfähigkeit (Kriterien: Glaubwürdigkeitsindikatoren, umfassendes Wissen über Medienstrukturen und -prozesse, ...)	Kritische Nutzungskompetenz – zweck- und zielgerichtete Auswahl und Nutzung verschiedener Medienangebote
5	Ästhetische Dimension – mediale Wahrnehmung – Berücksichtigung verschiedener Adressaten (Kultur, Alter, etc.) bei medienspezifischer Gestaltung			Selektion/Kombination von Mediennutzung – Orientierungskompetenz – Navigationskompetenz – Entscheidungskompetenz – flexible Mediennutzungspluralität	Kreative Handlungskompetenz – Produktion und Verbreitung eigener Medieninhalte aufbauend auf der Kenntnis von übergeordneten Medienstrukturen
6	Handlungsdimension – kompetenter und qualifizierter Umgang mit Medien (Medien als Ausdrucks-, Gestaltungs-, Informationsmittel und Experimentiermöglichkeit)			(produktive) Partizipationsmuster – Produktivität – Aktivität	
7				Anschlusskommunikationen – Verbindung/Verknüpfung von Medienwelten und Alltagssituationen – Teil des Sozialisationsprozesses (Hineinwachsen in Medienwelten) – Kommunikation über Medieninhalte bzw. -angebote außerhalb Rezeptionszeitraum	

	Kübler (1999)	Lange (1999)	Moser (1999)	Pöttinger (1997)	Schorb (2005)	Tulodziecki (1997)
1	Kognitive Fähigkeiten – Kenntnisse über Strukturen, Organisationsformen und Funktionsweisen – Kenntnisse über Programme, Dramaturgien, Inhalte der Medien	Individuelle Ebene – Auswahl und kritische Beurteilung von medienvermittelten Inhalten – Medien als persönliches Ausdrucksmittel	Technische Kompetenz Erwerb eines grundlegenden Technikverständnisses zur sinnvollen Medienhandhabung – einfache Wartungs-/ Installierungsarbeiten – Umgang mit Grundfunktionen von elektrischen Geräten („Userkompetenzen") – einfache Programmier- und Navigierschemen – Verstehen von Fachausdrücken	Wahrnehmungskompetenz – mediale Strukturen, Gestaltungsformen, Wirkungsmöglichkeiten durchschauen	Medienwissen *Strukturwissen:* übergeordnete Zusammenhänge Medienverbund. *Funktionswissen:* instrumentell-qualifikatorische Fähigkeiten, ästhetisches Gestaltungswissen, Kenntnis von Programmen, Dramaturgien und Inhalte von Medien. *Orientierungswissen:* Komplexität von Medien durchschauen, Bewertungsdimension, subjektive Position finden	Medienangebote auswählen und nutzen – Medienangebote, mediale Produkte, Werkzeuge und Kommunikationsdienste, bewusst im Sinne versch. Funktionen vergleichen, auswählen und nutzen
2	Analytische und evaluative Fähigkeiten – Medien anhand vielfältiger Kriterien einschätzen und beurteilen	Qualifikatorische Ebene – multimediale Inhalte anwenden und verbreiten	Reflexive Kompetenz – kritische Beurteilung von Medien und -entwicklung – Selbsteinschätzung über eigenes Mediennutzungs-Verhalten – Repertoire an Kriterien zur Überprüfung von Medieninformationen auf Stichhaltigkeit und Relevanz (Selektionsfähigkeiten, Filterfähigkeiten)	Nutzungskompetenz – Medien(angebote) zielgerichtet und angemessen nutzen	Medienbewertung – Wirkung und Gestaltung von Medien durchschauen – kritische Reflexion von Medieninhalten unter medien-ethischen Gesichtspunkten	Gestalten und Verbreiten eigener Medienbeiträge – Aussagen medial vermitteln, also eigene Medienbeiträge herstellen und verbreiten
3	Sozial-reflexive Fähigkeiten – normative und moralische Orientierungen – Reflexion über individuelle Nutzungsweisen, Gewohnheiten, Bedürfnisse,	Gesellschaftliche Ebene – Optimierung multimedialer Rahmenbedingungen (Chancengleichheit) – Reduzierung von Risiken	Kulturelle Kompetenzen – Offenheit, Neugier für Angebote neuer Medien als Bestandteil zeitgenössischer Alltagskultur – kritische Auseinandersetzung – Nutzung intermedialer/ interaktiver Informationen: literale, auditive und bildsprachliche	Handlungskompetenz – aktive Gestaltung mit Medien – Medien als persönliches Ausdrucksmittel (individuelle Interessen, Anliegen)	Medienhandeln – technische Handhabung – selbstständiges, produktives Medienhandeln	Verstehen und Bewerten von Mediengestaltungen – mediale Gestaltungsmittel von Schrift, Bild und Ton (die Sprache der Medien) kennen lernen – Mediendarstellungen als vermittelte oder inszenierte Botschaften erfahren und Unterschei

3	Kompensationen u. a. m. – emotionale Intelligenz	Informationen – Orientierungskompetenz – Multi-Kulturellle Kompetenz: Bewegen in verschiedenen Sphären eines globalisierten Raumes, kreativer und gestaltender Umgang mit neuen Formen der Medienkommunikation	dungsfähigkeit bezogen auf verschiedene mediale Gestaltungsabsichten (Information, Unterhaltung, Werbung, etc.) erlangen.
4	Handlungsorientierte Fähigkeiten – technische Handhabung der Geräte – angemessene, zielgerichtete und erfolgreiche Kommunikation mit Medien	Soziale Kompetenzen – kompetentes Verhalten in mediatisierten Beziehungsformen und Kommunikationsmustern – Orientierungsfähigkeit in realen und virtuellen Beziehungsgeflechten – flexible Einstellung, Akzeptanz neuer Formen der Arbeitsorganisation	Erkennen und Aufarbeiten von Medieneinflüssen – Von Medien gehen Einflüsse auf Emotionen, Verhaltensorientierung, Leistungsorientierung u. Wertorientierung aus. – Mediale Gestaltungsmerkmale, die mit bestimmten Wirkungen verbunden sind, erkennen, ausdrücken und angemessen einordnen bzw. aufarbeiten.
5			Durchschauen und Beurteilen von Bedingungen der Medienproduktion und Medienverbreitung – ökonomische, rechtliche, organisationsbezogene sowie weitere institutionelle und politische bzw. gesellschaftliche Bedingungen der Medienproduktion und Medienverbreitung durchschauen und beurteilen

Vollständigkeit erhoben werden. Vielmehr sollen die vielschichtigen Bestimmungs- oder Gliederungsversuche systematisiert werden.

Bei Betrachtung der Tabelle fallen zwei Aspekte besonders auf: Zum einen überwiegen deutlich handlungsbezogene Dimensionen und zum anderen wiederholen sich Dimensionen mit gleichen Inhalten, aber unterschiedlichen Begriffen (vgl. Süss 2003). So werden in den meisten Modellen Kenntnisse über Mediensysteme, deren Strukturen und Funktionsweisen als eine Ausprägung von Medienkompetenz angeführt. Dahinter steht die Überlegung, dass nur mit einem entsprechenden Hintergrundwissen die in Medien verwendeten Codierungen und Zeichensysteme entschlüsselt und somit verstanden werden können (vgl. Aufenanger 1997). Im Vergleich zu anderen Dimensionen werden die mit „Medien-Kunde“ bzw. „Medienwissen“ verbundenen Fähigkeiten sehr unterschiedlich aufgefasst. Während einige Autoren den Schwerpunkt auf kognitive Prozesse legen (Pöttinger, Aufenanger, Kübler, KBE), bildet beispielsweise Baacke eine instrumentell-qualifikatorische und eine informative Unterdimension. Schorb unterscheidet sogar drei Unterkategorien, um die vielseitigen Komponenten von „Medienwissen“ zu systematisieren.

Die kritisch-reflexive Dimension der Medienkompetenz wird ebenfalls von nahezu allen Autoren der oben genannten Modelle integriert. Sie umfasst analytische, reflexive, evaluative und ethische Fähigkeiten bei der Einschätzung und Bewertung von Medienangeboten und -inhalten. Im Gegensatz zur medienkundlichen Dimension ist die medienkritische daher stärker am Subjekt orientiert.

Instrumentelle Fähigkeiten, die in Zusammenhang mit der Anwendung und Handhabung von Medien stehen, werden meist mit der Dimension „Mediennutzung“ umschrieben. Diese Fähigkeiten werden von einigen Autoren nochmals aufgefächert in „Nutzungskompetenz“ und „Handlungskompetenz“ (Pöttinger, KBE) bzw. „Mediengestaltung“. Während sich die Nutzungskompetenz lediglich auf die instrumentelle Anwendung bezieht, wird mit Handlungskompetenz auf tiefer gehende Fähigkeiten eingegangen. Die kreative, produktive und gestalterische Auseinandersetzung mit Medien erweitert dabei die Handlungsspielräume und Ausdrucksmöglichkeiten der Mediennutzerinnen und Mediennutzer.

Mit der Einbettung einer „sozialen Dimension“ in das Modell der Medienkompetenz verweist etwa die Hälfte der oben genannten Autoren auf einen „überindividuellen, sozialen Referenzrahmen“ (Gapski 2001: 172). Hierbei sind die politische Partizipation und soziale Handlungsfähigkeit in der Mediengesellschaft vordergründig. Außerdem werden ethisch-moralische Aspekte vor dem Hintergrund einer sozialen Verantwortlichkeit in die Betrachtung der Medienkompetenz miteinbezogen. Aufenanger hebt diese durch Bildung einer eigenständigen „moralischen Dimension“ hervor.

Die Genuss- und Unterhaltungsfunktion der Medien, die Bedürfnisse von Mediennutzerinnen und Mediennutzern und der angemessene Umgang mit

Emotionen sind wichtige Elemente der Mediennutzung. Vor diesem Hintergrund werden emotionale, motivationale und affektive Aspekte des Medienkonsums in die Modelle von Aufenanger und Groeben eingebunden.

Die Dimension „Anschlusskommunikation" bezieht sich auf die Kommunikation über Medieninhalte und -angebote außerhalb des Rezeptionszeitraums. Damit skizziert Groeben eine Dimension von Medienkompetenz, die nicht ausschließlich auf das Subjekt bezogen ist. Bemerkenswert ist auch, dass Elemente der Medienkompetenz und der Mediensozialisation verknüpft werden. Sozialisationsinstanzen wie Familie, Peer-group und Schule werden in ihrer Funktion als Gesprächspartner bzw. als Raum für Gesprächsthemen über Medien erstmalig in die Konzeption von Medienkompetenz integriert.

Süss unterscheidet zwei Definitionstypen: Definitionen „[...], die Medienkompetenz vom Kompetenzbegriff in seiner Ausfaltung tragen lassen und solche, die den Umgang mit Medien in den Vordergrund stellen." (Süss 2003: 31) Dabei setzen nur wenige Medienkompetenz-Definitionen am allgemeinen Kompetenzbegriff an. In den Begriffsbestimmungen dominiert vielmehr der kompetente Medienumgang (vgl. Süss 2003).

Die empirische Unbrauchbarkeit des Medienkompetenzbegriffs wird von Groeben problematisiert. Sie könne überwunden werden, wenn auf übergeneralisierende Begriffsüberziehung in der theoretischen Explikation verzichtet würde. Um Medienkompetenz empirisch zu operationalisieren, ist eine weitestmögliche begriffliche Präzision notwendig. Zugleich müsste die Konzept-Explikation, aufgrund der zum Teil raschen Veränderungen im Gegenstandsbereich, offen und flexibel sein (vgl. Groeben 2002).

Im Folgenden werden die Kernthemen und grundlegenden Diskurslinien der medienpädagogischen Debatte im Zusammenhang mit Medienkompetenz skizziert.

In Bezug auf die inhaltlichen Zielvorstellungen von Medienkompetenz stellt das Verhältnis kritischer Kompetenzen, also die Reflexion und Evaluation von Medieninhalten, zu instrumentellen Kompetenzen ein Spannungsfeld dar. Überwiegen technische Kompetenzen bei der inhaltlichen Bestimmung, werden entsprechende Definitionen oft als zu technokratisch kritisiert. Normative Bestimmungen des Medienkompetenzbegriffes bilden den Gegenpol. Hierbei steht die pädagogische Zielvorstellung des mündigen, selbstbestimmten, emanzipierten Subjekts im Mittelpunkt der Betrachtung (Gapski 2003: 12).

2.3.2 Subjektbezug

Nach Gapski dominieren subjektzentrierte Ansätze die Debatte um Medienkompetenz. Die Auswertung seiner Analyse ergab *„[...], dass der weitaus größte Anteil der Definitionen von Subjekten als Träger von Medienkompetenz ausgeht"* (Gapski 2001: 181). Den deutlichen Bezug auf das Subjekt begründet er damit, dass der kompetente Mediennutzer im Hinblick auf die Förderung von Medienkompetenz und die Gestaltung gesellschaftlicher Rahmenbedingungen plastisch besser darzustellen sei (vgl. Gapski 2003). Mit Blick auf den Berufsbildungsdiskurs verweist er allerdings darauf, dass Kompetenz nicht ausschließlich an das Subjekt gebunden ist. Vielmehr könne man Kompetenz sowohl auf Individuen als auch auf Gruppen und Organisationen beziehen. Damit würde man die „strategische Reichweite" der Medienkompetenzförderung erweitern. Am Beispiel Schule illustriert er, dass man Lehrer, Schüler, aber auch die Schule als *„[...] soziales System und als medial vernetzte, lernende Organisation"* fördern könnte (Gapski 2003: 14–15).

Groeben/Hurrelmann hingegen halten weiter am Subjektbegriff fest. Das allgemeine Sozialisationsziel des „gesellschaftlich handlungsfähigen Subjekts" könne als normative Leitidee für das Konzept der Medienkompetenz fungieren, weil soziale Handlungsfähigkeit in der Mediengesellschaft von Medienkompetenz abhängig ist (vgl. Groeben/Hurrelmann).

2.3.3 Kritik am Konzept der Kommunikativen Kompetenz

Seit den 1990er Jahren wird immer häufiger Kritik am Konzept der Kommunikativen Kompetenz und somit am theoretischen Fundament der Medienkompetenz geübt. Die Kritik richtet sich dabei auf mehrere Aspekte.

Vor allem wird Baackes theoretische Ableitung aus der universalen Sprachkompetenz und die damit verbundene anthropologische Perspektive als problematisch erachtet. Da sich Chomskys grammatische Sprachkompetenz auf angeborene Fähigkeiten bezieht, bleibt unklar, ob sich auch der Kompetenzbegriff bei Baacke auf naturgegebene Fähigkeiten bezieht, die über Erziehungs- und Bildungsprozesse aktiv weiterentwickelt werden (vgl. Moser 2003). Wenn Menschen von Natur aus kommunikative Lebewesen sind und somit über kommunikative Kompetenz verfügen, stellt sich angesichts der gegenwärtigen Struktur medialer Kommunikationsformen die Frage, inwieweit diese anthropologischen Voraussetzungen heute noch zum Tragen kommen. Kübler zufolge müssen folgende grundlegenden Fragen neu verhandelt werden: *„Wie kommuniziert der Mensch? Wie viel daran ist anthropologische Essenz, wie viel kulturelles und sozialisatorisches Konstrukt? Wie entfaltet und realisiert sich kommunikative Kompetenz unmittelbar, wie in medialen und (informations) technischen Varianten?"* (Kübler 1999: 39)

In Bezug auf das Konzept der Kommunikativen Kompetenz wird weiterhin der theoretische Anschluss an „Sprache" in Frage gestellt (vgl. Moser 2003). Gapski stellt in diesem Zusammenhang die Grundsatzfrage, *„[...] inwieweit die Relationen zwischen Sprache und individueller Kompetenz überhaupt als Ausgangspunkt für ein Theoriemodell zur Beschreibung der Beziehung zwischen technischen Medien und der Kompetenz ihres sinnvollen Einsatzes dienen kön-*

nen" (Gapski 2003: 13–14). Er weist darauf hin, dass dieses traditionelle Verständnis von Medienkompetenz höchstens auf die Strukturen der Buchkultur anwendbar ist. In den neuen Technologien werden aber sowohl verbale als auch non-verbale Kommunikationsstrukturen eingesetzt (vgl. Gapski 2003). Letztere sprechen das „präverbale Denken" (Röll 1996: 159) an. So eröffnet das World Wide Web mit seiner grafischen Benutzerschnittstelle neue Nutzungsmöglichkeiten bzw. Handlungsräume. Bei der Bildkommunikation werden etwa bildhafte Symbole und Icons verwendet, um Funktionen und Systemzustände des Computers anzuzeigen. Dies setzt voraus, dass diese vom Benutzer durch assoziativen Analogieschluss verstanden werden. Die zunehmende Bedeutung der Visualisierung bei der medialen Kommunikation wird in den Geisteswissenschaften und der Erkenntnistheorie seit einigen Jahren mit dem Begriff „iconic turn" beschrieben. In das Konzept der Medienkompetenz muss demzufolge auch die *visuelle Kompetenz* integriert werden (vgl. Böhm/Fischer 2003). Trotz der Zunahme an symbolischen Visualisierungen bleibt aber die Tatsache bestehen, dass die Beherrschung „alter" Kulturtechniken, also Lesen und Schreiben, grundlegend für die Nutzung neuer Medien ist (vgl. Aufenanger 1997).

2.4 Alters- und entwicklungsspezifische Differenzierung von Medienkompetenz

Medienkompetenz ist nicht gleich Medienkompetenz. Das medienkompetente Handeln eines Erwachsenen ist nicht vergleichbar mit der eines Vorschulkindes (vgl. Theunert 1999). Der Erwerb von Medienkompetenz wird selten als Prozess dargelegt. Eine altersspezifische Differenzierung von Medienkompetenz ist daher neben der Bestimmung inhaltlicher Zielvorstellungen von entscheidender Bedeutung (vgl. Aufenanger 1997). Theunert stellt für das medienpädagogische Konzept von Medienkompetenz fest, dass im Vergleich zur inhaltlichen Differenzierung von Dimensionen und Fähigkeiten der Medienkompetenz, die Altersdifferenzierung bisher kaum bearbeitet wurde (vgl. Theunert 1999). Bei einer altersdifferenzierten Konzeption sollten zwei Fragestellungen zentral sein: Zum einen die Frage, *„[...] ab welchem Alter medienkompetentes Handeln Relevanz bekommt und damit pädagogisch zu fördern ist"*, zum anderen die Frage nach dem *„Verhältnis von Autonomie und Erziehung"* (Theunert 1999: 58).

Im Hinblick auf die Förderung von Medienkompetenz ist entscheidend, wie sich die Medienkompetenz von Kindern in bestimmten Alters- und Entwicklungsstufen unterscheiden. Bei der altersgerechten Gestaltung von Medienangeboten kann die Berücksichtigung entwicklungspsychologischer Ansätze hilfreich sein. Erkenntnisse aus der Entwicklungspsychologie geben Aufschluss über kognitive Voraussetzungen in den jeweiligen Altersstufen (vgl. Aufenanger 1997).

Kognitive Prozesse (z. B. räumliches Denken) sind insbesondere auf der Performanz-Ebene von Medienkompetenz von Bedeutung, da sie grundlegend für das Verstehen von medialen Angeboten sind. Nach Vollbrecht betrifft Medienkompetenz den *Erwerb kognitiver Strukturen* und weniger den Erwerb konkreter Handlungsmuster. Medienkompetenz zeige sich nämlich nicht darin, ob ein Mediennutzer beispielsweise ein Computerprogramm bedienen kann, sondern darin, dass dieser gelernt hat, sich beliebige Programme anzueignen (vgl. Vollbrecht 2001). In Anlehnung an den Schemabegriff (Piaget, Luhmann) zeichnet Vollbrecht eine entwicklungspsychologische Perspektive der Medienkompetenz auf: *„Unter Medienkompetenz werden hier also medienbezogene (kognitive) Schemata und Skripts verstanden, die das Handeln nicht festlegen, sondern ihre Funktion gerade darin haben, Spielräume für frei gewähltes Handeln zu erzeugen und das Gedächtnis zu strukturieren.“* (Vollbrecht 2001: 58).

Im Gegensatz zur inhaltlichen Differenzierung von Medienkompetenz mittels verschiedener Dimensionen, kann die alters- und entwicklungsspezifische Differenzierung unterschiedlicher Medienkompetenz-Niveaus in Anlehnung an die Stufenmodelle der Entwicklungspsychologie erfolgen. Medienkompetenz wird in dieser Perspektive als Bewältigung von medienbezogenen Entwicklungsaufgaben aufgefasst. Modelle, in denen der Entwicklungsverlauf von Medienkompetenz anhand verschiedener Niveaus skizziert wird, wurden beispielsweise für den kindlichen Umgang mit dem Fernsehen (Barth 1995) oder für die Werbekompetenz (Aufenanger/Neuß 1999) ausgearbeitet. Für eine altersgerechte Förderung von Medienkompetenz bieten sich solche Entwicklungsmodelle an, da sie einen Aufschluss über den aktuellen bzw. idealen Zustand der Medienkompetenz in der entsprechenden Altersstufe geben.

Insbesondere für die Entwicklung von Medienkompetenz gilt, dass der Erwerb neuer Kompetenzen, nicht mit dem Erwachsenenalter endet. Der Begriff „lebenslanges Lernen“ macht dies besonders deutlich. Mit der stetigen Neuerung von Medientechnologien gehen u. a. gravierende Veränderungen der beruflichen und privaten Kommunikationsabläufe einher, die Erwachsenen stets neue Kompetenzen abverlangen. Bisher vernachlässigte Erkenntnisse aus dem Bereich der Erwachsenenbildung müssen daher bei der altersdifferenzierten Betrachtung auf Medienkompetenz ebenfalls berücksichtigt werden (vgl. Aufenanger 1997). In der Erwachsenenbildung wird Medienkompetenz in Zusammenhang mit der Debatte um Schlüsselqualifikationen diskutiert. Dewe/Sanders Medienkompetenz-Modell basiert beispielsweise auf den drei Dimensionen der Schlüsselqualifikation „Sach-, Selbst- und Sozialkompetenz“ (Dewe/Sander 1996: 131). Im Kontext der Neuen Medien hat sich der Diskurs um Schlüsselqualifikationen entscheidend verändert. Ging es bei „Schlüsselqualifikation“ einst um die Vermittlung konkreter Inhalte, wurden mit dem Begriff

„Erschließungskompetenz“ (Tietgens 1989) neue Schwerpunkte in der Erwachsenenbildung gesetzt. Unter *Erschließungskompetenz* wird dabei *„[...] die Fähigkeit einer autonomen, sach- und situationsadäquaten Erschließung von Fertigkeiten und Wissensbeständen“* verstanden (Dewe/Sander 1996: 132). Tietgens betont dabei die „Fähigkeit des Sich-selbst-Befähigens“ (Tietgens 1989: 35). Die Aufgabe der Erwachsenenbildung sieht er in der „Befähigung zu spezifischen Denkbewegungen“ (Tietgens 1989: 34). Damit die Ausbildung von Erschließungskompetenz unterstützt werden kann, sind methodische Konzepte und Bildungsmaßnahmen notwendig, die individuelle Kompetenzen und Eigeninitiative stärken. Hierzu zählen u. a. „Lernstattkonzepte“ (Peters 1990), offene Curricula und handlungs- und erfahrungsorientierte Lernformen. Nach Dewe/Sander lässt sich Medienkompetenz bei Erwachsenen systematisch nur in offenen, erfahrungs- und teilnehmerzentrierten Konzepten der Erwachsenenbildung wie den oben genannten fördern. Für die effektive Medienarbeit mit Erwachsenen gilt im Übrigen auch, dass Konzepte an Alltagserfahrungen der Klientel anknüpfen sollten (vgl. Dewe/Sander 1996).

2.5 Neuere Konzepte von Medienkompetenz

Den neueren Konzepten zur Medienkompetenz ist die Erweiterung des theoretischen Bezugsrahmens gemeinsam. Spanhel und Sutter nehmen den strukturgenetischen Ansatz (Piaget, Maturana/Varela) zum Ausgangspunkt ihrer Betrachtung auf Medienkompetenz und beschreiben die Entwicklung kommunikativer bzw. sozialkognitiver Kompetenzen. Die ontogenetische Analyse ergänzen sie durch den systemtheoretischen Ansatz, so werden etwa interne Strukturen des psychischen Systems beim Kleinkind und die Entwicklung von Rahmenbedingungen bei der familiären Mediennutzung veranschaulicht (vgl. Spanhel 1999).

Auch Gapski stellt Medienkompetenz in einen systemtheoretischen Rahmen und formuliert in seiner systemtheoretischen Neufassung des Medienkompetenzbegriffs sechs Leitlinien. Insbesondere möchte er damit die „traditionellen Bürden“ des Medienkompetenzbegriffs wie den Subjektbezug und den Anschluss an Sprachmodelle überwinden. Die individuell gebundene Medienkompetenz soll durch ein Konzept ersetzt werden, das *„[...] Individuen und soziale Systeme gleichermaßen als Träger von Medienkompetenz beschreibt.“* (Gapski 2003: 15). Anstelle der *„fremdgesteuerten Vermittlung von Medienkompetenz“* befürwortet Gapski eine *„selbst organisierte mehrdimensionale Medienkompetenzentwicklung“* und unterstreicht dabei deren Prozesscharakter. Außerdem plädiert er dafür, interdisziplinäre Ansätze in die Konzeption von Medienkompetenz zu integrieren. Mit der Einbeziehung anderer relevanter Gesellschaftsbereiche und Akteure strebt Gapski eine Erweiterung der pädagogischen Perspektive an, die sich auch in einem wertepluralistischen Dialog widerspiegeln soll (vgl. Gapski 2003). Die Notwendigkeit einer interdisziplinären gesamtgesellschaftlichen Bestimmung von Medienkompetenz begründet er vor allem mit dem Ziel einer umfassenderen strategischen Medienkompetenzförderung (vgl. Gapski 2003).

Eine erweiterte Perspektive auf Medienkompetenz skizziert Pietraß in ihrer rahmenanalytischen Bestimmung von Medienkompetenz. Dabei legt sie den Schwerpunkt auf *„Medienerfahrungen“*, die Voraussetzung für die Partizipation an der gesellschaftlichen Wirklichkeit sind (vgl. Pietraß 2003). Der Begriff Medienkompetenz bezieht sich auf die Anpassungsleistung der Mediennutzer im Umgang mit Medien. Auf der anderen Seite müssen Medienangebote benutzergerecht konzipiert und präsentiert werden, so dass eine medienkompetente Nutzung ermöglicht wird, die mit einem möglichst geringen Aufwand vom Mediennutzer verbunden ist. In diesem Zusammenhang muss die Frage nach der Verantwortlichkeit der Medienproduzenten thematisiert werden (vgl. Aufenanger 1997). In ihrem interaktionstheoretischen Ansatz bezieht Manuela Pietraß sowohl Akteure auf der Produzentenseite als auch Rezipienten in die Bestimmung von Medienkompetenz mit ein. Sie betont, dass Medienkompetenz nicht nur vom Nutzer zu erbringende Qualifikationen umfasst, denn die spezifische Präsentationsweise von Medienangeboten ist eine wesentliche Voraussetzung für kompetente Mediennutzung. Diesen Zusammenhang skizziert sie anhand der *„Rahmenstruktur“*, die „Medienangebot“ und „Medienrezeption“ aufweisen. Durch die Rahmenstruktur des Medienangebots und seiner Rezeption sind Produzenten von Medienangeboten und Rezipienten verpflichtet, Bedingungen der Medienkommunikation einzuhalten. Medienangebote liegen dem Nutzer als fertige Produkte vor. Damit Rezipienten den Sinn und die Qualität einer Medienbotschaft nachvollziehen und korrekt einordnen, müssen Produzenten ihre Angebote mit klaren Interpretationsanweisungen („Rahmenhinweise“) versehen. Um die Interpretationshinweise zu verstehen, benötigen Rezipienten Wissen über medienspezifische Gestaltungsmittel und allgemeines Weltwissen *(„Rahmungswissen“)*. Die Rezipienten erwerben dieses Wissen im Zuge der (Medien-)Sozialisation bzw. Medienerziehung. Eine Partizipation an medienvermittelten Ereignissen wird möglich, wenn Rezipienten „empathisches Engagement“ aufbringen. Produzenten müssen dazu konkrete Zugänge in ihren Medienangeboten bereitstellen, die dieses Engagement zulassen (vgl. Pietraß 2003).

Groebens Modell zeigt eine forschungsorientierte Perspektive der Medienkompetenz. Er prognostiziert, *„[...] dass der größte Teil der Forschung zur Ausarbeitung des Konzepts Medienkompetenz noch aussteht“* (Groeben 2002: 186). Die vorgenommene Binnen- und Außendifferenzierung des Medienkompetenzbegriffs soll dabei als Grundlage für ein empirisch operationalisierbares Konzept von Medienkompetenz fungieren (vgl. Groeben 2002).

Moser schlägt eine Richtungsänderung in der Debatte um Medienkompetenz vor. Er vergleicht das theoretische Konzept der Medienkompetenz mit der Medienbildung und kommt zu dem Schluss, dass sich der Bildungsbegriff eher als theoretisches Fundament eignen würde. Dies begründet er unter anderem damit, dass Fähigkeiten im Medienumgang vor allem informell erworben werden. Das Konzept der *„Medienbildung"* baut diesbezüglich auf vorhandenen Ressourcen auf, um diese Fähigkeiten zu erweitern und zu systematisieren. Bildungsprozesse beziehen sich auf die Selbstorganisierung und nicht auf funktionalisierte Aneignungsprozesse, die etwa in bildungspolitischen Zusammenhängen mit Medienkompetenz diskutiert werden (vgl. Moser 2003).

Vor dem Hintergrund wechselnder Anforderungen der medialen Umwelt und der damit verbundenen notwendigen Anpassungsleistungen der Nutzer („lebenslanges Lernen"), könne der Begriff Medienkompetenz immer nur einen Ausschnitt der Möglichkeiten und Anforderungen an die Nutzer erfassen, die an die aktuelle Medienentwicklung gekoppelt sind. Mit dem Aufwachsen in einer Welt medial konstruierter Zeichensysteme verändere sich das „anthropologische Grundverhältnis des Menschen zur Welt, zu den Mitmenschen und zu sich selbst" (vgl. Spanhel 2002). Die von der Schule vermittelten Kulturtechniken des Lesens und Schreibens reichen daher nicht mehr aus, um kompetent am gesellschaftlichen Leben teilzunehmen. Neben dem Erwerb von Medienkompetenz durch informelles Lernen in situationalen Kontexten des Alltags sei eine systematische Medienerziehung notwendig, die „kompensatorisch", „interkulturell", „zeichentheoretisch" und „gesamtgesellschaftlich" ausgerichtet ist. Spanhel betont, dass die Aufgabe der Erziehungswissenschaft nicht bei der Vermittlung von Medienkompetenz enden darf. Vielmehr sollen Fragen nach Inhalten und Zwecken einer systematischen Medienkompetenz eruiert werden. Dies sei nur über den Bildungsbegriff möglich.

2.6 Exkurs: Internationale Debatte

Im angloamerikanischen Raum basiert die medienpädagogische Arbeit vorwiegend auf dem Konzept der *„Media literacy"*. Die Konzeptualisierung von *„Media literacy"* bezieht sich dabei auf Sprache und Alphabetisierung. In den1980er Jahren wurde in Deutschland ebenfalls von Alphabetisierung, im Hinblick auf die Computeralphabetisierung, gesprochen. Damaliger Ausgangspunkt war die Annahme, dass jeder zukünftig seinen PC selber programmieren und deshalb entsprechende Programmiersprachen erlernen müsse. Die Regeln des Programmierens wurden hierbei im Sinne einer zu vermittelnden Literalität betrachtet und sollten als „basic skills" vermittelt werden. Mit der Entwicklung grafischer Benutzeroberflächen und der Vorherrschaft standardisierter Computerprogramme wurden jedoch Programmierkenntnisse für die alltägliche Computernutzung überflüssig. Der Alphabetisierungsbegriff rückte somit in den Hintergrund der medienpädagogischen Diskussion. Das angloamerikanische Verständnis von Media literacy ist hingegen breiter gefasst (vgl. Moser 2003).

Die überwiegend zitierte Definition ging aus einer Konferenz des „Aspen Institute Leadership Forum on Media Literacy" und der „Canadian Association for Media Literacy" 1992 hervor und wird in der angloamerikanischen Debatte als Meilenstein betrachtet: *„Media literacy is the ability to access, analyze, evaluate and produce communication in a variety of forms."* Hobbs erläutert die vier Komponenten dieser Definition folgendermaßen: Zu den „access skills", also Fähigkeiten die den Zugang zu Medienbotschaften ermöglichen, zählt er zum einen die Kenntnis von Regeln und Vokabular. Sie machen das Verstehen von Symbolen möglich. Zum anderen umfasst *„access"* Fähigkeiten, die sich auf die Organisierung und Identifizierung von Information beziehen. Hierzu nennt er beispielsweise die adäquate Nutzung von Quellen und Hinweisen in verschiedenen Medien. Außerdem sind instrumentelle technische Fähigkeiten notwendig. Letztere werden auch als *„information literacy"* oder *„superhighway skills"* bezeichnet.

Bei der zweiten Komponente von „Media literacy" geht es um interpretatives Verstehen, also die Kategorisierung der Medienbotschaft, ihre Einordnung in den richtigen Kontext und die Auseinandersetzung mit den Zielen bzw. dem Standpunkt des Autors.

Evaluative Fähigkeiten beziehen sich auf die individuelle Identifizierung der Relevanz und des qualitativen Wertes einer Botschaft. Hobbs betont, dass diese Fähigkeiten stark von dem bereits erworbenen Wissen, den Werten und Einstellungen der Rezipienten Gebrauch machen.

Die Fähigkeit, Botschaften zu kommunizieren, bezeichnet Hobbs als Herzstück der traditionellen Bedeutung von Literacy. Hierbei geht es aber nicht nur um die Lese- und Schreibfähigkeit im herkömmlichen Sinn. Kommunikative Fähigkeiten beziehen sich auf medienspezifische Aspekte (z. B. Text-, Video-, Audioproduktion) aber auch auf generelle Fähigkeiten, die Kommunikation betreffen: *„[...] the ability to understand the audience to whome one is communicating; the effective use of symbols to convey meaning; the ability to organize a sequence of ideas, and the ability to capture and hold the attention and interest of the message receiver"*(Hobbs 1996: 2).

Im Zuge der Media-literacy-Bewegung Anfang der 1990er Jahre wurde die Definition des Aspen Institutes von den meisten Pädagogen im angloamerikanischen Raum angenommen und fungiert oftmals als Ausgangspunkt verschiedener medienpädagogischer Ansätze in der angloamerikanischen Praxis- und Öffentlichkeitsarbeit.

So weicht Livingstone in ihrem elf Jahre später formulierten Vier-Komponenten-Modell nicht erheblich von der ursprünglichen Begriffsbestimmung ab.

„[...] I define media literacy as the ability to access, analyse, evaluate and create messages across a variety of contexts“ (Livingstone 2004: 2). Die verwendeten Formulierungen *„variety of forms“* bzw. *„variety of contexts“* lassen sich auf traditionelle und neue Medien anwenden. Außerdem wird in der angloamerikanischen Definition von einem erweiterten Textverständnis und einem aktiven Mediennutzer ausgegangen. Bemerkenswert ist die Einbettung verschiedener Kontexte in das Konzept der Media literacy. Nach Hobbs sollten vor allem Lehrer und Dozenten erkennen, dass sich *„literacy“* nicht nur auf den Erwerb von Fähigkeiten hinsichtlich des dekontextualisierten Decodierens und Verstehens bzw. der Produktion bezieht, sondern auch auf die Kultur und die Kontexte, in denen Lesen und Schreiben genutzt wird (vgl. Hobbs 1996).

Im Unterschied zu inhaltlichen Bestimmungen im deutschsprachigen Raum werden in der angloamerikanischen Definition keine konkreten Fähigkeiten oder Fertigkeiten benannt, die mit Media literacy in Verbindung stehen.[3] Der Begriff Kompetenz wird äußerst selten in Zusammenhang mit Media literacy verwendet.[4]

Während der Begriff Media literacy im nordamerikanischen und britischen Raum nahezu konsensuell verwendet wird, existieren weltweit unterschiedliche Auffassungen. Federov (2003) greift beispielsweise die unscharfe Verwendung der Begriffe Media literacy und Media education auf und befragt 26 Experten aus zehn verschiedenen Ländern hinsichtlich ihrer Zustimmung bzw. Ablehnung zu ausgewählten Definitionen von Media education und Media literacy. Der oben erläuterten Definition stimmen am wenigsten Experten (46,15 %) zu. Auch wird sie im Vergleich zu den zwei anderen Definitionen[5] am häufigsten abgelehnt (34,61 %). Beim Begriff Media education stimmen demgegenüber fast alle Befragten (96,15 %) der UNESCO-Definition zu:

---

3 Livingstone betont die demokratische Chance zur Erweiterung der Partizipationsräume der Bürger. Media literacy betrifft: *„[...] the relationship among textuality, competence and power“* (Livingstone 2004: 6).

4 Die Arbeitsgruppe der California State Universität verwendet den Begriff „Information competence“ und definiert ihn folgendermaßen: *„Information competence, at heart, is the ability to find, evaluate, use, and communicate information in all of its various formats. A definition recommended by the Work Group is that information competence is the fusing or the integration of library literacy, computer literacy, media literacy, technological literacy, ethics, critical thinking, and communication skills.“* (Information Competence in the CSU: A Report. Dec. 1995: What Is Information Competence?, http://www.csupomona.edu/%7Elibrary/InfoComp/definition.html, Stand 04.10.05).

5 „Media literacy proponents contend that the concept an active, not passive user: The medialiterate person is capable recipient and creator of content, understanding sociopolitical context, and using codes and representational systems effectively to live responsibly in society and the world at large“ (International Encyclopedia of the Social & Behavioral Sciences, Vol. 14/Eds. N. J. Smelser & P. B. Baltes. Oxford 2001, p. 9494]
„Media literacy, the movement to expand notions of literacy to include the powerful postprint media that dominate our informational landscape, helps people understand, produce, and negotiate meanings in a culture made up of powerful images, words, and sounds. A medialiterate person – everyone should have the opportunity to become one – can decode, evaluate, analyze, and produce both print and electronic media“ (Aufderheide, P., Firestone, C. Media Literacy: A Report of the National Leadership Conference on Media Literacy. Queenstown, MD: The Aspen Institute, 1993, p. 1).

„Media Education: – deals with all communication media and includes the printed word and graphics, the sound, the still as well as the moving image, delivered on any kind of technology; – enables people to gain understanding of the communication media used in their society and the way they operate and to acquire skills using these media to communicate with others; – ensure that people learn how to analyse, critically reflect upon and create media texts; identify the sources of media texts, their political, social, commercial and/or cultural interests, and their contexts; interpret the messages and values offered by the media; select appropriate media for communicating their own messages or stories and for reaching their intended audience; gain or demand access to media for both reception and production. Media education is part of basic entitlement of every citizen, in every country in the world, to freedom of expression and the right to information and is instrumental in building and sustaining democracy" (Recommendations Addressed to the United Nations Educational Scientific and Cultural Organization UNESCO 1999: 273–274).

Neben „Media literacy" und „Media education" wird der Begriff „fluency" im Kontext der Beherrschung von Informationstechnologie verwendet. Übersetzt bedeutet „fluency" Gewandtheit oder Geläufigkeit. Häufig wird „fluency" auf Sprache bzw. auf den Redefluss bezogen. Im Zeitalter der Informationsgesellschaft erhält „fluency" jedoch eine besondere Prägung. Eingeführt wurde der Begriff im Beitrag *„Being fluent with Information Technology"* des National Research Council, Computer Science and Telecommunications Boards (vgl. American Association of University Women Educational Foundation 2000).

„Fluency with Information Technology" meint die Aneignung von „skills" (Qualifikationen, Fertigkeiten), „concepts" (Konzepte, Begriffssysteme) sowie „capabilities" (Befähigung). Während „skills" anwendungsbezogene bzw. berufsbezogene Fertigkeiten wie Internetrecherche oder Informationsbeschaffung umfassen, dienen „concepts" dazu, Hintergründe und Arbeitsweisen von Informationstechnologie zu erklären. In Bezug auf „capabilities" sind Fähigkeiten gemeint, die Strategien zur Problemlösung bereitstellen. Es geht darum, komplexe Systeme zu durchschauen und Lösungsansätze zu eruieren. Skills, concepts und capabilities werden dabei als interdependente Wissensbereiche betrachtet, somit können sie nicht unabhängig voneinander gefördert werden (vgl. American Association of University Women Educational Foundation 2000).

Im Forschungsbericht „TechSavvy" wird die praktische Umsetzung von „fluency" an einem Projekt für Biologiestudenten exemplarisch erläutert: Im Rahmen eines HIV-Testverfahrens würde Studentinnen und Studenten zunächst die Aufgabe gestellt, ein Informationssystems zu entwerfen. Hierbei soll es um das Feststellen von HIV und um das Protokollieren und Dokumentieren der Ergebnisse gehen. Daraufhin würden mögliche Teilnehmerinnen und Teilnehmer kontaktiert und über datenschutzrechtliche Maßnahmen informiert.

Übertragen auf die drei Aspekte von „fluency" würde dies Folgendes bedeuten: Skills äußern sich darin, Informationsdatenbanken zu erstellen und zu organisieren. Ebenso fällt die Kontaktaufnahme und Kommunikation mit Personen unter fluency skills. Algorithmisches Denken und die korrekte Handhabung persönlicher Daten aus datenschutzrechtlichen Gründen sind den „concepts" zuzuordnen, während „capabilities" anhaltend logisches Denken, Lösungsvorschläge und Kommunikation über Informationstechniken bereitstellen würden (vgl. American Association of University Women Educational Foundation 2000).

Aus der theoretischen Bestimmung und dem praktischen Umsetzungsvorschlag lässt sich resümieren: „fluency" ist weder ein statischer Begriff, noch umfasst er inhaltlich festgelegte Kategorien und Ausprägungen. Vielmehr unterliegt „fluency" einem permanenten Wandel und kann daher an den technischen Fortschritt, allgemeine und persönliche Veränderungen angepasst werden: *„[...] fluency goals must allow for change, enable adaptability, connect to personal goals, and promote lifelong learning. Like language fluency, information technology fluency should be tailored to individual careers and activities"* (American Association of University Women Educational Foundation 2000: xi).

3 Theoretische und systematische Aspekte von Mediensozialisation

3.1 Begriffsbestimmung und Grundfragen zur Mediensozialisation

Den Begriff *Mediensozialisation* findet man in wissenschaftlichen Diskursen eher selten. Vielmehr wird von „Einflüssen" oder „Wirkungen" der Medien gesprochen oder die Bedeutung der „sozialen Umwelt" für die Entwicklung von Medienkompetenz betont (vgl. Aufenanger 2004). Dementsprechend sind theoretische Konzeptualisierungen zur Mediensozialisation rar.

Die Begriffsbestimmung von Mediensozialisation muss sich einerseits auf die theoretischen Grundlegungen des Sozialisationsbegriffs[6] beziehen und andererseits medienspezifische Situationen in der medialen Umwelt integrieren (vgl. Aufenanger 2004). Sozialisationstheorien befassen sich allgemein mit der Persönlichkeitsentwicklung der Individuen in Interaktion mit der sozialen und materiellen Umwelt (vgl. Tillmann 2000). Süss weist auf die zweifache Rolle der Medien beim Sozialisationsprozess hin. Medien sind zum einen *„[...] Teil der sozialen und materiellen Umwelt, mit der sich Heranwachsende und Erwachsene aktiv auseinandersetzen"* und zum anderen *„[...] Spiegel und Transporteure anderer Sozialisatoren, welche die Heranwachsenden durch die Medien vermittelt erfahren"* (Süss 2003: 4). Als eine weitere Sozialisationsinstanz neben Familie, Schule und Gleichaltrigengruppe bestimmen Medien daher nicht nur den Sozialisationsprozess entscheidend mit. Durch die mediale Vermittlung werden Botschaften anderer Sozialisationsinstanzen verändert bzw. in andere Kontexte gestellt. Begriffe wie *Mediengesellschaft* oder *Medienkindheit* unterstreichen die Tatsache, dass Medien nicht nur Teil der Gesellschaft sind, sondern diese auch entscheidend verändern. Für die soziale Handlungs-

6 Der Begriff „Sozialisation" wird seit den siebziger Jahren des letzten Jahrhunderts wissenschaftlich diskutiert. Hurrelmann beschreibt Sozialisation als „Prozess der Entstehung und Entwicklung der menschlichen Persönlichkeit in Abhängigkeit von und in Auseinandersetzung mit den sozialen und sachlichen Lebensbedingungen die zu einem bestimmten Zeitpunkt der historischen Entwicklung eine Gesellschaft existieren" (Hurrelmann 2002).

fähigkeit innerhalb der Mediengesellschaft ist ein adäquater Medienumgang unerlässlich. Medienkompetenz kann in dieser Perspektive als Sozialisationsziel gelten. Nach Bonfadelli sollten Prozesse der Mediensozialisation als aktive „Sozialisation *zur* Massenkommunikation" verstanden werden. Darunter fasst er den *„[...] Prozess des aktiven Hinweinwachsens in die Kommunikations- und Informationsumwelt und der damit verknüpften Entwicklung einer Medienkompetenz in einem umfassenden Sinn, welche die kreative Nutzung und Beherrschung der politischen, wirtschaftlichen, kulturellen und sozialen Umwelt des einzelnen Individuums erst ermöglicht"* (Bonfadelli 1981: 8).

Aus der zweifachen Rolle der Medien beim Sozialisationsprozess lassen sich zwei Grundfragen zur Mediensozialisation ableiten:

„Wie lernen Menschen den Umgang mit Medien und welche Formen des Umgangs lassen sich unterscheiden?" (Süss 2003: 4) Untersuchungsgegenstand sind hierbei alltägliche Sozialisationsprozesse, die ohne pädagogische Anleitung stattfinden. Mediennutzer eignen sich den Umgang mit Medien weitgehend selbst an. Eine Erziehungsinstanz, die den Umgang mit Informations- und Unterhaltungsmedien vermittelt, gibt es als solche nicht. Im Vergleich zur pädagogisch begründeten Medienerziehung (Fremdsozialisation), dominiert daher die Selbstsozialisation (vgl. Fromme 1999).

„Wie verändern Medien die allgemeinen Sozialisationsprozesse und sind dies entwicklungsfördernde oder -gefährdende Veränderungen?" (Süss 2003: 4) In dieser Betrachtungsweise werden Medien als „Katalysatoren" oder „intervenierende Variablen" in einer Vielzahl von Sozialisationskontexten analysiert. Da Medien alle Lebensbereiche durchdringen, könnten mediale Einflüsse und Medieneffekte auf Lebensräume, auf Beziehungskonstellationen zwischen Kindern, Eltern, Lehrern, Peers etc. oder auf Werthaltungen und Verhaltenstendenzen wie Leistungsbereitschaft, Gewaltbereitschaft oder Hedonismus erfasst werden (Süss et al. 2003: 34).

Wissenschaftliche Studien sollen sozialisatorische Effekte von Medien empirisch evident darstellen. In den wissenschaftlichen Disziplinen, die sich auf Mediensozialisation beziehen, wie Medienforschung, Medienpädagogik oder Mediensoziologie, gibt es im Verhältnis zu theoretischen Konzeptionen eine Vielzahl empirischer Forschungsergebnisse, die von sich behaupten, mediale Wirkungen nachweisen zu können. Die Ergebnisse lassen sich aber unterschiedlich interpretieren. Vor allem bleibt unklar, wie stark die nachgewiesenen Effekte seien, unter welchen Bedingungen sie gelten und wie sie letztendlich verallgemeinert werden können (vgl. Aufenanger 2004).

Bonfadelli stellt für den publizistikwissenschaftlichen Bereich fest, dass zur Wirkung von Massenmedien „relativ theorielose Mediennutzungsstudien" und Studien in Tradition der „klassischen Wirkungsforschung" dominieren. Eine sozialisationstheoretische Fragestellung sei aber notwendig, um die Wirkung von Medien hinreichend nachzuweisen (vgl. Bonfadelli 1981).

3.2 Systematische Ansätze zur Mediensozialisation

Theoretische Konzepte zum Thema Mediensozialisation wurden im Vergleich zu empirischen Arbeiten bislang eher vernachlässigt. Bezüglich der heutigen „neuen" Medien Computer und Internet und deren potenzielle Sozialisationseffekte wurden beispielsweise kaum theoretische Konzepte ausgearbeitet (vgl. Aufenanger 2004).

Einen Überblick über theoretische Ansätze und Forschungsergebnisse zum Thema Sozialisation und Massenkommunikation nimmt Bonfadelli (1981) vor. Dabei systematisiert er interdisziplinäre Einzelergebnisse, neuere Ansätze und Forschungsmethoden. In Anlehnung an den Paradigmenwechsel der siebziger Jahre des letzten Jahrhunderts und die damit verbundene Hinwendung zum aktiven Rezipienten, diskutiert Bonfadelli Interaktions- und Kommunikationsprozesse aus symbolisch-interaktionistischer Sicht. Er entwirft diesbezüglich ein umfassendes *„Strukturmodell der Medien-Interaktion und der sie beeinflussenden Faktoren"* (Bonfadelli 1981: 163).

Schorb (2005) unterscheidet drei Perspektiven medialer Sozialisation, die sich auf die Funktion von Medien und ihre Bedeutung im medialen Sozialisationsprozess beziehen:

1. Als *Faktoren* der Sozialisation vermitteln Medien Einstellungen, Urteile, Wissen, Verhaltensweisen etc., die im Kontext anderer Sozialisationsfaktoren insbesondere Kinder und Jugendliche beeinflussen können, da diese in ihrer Persönlichkeitsentwicklung weniger festgelegt sind.
2. Als *Mittler* der Sozialisation können Medien etwa institutionalisiertes Lernen im Bildungsbereich, aber auch informelles Lernen unterstützen und ergänzen.
3. Medien können drittens als *Instrumente* im Sozialisationsprozess fungieren. Hierunter fasst Schorb die bewusste Aneignung von Medien als Werkzeuge zur gesellschaftlichen Partizipation und Kommunikation durch die Sozialisanden (vgl. Schorb 2005).

Ansätze zur Mediensozialisation lassen sich nach den ihnen zugrunde liegenden Konzeptionen des Mensch-Medien-Verhältnisses unterscheiden (vgl. Aufenanger 2004):

a) „Medien wirken auf Menschen ein": Bei diesen eher traditionellen Ansätzen wird Medien entsprechend ihrer Gestaltung, ihrem Inhalt und ihrer Struktur ein besonderes, meist negatives Wirkpotenzial unterstellt. Häufige Themen der kritischen Auseinandersetzung sind Gewalt oder Werbung. Dabei beziehen sich die Ansätze vorrangig auf die Medien Fernsehen, Internet oder Computerspiele.

b) „Menschen sind medienkompetent und selektieren Medienangebote“: In solchen Ansätzen werden Menschen nicht als passive Opfer von Medien betrachtet, sondern als aktive Nutzer, die bewusst auswählen können und zu einem bestimmten Teil schon medienkompetent sind. So wird Mediennutzern beispielsweise Genrewissen (Horrorfilm, Ego-Shooter, etc.) unterstellt, folglich tritt mit Bezug auf das Genre keine Wirkung ein.
c) „Menschen und Medien interagieren miteinander, und Einflüsse müssen in diesem Wirkgefüge gesehen werden“: Diese Ansätze stellen eine Beziehung zwischen Rezeptionsprozessen und dem thematischen Gehalt von Medien her. Mediennutzer wählen ihr Medienangebot nach bestimmten thematischen Präferenzen. Die ausgewählten Medien bzw. Medieninhalte dienen dazu, sich mit bestimmten Charakteren zu identifizieren oder individuelle Probleme in Mediengeschichten zu projizieren. Mediale Einflüsse werden in dieser Betrachtungsweise auch positiv etwa zum Identitätsaufbau (z. B. beim Chatten) oder zur Lebensbewältigung (z. B. beim Fernsehen) gewertet. Wirkungen treten nicht kausal und unmittelbar ein. Mediale Botschaften und Aussagen werden nur wirksam unter gewissen Bedingungen, in Kombination mit anderen Faktoren und mit zeitlicher Verzögerung.

In den aktuellen medienpädagogischen Diskussionen wird der letztgenannte Ansatz befürwortet, da ein wechselseitiges Verhältnis von Mensch und Medien auch in empirischen Studien belegt wird. Im Unterschied zu den anderen beiden Ansätzen werden keine rationalen und direkten Wirkweisen unterstellt, die der komplexen Wirklichkeit nicht gerecht werden. Insgesamt fehlt den Ansätzen eine gesellschaftliche und kulturelle Dimension, in der die jeweilige Konzeption eingebettet werden kann. Beispielsweise geht die deutsche Debatte um Jugendmedienschutz von der ersten Position aus, während es in anderen Ländern wie Japan, Spanien oder Italien kaum öffentliche Diskurse um die Wirkungen von Medien gibt, die als Konsequenz Einschränkungen für Kinder und Jugendliche nach sich ziehen (vgl. Aufenanger 2004).

Um Mediensozialisation systematisch zu bestimmen, überbrücken einige Autoren theoretische Lücken, indem sie relevante Fragen zur Mediensozialisation aus bestehenden sozialisationstheoretischen bzw. medientheoretischen Ansätzen ableiten. Mediensozialisation wird dabei aus der Perspektive entsprechender soziologischer, psychologischer oder medienwissenschaftlicher Basistheorien betrachtet. Süss, der diese Vorgehensweise anwendet, fragt beispielsweise aus lerntheoretischer Sicht: *Wie aktiv ist der Mediennutzer?* Aus psychoanalytischer Sicht: *Wie bewusst handelt der Mediennutzer?* Aus strukturgenetischer Sicht lautet seine Frage: *Wie stark folgt Mediensozialisation vorgegebenen Schritten und Entwicklungsaufgaben in der Ontogenese?* Mediensozialisation lässt sich also je nach zugrunde liegender Basistheorie aus unterschiedlichen Perspektiven bestimmen. Süss leitet aus den interdisziplinär verankerten Basistheorien übergeordnete Rahmenbedingungen für eine Theorie der Mediensozialisation ab und ergänzt diese um spezifische Dimensionen der Mediensozialisation. Abschließend fasst er die zentralen Dimensionen der Mediensozialisation und ihre Ausprägungen tabellarisch zusammen (vgl. Süss et al. 2003).

Lothar Mikos (2007) bezweifelt in einem neueren Aufsatz, dass es sinnvoll sei, eine eigene Mediensozialisationstheorie zu entwickeln, „weil die Medien zu sehr in den Mittelpunkt gestellt werden" (Mikos 2007: 28). Vielmehr sei es notwendig, die Wechselbeziehungen zwischen medialen und sozialen Bedingungen im Sozialisationskontext zu berücksichtigen und Medien dabei als einen, aber nicht den alleinigen Aspekt der Sozialisation zu betrachten. Dass dies bisher aber noch nicht empirisch umgesetzt worden ist, muss der Autor zugleich feststellen. Es gibt aber auch andere Stimmen (Niesyto 2007), die umgekehrt eine stärkere Beachtung möglicher Einflüsse von Medien auf die Persönlichkeit verlangen und damit auch das in den letzten Jahren favorisierte Modell des „aktiven Subjekts" in der Medienrezeptionsforschung als unzureichend kritisieren. Insgesamt wird deutlich, dass im Bereich der Mediensozialisation weitreichende theoretische und auch empirische Arbeit fehlen.

3.3 Wie entwickeln sich Kompetenzen im Verlauf der Sozialisation?

In den theoretischen Bestimmungen zum Sozialisationsbegriff wird vor allem der Prozesscharakter von Sozialisation stark betont. Sozialisation als lebenslanger Prozess muss auch aus biographischer Perspektive der Heranwachsenden untersucht werden. Innerhalb des Lebenslaufs werden bestimmte Themen und Aufgaben zu verschiedenen Zeitpunkten, je nach gesellschaftlicher Organisation, an die Heranwachsenden herangetragen (vgl. Süss 2004). In jeder Gesellschaft gibt es *Altersnormen,* also Überzeugungen, Erwartungen und mehr oder weniger verbindliche Vorschriften bezüglich dessen, was altersgemäß ist. Außerdem bleiben die im Sozialisationsprozess erworbenen Fähigkeiten nicht gleich, sondern entwickeln sich weiter. Die Sozialisanden haben daher in unterschiedlichen Stadien auch jeweils andere Voraussetzungen. So verfügen Kinder und Jugendliche nicht über die gleichen Verarbeitungsmöglichkeiten wie Erwachsene, da Verarbeitungsprozesse von der Reifung kognitiver, emotionaler und motorischer Fähigkeiten abhängig sind. Bestimmte Medieninhalte müssten demnach bei Kindern und Jugendlichen andere Effekte auslösen als bei Erwachsenen, weil sie anders verarbeitet werden (vgl. Süss 2004).

Flammer (1991) unterscheidet zwischen „F-Kompetenzen" (Fähigkeiten) und „B-Kompetenzen" (Berechtigungen). Am Beispiel Computerspiele wäre F-Kompetenz die Fähigkeit, das Spiel zu beherrschen (Reaktionstempo, Koordination, Multitasking). B-Kompetenz wäre demgegenüber die an Altersnormen orientierte Spielberechtigung entsprechend der gesellschaftlich vorgegebenen Altersfreigaben (vgl. Süss 2004).

Um den Entwicklungsprozess im Verlauf der Sozialisation zu untersuchen, greift die entwicklungspsychologisch orientierte Sozialisationsforschung u. a. auf das Konzept der „Entwicklungsaufgaben" von Havighurst zurück. Nach Havighurst (1982) müssen Menschen innerhalb bestimmter Lebensperioden bestimmte Anforderungen erfüllen, deren erfolgreiche Bewältigung zu Glück und Erfolg bei später gestellten Entwicklungsaufgaben beitrage, während Misserfolg zu Ablehnung von gesellschaftlicher Seite, zu Unzufriedenheit sowie zu potenziellen Schwierigkeiten bei der Bewältigung späterer Aufgaben führen könne. Manche Entwicklungsaufgaben sind biologisch vorgegeben und zeitlich begrenzt wie das Erlernen von Sprache. Normal entwickelte Kinder erlernen das Sprechen im Alter von ein bis drei Jahren. Werden bestimmte Zeitfenster in der Sprachentwicklung verpasst, können die betroffenen Kinder diese Lücke nie vollständig schließen. Andere Entwicklungsaufgaben sind kulturell bzw. normativ determiniert. So lernen Kinder etwa im selben Alter das Lesen was mit dem gesellschaftlich vorgegebenen Zeitpunkt der Einschulung zusammenhängt. Entwicklungsaufgaben umfassen zudem individuelle Zielsetzungen oder Werte des Individuums.

Entwicklungsrelevante Aufgaben bewirken irreversible strukturelle Veränderungen beim Heranwachsenden. Nach Flammer vermitteln daher Entwicklungsaufgaben F-Kompetenzen, während Berechtigungen durch normative Vorgaben der Gesellschaft zugewiesen werden (vgl. Süss 2004). In Bezug auf Medien bzw. den kompetenten und selbstbestimmten Medienumgang müssen Heranwachsende medienbezogene Entwicklungsaufgaben bewältigen. Konkrete Entwicklungsaufgaben für die Lebensabschnitte mittlere Kindheit (6–12 Jahre) und Jugend (13–18 Jahre) benennen Dreher/Dreher (1985), wobei das Erlernen der Kulturtechniken Lesen, Schreiben und Rechnen durch Medienkompetenz ergänzt werden muss (vgl. Süss 2004).

In seinem Modell zur *Ontogenese der Medienkompetenz drei- bis zehnjähriger Vor- und Grundschulkinder* bringt Sutter (1999) die Entwicklung subjektiver Fähigkeiten in Zusammenhang mit äußeren Bedingungen und Voraussetzungen der Mediensozialisation. Seinen Ausgangspunkt bilden die Stufen der sozialkognitiven Entwicklung, die auch die Basis für die Entwicklung des moralischen Urteilsvermögens sind. Um die sozial-kognitiven Mittel von Vor- und Grundschulkinder beim Verstehen von Medienfiguren und Mediengeschichten aufzuzeigen, skizziert Sutter drei Stufen:

Die erste Stufe der *„differenzierten Perspektivenkoordination"* tritt ab dem fünften Lebensjahr ein. Kinder in dieser Altersstufe können physische und psychische Merkmale von Personen unterscheiden. Außerdem können sie beabsichtigte und unbeabsichtigte Handlungen trennen. Jedoch verharren sie in ihrer subjektiven Perspektive und orientieren sich moralisch an äußerlicher Autorität und Gehorsam.

Bei der zweiten Stufe, der *„reziproken Perspektivenkoordination"* (ab 7 Jahren), können Kinder den eigenen Standpunkt aus Sicht des anderen betrachten. Die Beziehung zwischen zwei Standpunkten kann jedoch nicht aus einer dritten Beobachterperspektive verstanden werden. Ob Regeln gültig sind, hängt davon ab, welche Perspektive und somit Interessenlage von den Kindern übernommen wird.

Die *„soziale Perspektivenkoordination"* beginnt ab dem zehnten Lebensjahr. Kinder können nun die Perspektive eines Beobachters einnehmen und die verschiedenen Beziehungen zwischen Standpunkten reflektieren. Das Stadium der heteronomen Moral wird überwunden und in eine autonome Moral überführt. Regeln werden nicht mehr als unveränderbar verstanden, sondern als gegenseitige Vereinbarung. Kinder sehen ein, dass soziale Normen für ein gemeinschaftliches Zusammenleben notwendig sind (vgl. Sutter 1999).

Für Sutter bilden die jeweils ausgebildeten kognitiven Strukturen „[...] das Einfallstor, durch das die Medienangebote passieren müssen: Überkomplexe Inszenierungen von Figuren und Geschichten können von Kindern bei noch nicht ausreichenden sozial-kognitiven Fähigkeiten umgedeutet oder ignoriert werden" (Sutter 1999: 77). Die Entwicklung sozial-kognitiver Fähigkeiten ist somit grundlegend für den Umgang mit Medienangeboten bzw. für das Verstehen und Bewerten von Medieninhalten.

Die individuelle Entwicklung sozialkognitiver Fähigkeiten vollzieht sich in Interaktion mit Instanzen der Sozialisation. Sutter untersucht in diesem Kontext das Verhältnis von individueller Entwicklung und sozialen Interaktionsprozessen (vgl. Sutter 1999). In Anlehnung an Piaget stellt er fest, dass die jeweiligen Entwicklungsstufen mit bestimmten Interaktionsformen korrespondieren. Die heteronome Moral reflektiert beispielsweise die autoritäre Beziehung zu den Eltern. Im weiteren Sozialisationsverlauf nimmt der starke Einfluss der Eltern-Kind-Beziehung ab. Die Beziehung zwischen Gleichaltrigen, welche auf Kooperation und Einverständnis beruht, gewinnt an Einfluss. Dieses Bewusstsein spiegelt sich in der autonomen Moral wider.

Für den Umgang mit Medienangeboten in sozialen Kontexten kann festgehalten werden, dass kleine Kinder noch auf Unterstützung durch vergleichsweise kompetentere Interaktionspartner angewiesen sind. Diese können stellvertretend Deutungen und Explikationen vornehmen. Mit steigendem Alter nimmt der Anteil der selbstbestimmten reflexiven Mediennutzung zu (vgl. Sutter 1999).

Um den Stellenwert von Medien im Sozialisationsprozess herauszustellen, bevorzugt Sutter die konstruktivistische Bestimmung von Mediensozialisation. Hierfür skizziert er drei Ebenen (vgl. Sutter 1999):

Die Ebene der *Massenkommunikation* ist durch einen interaktionsfreien Kommunikationsraum gekennzeichnet. Kommunikation ist hierbei nicht an Beschränkungen der sozialen Interaktion gebunden. So ist die Anwesenheit der Interaktionspartner nicht erforderlich. Außerdem kann intersubjektives Verstehen nicht kontrolliert werden. Das Verhältnis von Massenkommunikation und Rezipientinnen und Rezipienten kann daher nicht als Interaktion gelten, wobei die Reproduktion des Kommunikationsraumes von sozialen Interaktionen und subjektiven Rezeptionsprozessen abhängig ist. Sozialisationsrelevante Interaktionen finden vielmehr auf der Ebene der *Anschlusskommunikation* statt. Die Rezeption von Massenkommunikation zieht häufig Anschlusskommunikation nach sich. Damit sind beispielsweise Gespräche gemeint, die sich auf Medieninhalte oder Medienangebote beziehen und ihre Bedeutung reflektieren. Auf der Ebene der *subjektiven Rezeptionsprozesse* werden Bedeutungen subjektiv konstruiert und können von der sozialen Konstruktion abweichen. Medienangebote werden hier etwa in Auseinandersetzung mit eigenen Erfahrungen und Lebenslagen gedeutet (vgl. Sutter 1999).

4 Geschlecht/Geschlechter

Da wir mit der Kategorie Geschlecht arbeiten, ist es angebracht, unser Verständnis von „Geschlecht/Geschlechter“ zu präzisieren. Medienpädagogik muss dabei nicht eine eigene Diskussion um Geschlechter entfachen, sondern kann an die bestehende sozialwissenschaftliche Diskussion anknüpfen. Unangebracht wäre es, die umfangreiche Theoriediskussion in allen Facetten aufzunehmen. Sinn der folgenden Ausführungen ist es, die theoretischen Anknüpfungspunkte zu markieren, also diejenigen Konzepte, welche die Grundlage der von uns verwendeten begrifflichen Kategorien bilden. Dazu reicht eine grobe Skizze zentraler Positionen aus.

Eine dichotome Ordnung der Geschlechter galt lange Zeit als stabile und naturgegebene Angelegenheit und wurde vom Mainstream der Sozialwissenschaft nicht ernsthaft in Frage gestellt. Während die spätestens seit den 1970er Jahren gebräuchliche sprachliche Unterscheidung von biologischem und sozialem Geschlecht (sex – gender) weitgehend akzeptiert wurde, irritierte eine Ende der 1980er und Beginn der 1990er Jahre populär werdende grundsätzliche Infragestellung der scheinbar selbstverständlichen Zweigeschlechtlichkeit. Judith Butler (1991) griff gerade diese Polarisierung von „natürlichem Geschlechtskörper“ und „kultureller Geschlechtsidentität“ an. Butler will „sex“ wie „gender“ als ideologische Fiktion (Butler 1991: 190 f., 200) entlarven. Geschlechtlich bestimmte Identität erscheint hier als Effekt einer bestimmten – heterosexuell dominierten – diskursiven Praxis (vgl. Butler 1991: 39). Es entbrennt eine breite Debatte um die soziale Konstruiertheit des geschlechtlichen Körpers, das Augenmerk richtet sich auf „Androgynie“, auf „Wandel der Geschlechtsinszenierungen“ und auf „permanent stattfindende interaktive Konstruktion von Geschlechtszugehörigkeit im Alltag“ (Hirschauer 1989: 102) und es wird die Idee einer geschlechtslosen Gesellschaft diskutiert. Andrea Maihofer (1995) systematisiert die verschiedenen Diskussionsstränge (u. a. Butler 1991, 1995; Hirschauer 1989, 1993a, 1993b; Gildemeister/Wetterer 1992) ebenso kritisch wie präzise. An Butler – als einer prominenten Vertreterin des poststrukturalistischen Diskurses – kritisiert sie, dass „Geschlecht/Geschlechtlichkeit insgesamt zu einem diskursiv produzierten Effekt, zu einem bloßen ideologischen Bewusstseinsphänomen wird“ (Maihofer 1995: 52) und damit „weder die

Tatsache des Geschlechts als einer Lebens- und Existenzweise noch die gelebte ‚Materialität' geschlechtlicher Körper theoretisch reflektiert" (ebd.) wird.

Inzwischen ist die Diskussion fortgeschritten und der Kategorie „Geschlecht" wird in weiteren Teilen der Forschung und Wissenschaft Beachtung geschenkt. Eine Recherche in der Datenbank Gepris (Stichtag: 20.07.05) zeigt, dass von der Deutschen Forschungsgemeinschaft (DFG) aktuell 241 Projekte gefördert werden, die „Geschlecht" thematisieren, im Vergleich zu 329 geförderten Projekte, die „Medien" thematisieren. Aktuelle Untersuchungen wenden sich selbstverständlich dem Prozess der sozialen Konstruktion von Geschlechtsidentitäten in alltäglichen pädagogischen Kontexten zu, etwa in der Schule (Budde 2005; Faulstich-Wieland/Weber/Willems 2004).

Die Rezeption des Bourdieuschen Konzepts des Habitus (Bourdieu 1982; 1987; Krais/Gebauer 2002) trägt mit dazu bei, dass komplexe Konstruktionsprozesse von Identität/Person und Lebensstil untrennbar mit ihrer gesellschaftlichen Verwobenheit diskutiert werden. Habitus wird im Anschluss an Bourdieu verstanden als Wahrnehmungs-, Denk- und Handlungsschemata, als erzeugtes und erzeugendes Dispositionssystem, das – angeeignet durch soziale Erfahrungen – zu einem unmittelbaren Teil des sozialen Akteurs geworden ist. Habitus beschränkt sich dabei nicht auf eine kognitiv gesteuerte Praxis der Lebensführung, sondern spiegelt sich bis in die nicht-bewusste Haltung und Bewegung des Körpers. „Was der Leib gelernt hat, das besitzt man nicht wie ein wiederbetrachtbares Wissen, sondern das ist man." (Bourdieu 1987: 136). Auch der Körper ist in dieser Sicht Speicher sozialer Erfahrungen, ohne dass er in diesen Erfahrungen aufgeht. Damit ergeben sich interessante Anknüpfungspunkte zu dem von Maihofer eingebrachten Terminus des Geschlechts „als Existenzweise" (1995). Dieser enthält eben auch diese doppelte Perspektive und versucht – entgegen den üblichen Dichotomien von Natur und Kultur oder Körper und Geist (vgl. Maihofer 1995: 76) –, begrifflich eine Balance zu finden. Es geht also darum, zwischen der Bedeutung der sozialen Prozesse und symbolischen Ordnungen, die Person-Werden in Interaktionen ermöglichen, und der konkreten materiellen Ebene, dem immer schon Person-Sein, zu vermitteln. Damit wird einer scheinbaren Beliebigkeit kognitiver Entwürfe eine materielle Ebene zur Seite gestellt, die nicht „Natur" ist, sondern ebenso sozial transformiert.

Zusammenfassend lässt sich festhalten: Wir fokussieren „Geschlecht" als ein habituell angeeignetes, komplexes Ensemble von Wahrnehmungs-, Gefühls-, Denk- und Handlungspraxen. Geschlecht ist mehr als ein kognitives Bewusstseinsphänomen und ist nicht willkürlich individuell erzeugbar. Die Praktiken des Erlebens und Handelns sind historisch entstanden und werden auf vielfältige Weise als binäre Muster im sozialen Raum vermittelt.

Mit diesem binärem Muster und den daraus entstehenden geschlechtsbezogenen Erwartungen werden alle Individuen – Kinder, Jugendliche und Erwachsene – in ihrem Alltag konfrontiert; dem Zwang zur Annahme des Geschlechtlichen kann sich niemand entziehen. Insofern ist es sinnvoll, auch den Prozess geschlechtsspezifischer Sozialisation zu analysieren und zu reflektieren. Allerdings ist diese Perspektive auf gesellschaftliche Realität u. a. durch Theorien, die „Geschlecht“ als bloße soziale Konstruktion auffassen, vernachlässigt worden. Andrea Maihofer (2002) weist darauf hin, dass aktuell in der Frauenforschung die Perspektive einer geschlechtsspezifischen Sozialisation deutlich in den Hintergrund gerückt ist. Sie spricht diesbezüglich sogar von der Errichtung eines Tabus – einer Tabuierung, die im Zuge der Sorge entstanden ist, nicht an einer Konstruktion von Differenz mitzuwirken und damit zu einer Reproduktion patriarchaler Macht- und Geschlechterverhältnisse beizutragen (vgl. Maihofer 2002: 13 f.). „Zweifelsohne besteht diese Gefahr und es ist notwendig diesen Effekt ständig kritisch zu reflektieren. Unproduktiv wird der ständige Verweis auf diese Gefahr jedoch, wenn damit letztlich jede weitere theoretische und empirische Thematisierung von Geschlechterdifferenz für inopportun [sic] erklärt wird.“ (Maihofer 2002: 14)

Die Aufmerksamkeit auf geschlechterspezifische Medienkompetenzförderung zu legen, steht vor der Herausforderung, kritisch und reflexiv auf eben diese Prozesse geschlechterspezifischer Sozialisation zu blicken, diese wechselwirksamen Prozesse des Herausbildens eines komplexen Ensembles von Wahrnehmungs-, Gefühls-, Denk- und Handlungspraxen, welche im sozialen Raum vermittelt, angeeignet und re-inszeniert werden. In diesem Sozialisationsprozess sind die Heranwachsenden gefordert, sich in den bestehenden symbolischen Systemen der Zweigeschlechtlichkeit zu orientieren. Auf den unterschiedlichen Ebenen, in denen die Heranwachsenden sich neu zu orientieren haben, kommt der Verortung im symbolischen System der Zweigeschlechtlichkeit eine zentrale Rolle zu. Es geht nicht nur darum, Vorstellungen von „Weiblichkeit“ und „Männlichkeit“ im engeren Sinne zu entwerfen und sich darin zu erproben, sondern auch auf anderen Ebenen, z. B. in Bezug auf Berufs- und Lebensentwürfe, entfaltet die Kategorie Geschlecht Bedeutung. Das Erfordernis, sich eindeutig einem Geschlecht zuzuordnen und dieses ggf. auch erkennbar zu repräsentieren, muss in dieser komplexen und bedeutsamen Lebensphase nicht nur Einengung oder Restriktion für die Jugendlichen bedeuten, sondern kann auch wegen der tatsächlichen oder vermeintlichen Eindeutigkeit Orientierung bieten und als verlässliche Rahmung, als Sicherheit und Kontinuität erlebt werden. Es gibt einige Anzeichen dafür, dass rigide Geschlechtsrollenvorstellungen und deren Manifestationen in den Medien, Verunsicherungsprozesse auf Seiten jugendlicher Rezipienten zu kompensieren vermögen (vgl. Luca 2003).

Die Rede von „doing gender“ betont den subjektiven Faktor der Aneignung von Geschlecht. So kann leicht übersehen werden, dass in Institutionen, sozialen Systemen und auch Medien geschlechterrelevante Strukturen eingeschrieben sind, so dass wir auch von „engendering“ durch Medien sprechen können. Das gilt offensichtlich auch für den „neuen“ Kommunikationsraum, dem optimistisch dekonstruktive Entwürfe zur potenziellen Auflösung der Kategorie Geschlecht zugetraut werden. Neuere Forschungen zeigen, dass auch im Internet die Kategorie Geschlecht ein zentrales Ordnungsprinzip bleibt.

Aus einer Sozialisationsperspektive bleibt die entscheidende Frage, ob und inwieweit die in den Medien und in den sozialen Räumen – auch in denen der Medienbildung – transportierten Entwürfe von Weiblichkeit und Männlichkeit einer umfassenden Entfaltung von Persönlichkeit förderlich sind oder dieser sogar entgegenstehen, etwa indem die Entwürfe nur Stereotypien präsentieren oder indem latent oder offen Geschlechterhierarchien vermittelt werden.

Eine Reihe von neueren Untersuchungen zeigt, dass Geschlecht eine relevante Komponente in der Rezeption von Medien (Luca 1993), der kompetenten Nutzung von Medien (vgl. Schulz-Zander 2002) und der Mediensozialisation (vgl. Beinzger 2003) ist. Allerdings konzentriert sich die Diskussion unter der Perspektive „Geschlechterspezifik“ bislang überwiegend auf Mädchen – und auf die Mädchen zugeschriebenen Defizite. Nicht nur die Defizite der Jungen (bspw. bezogen auf die Lesekompetenz) werden häufig außer Acht gelassen, sondern ihre Perspektive auf Medien und ihr Medienumgang bleibt unberücksichtigt. Welche Perspektive auf ihre eigene geschlechtliche Identität entwickeln Jungen, die in medialen Angeboten – wie von Budde (2003) anhand der täglich ausgestrahlten Fernsehsendung „Big Brother“ analysiert – sehr beschränkten Entwürfen von Männlichkeit begegnen? Wir nehmen – begründet – eine Perspektive auf Geschlecht, geschlechterspezifische Sozialisation und Medienkompetenz ein, welche die Praktiken der Aneignung, der Inszenierung, der Variation und der Reflexion von geschlechterbezogenen Stereotypien aller Akteure in Bildungsprozessen hervorhebt.

Um Heranwachsenden eine umfassende Entfaltung ihrer Person zu ermöglichen, ist in dieser Gesellschaft auch Medienkompetenz notwendig und dazu gehört ebenso die Fähigkeit „über das Geschlecht und die damit verbundenen realen und medialen Themen und Vorstellungen“ (Theunert/Lenssen 1999: 67) reflektieren zu können. Dass die neuen Medien mit ihren immateriellen Gestaltungsmöglichkeiten faszinierende Möglichkeiten bieten, mit idealen Selbstentwürfen zu spielen (vgl. Luca 2003: 45), macht das Feld der Medienpädagogik für die Reflexion der Geschlechterthematik ausgesprochen interessant. Dass in den sozialen Räumen der Bildungsarbeit aber auch Stereotypen und das binäre Modell der Zweigeschlechtlichkeit tagtäglich re-inszeniert werden, darf nicht ausgeblendet bleiben.

5 Geschlechtsspezifische Mediennutzung – Quantitative Aspekte

5.1 Einführung

Jährlich werden deutschlandweit zahlreiche Studien zur Mediennutzung und zum Medienverhalten in unterschiedlichen Altersstufen durchgeführt. Je nach Studienschwerpunkt und -umfang werden dabei bestimmte Medien mit entsprechend speziellen Untersuchungskriterien in den Mittelpunkt gestellt.

Wie hoch ist der Fernsehkonsum der 6- bis 13-Jährigen? Inwieweit etabliert sich das Handy im Jugendalter? Welche Rolle spielt der Computer im frühen, mittleren und späten Erwachsenenalter? Und inwieweit werden Medien in das Leben älterer Menschen und Pensionäre integriert? Dies sind einige grundsätzliche Fragen, die in diesen Studien immer wieder aufgegriffen und erforscht werden.

Das Ziel dieser Analyse besteht darin, einen Überblick über die verschiedenen Nutzungsverhalten, -gewohnheiten und -präferenzen der Medien **Fernsehen, Bücher, Computer, Internet, Handy, Radio, Zeitungen, Zeitschriften und MP3-Player** in Bezug auf alters- und insbesondere geschlechtsspezifische Aspekte zu erhalten. Dazu werden im Folgenden einige der in zahlreichen Studien gesammelten Daten zum Medienverhalten anhand von Tabellen und Anmerkungen zusammengetragen.

Um einen möglichst umfangreichen und gleichzeitig vergleichbaren Überblick über das Nutzungsverhalten allgemein erzielen zu können, liegen der Analyse grundsätzlich folgende Kriterien zugrunde: **Mediale Ausstattung, mediale Nutzungsgewohnheiten** unter alters-, geschlechts- und zum Teil sozialspezifischen Aspekten und **mediale Nutzungspräferenzen**. Diese grundlegenden Kriterien werden anhand der jeweiligen Medien präzisiert. Eventuell treten vereinzelt bei der Betrachtung des jeweiligen Mediums weitere, in der Wichtigkeit untergeordnete Kriterien auf. Sie werden an entsprechender Stelle genannt. Die Analysen der Medien basieren auf Daten, die in etwa innerhalb der letzten vergangenen zehn Jahre erhoben worden sind. Prinzipiell wird daher versucht, bei der medialen Ausstattung und den Nutzungspräferenzen einen möglichst aktuellen Stand wiederzugeben, während bei den Nutzungsgewohnheiten die Trends im genannten Zeitraum stärker ins Gewicht fallen. Außerdem sei erwähnt, dass bei den Medien **Fernsehen** und **Bücher** in drei Altersstufen unterteilt wird (Kinder, Jugendliche und Erwachsene), während bei den übrigen Medien die kinder- und jugendspezifischen Daten im Vordergrund stehen.

Den Tabellen liegen mehrere Quellen zugrunde. Die daraus entnommenen Daten entstammen überwiegend zwei bekannten Zeitschriftenreihen. Eine dieser Reihen ist die Zeitschrift **Media Perspektiven**. Sie wird im Auftrag der Arbeitsgemeinschaft der ARD-Werbegesellschaften monatlich mit bestimmten Schwerpunkten herausgegeben. Diese Daten werden von der **AGF/GfK Fernsehforschung** sowie dem Forschungsbereich **Media Analyse** erhoben. Eine weitere Basis bilden die Daten aus den Forschungsberichten der **KIM- und JIM-Studien,** die seit 1998/99 nahezu jährlich vom **Medienpädagogischen Forschungsverbund Südwest (mpfs)** herausgegeben werden. Beide Quellen zeichnen sich durch hohe Repräsentanz aus. Gegebenenfalls werden noch weitere Zeitschriften und Quellen innerhalb der Analyse der Mediendaten integriert. Auf diese wird an entsprechender Stelle verwiesen.

Dem Bericht schließt sich exkursartig eine grobe Analyse drei weiterer Forschungsinstitutionen an. Dies sind zum einen die **KidsVerbraucherAnalyse 2005, Kinderwelten 2004** und Daten der **IP Gesellschaft Deutschland**. Durch die Betrachtung der Ergebnisse der erhobenen Nutzungsdaten soll ein Vergleichsrahmen zu den Zeitschriften **Media Perspektiven** und den **JIM- und KIM-Studien** erbracht werden.

5.2 Mediennutzung – Fernsehen

Eine wesentliche Voraussetzung der Fernsehnutzung von Kindern ist entweder der Zugang zum Gerät der Familie oder der eigene Besitz. Letzteres hat sich in den letzten Jahren stark erhöht. Allein von 2000 bis 2006 stieg der Besitz eines eigenen Fernsehapparats bei den 6- bis 13-Jährigen von 34 % auf 44 % (KIM-Studie 2006: 8).

Bei der Analyse des Mediums Fernsehen wird zunächst ein aktueller Überblick über die Ausstattung mit Fernsehgeräten in einzelnen Altersstufen gegeben. Wie Tabelle 1 zeigt, haben schon sehr kleine Kinder sowie jedes zehnte Kind im Vorschulalter ein eigenes Gerät. Differenzen zwischen Jungen und Mädchen gibt es noch nicht. Mit zunehmendem Alter zeigen sich dann auch geschlechtsspezifische Differenzen. So findet sich bei den männlichen Jugendlichen häufiger ein eigenes Gerät als bei den weiblichen Jugendlichen, wie Tabelle 1 deutlich macht.

Tabelle 1: Fernsehausstattung der 6- bis 13-Jähriger und 12- bis 19-Jähriger 2006 in Prozent

	Fernsehausstattung	
	6–13 Jahre	12–19 Jahre
Jungen	46	64
Mädchen	42	65

Quelle: KIM- und JIM Studie 2006

Ob diese eigenständige Geräteausstattung jedoch auch zu höheren Nutzungszeiten führt, werden die folgenden Daten zur Fernsehnutzung zeigen.

Einen ersten Einblick sollen die Daten zur altersspezifischen Fernsehnutzung bieten. Zuvor müssen jedoch noch drei unterschiedliche Präsentationskategorien erläutert werden: Die **Tagesreichweite (Seher)** gibt an, wie viele Kinder einer Altersgruppe durchschnittlich im Verlauf eines Tages überhaupt Fernsehen schauen, während hingegen bei der **Sehdauer** bzw. **Nutzungsdauer** die durchschnittlichen Mediennutzungsquantitäten betrachtet werden. Hierbei werden alle Kinder der entsprechenden Altersgruppe berücksichtigt. Daraus wird dann das arithmetische Mittel errechnet. Kinder, die nicht vor dem Apparat sitzen, werden bei dieser Berechnung also auch mitberücksichtigt. Die **Verweildauer** bezieht sich auf die durchschnittliche Fernsehnutzung pro Tag jener Kinder, die auch tatsächlich fernsehen.

Betrachtet man die Entwicklung der 3- bis 13-Jährigen Seher in Prozent pro Tag (vgl. Tabelle 2), so sind in den vergangenen zwölf Jahren keine besonders auffälligen Veränderungen festzustellen. Die durchschnittliche Zahl der Nutzer schwankt danach zwischen 66 % im Jahre 1992 und 59 % im Jahre 2006. Auch eine differenzierte Betrachtung der verschiedenen Altersgruppen bringt ein ähnliches Ergebnis, nämlich eine Abnahme der Seher über die zwölf Jahre hinweg.

Zwischen den einzelnen Altersgruppen gibt es leichte Abweichungen. Mit Zunahme des Alters steigt der Prozentsatz der Seher pro Tag kontinuierlich an. In keinem Jahr übersteigen die Werte der 3- bis 5-Jährigen die der 6- bis 9-Jährigen und diese wiederum die der 10- bis 13-Jährigen.

Tabelle 2: Altersspezifische Fernsehnutzung 3- bis 13-Jähriger im Überblick 1992–2004 – Seher
Seher in Prozent/Tag, Mo.–So., 00.00–03.00 Uhr, D gesamt

Jahr	3–13 Jahre gesamt	3–5 Jahre	6–9 Jahre	10–13 Jahre
1992	66	60	66	70
1993	67	60	66	71
1994	63	58	61	69
1995	60	56	60	65
1996	61	55	60	66
1997	60	54	59	64
1998	62	56	62	66
1999	61	56	60	65
2000	62	57	62	65
2001	61	57	60	64
2002	62	57	61	65
2003	60	54	59	64
2004	61	56	60	64
2005	59	54	59	62
2006	59	54	59	62

Quelle: Feierabend, S./Klingler, W. (2007): Was Kinder sehen. In: Media Perspektiven 4, 201

Tabelle 3: Altersspezifische Fernsehnutzung 3- bis 13-Jähriger im Überblick 1992–2006 – Sehdauer
Sehdauer in Min./Tag, Mo.–So., 00.00–03.00 Uhr, D gesamt

Jahr	3–13 Jahre gesamt	3–5 Jahre	6–9 Jahre	10–13 Jahre
1992	93	66	97	111
1993	94	64	99	112
1994	93	73	92	108
1995	95	74	92	114
1996	101	81	96	120
1997	95	76	91	113
1998	99	76	96	117
1999	97	77	92	114
2000	97	76	96	111
2001	98	76	93	113
2002	97	70	92	116
2003	93	69	87	113
2004	93	68	88	113
2005	91	71	86	108
2006	90	73	85	106

Quelle: Feierabend, S./Klingler, W. (2007): Was Kinder sehen. In: Media Perspektiven 4, 201

Ähnliche Tendenzen lassen sich für die Sehdauer der genannten Altersgruppe feststellen. Sie ist über den Zeitraum von 1992 bis 2006 fast konstant geblieben. In der Altersgruppe der 6- bis 9-Jährigen ist die Sehdauer sogar von 97 Minuten täglich auf 88 Minuten zurückgegangen. Im Durchschnitt lag sie über alle Altersgruppe hinweg bei den 3- bis 13-Jährigen bei 90 Minuten pro Tag (Tabelle 3).

Und auch die Verweildauer (Tabelle 4) hat im gleichen Zeitraum bei fast allen Altersgruppen – mit Ausnahme der 10- bis 13-Jährigen – abgenommen. Lagen die Durchschnittswerte 1992 bei 156 Minuten täglich, sanken sie auf 146 Minuten täglich im Jahre 2006.

Tabelle 4: Altersspezifische Fernsehnutzung 3- bis 13-Jähriger im Überblick 1992–2006 – Verweildauer
Verweildauer in Min./Tag, Mo.–So., 00.00–03.00 Uhr, D gesamt

Jahr	3–13 Jahre gesamt	3–5 Jahre	6–9 Jahre	10–13 Jahre
1992	156	129	156	169
1993	154	122	156	169
1994	154	131	154	170
1995	152	127	149	172
1996	159	138	154	177
1997	155	135	148	173
1998	154	130	150	173
1999	153	132	147	170
2000	152	128	150	167
2001	154	127	150	171
2002	151	117	145	172
2003	149	119	140	172
2004	146	116	139	169
2005	147	123	140	168
2006	146	127	138	165

Quelle: Feierabend, S. / Klingler, W. (2007): Was Kinder sehen. In: Media Perspektiven 4, 201

Auffallend ist, dass sowohl der prozentuale Anteil der Seher als auch die Minutenanzahl der Verweildauer leicht rückläufig sind, während hingegen die Sehdauer im Jahresvergleich relativ konstant bleibt. Splittet man erneut die einzelnen Altersgruppen auf, so sind wiederum Unterschiede festzustellen: Je älter die Kinder werden, desto mehr Zeit verbringen sie vor dem Fernseher. Ab dem Alter von sechs Jahren und wiederum ab dem Alter von zehn Jahren sind deutliche Differenzen sowohl in der Sehdauer als auch in der Verweildauer zu erkennen.

Insgesamt muss aber konstatiert werden, dass der Fernsehkonsum – egal ob der Anteil der Seher, die Seh- oder die Verweildauer – entgegen vieler öffentlicher Diskussionen im letzten Jahrzehnt nicht angestiegen, vielmehr sogar bei manchen Faktoren rückläufig war.

Fernsehnutzung von Kindern mit eigenem Fernsehapparat

Aus einem Artikel von Sabine Feierabend und Walter Klingler 2004 „Was Kinder sehen“, veröffentlicht in der Zeitschriftenreihe Media Perspektiven 4/2005, geht hervor, dass es signifikante Unterschiede zwischen Kindern mit einem Fernsehgerät im eigenen Zimmer und denen ohne persönliches Gerät gibt (Vgl. Feierabend/Klingler 2005: 165). Die durchschnittliche Sehdauer im Jahresvergleich spielt dabei eher eine untergeordnete Rolle. Die Werte der Kinder mit eigenem TV-Gerät bleiben, mit Ausnahme des Jahres 2002, in dem die durchschnittliche Sehdauer mit 133 Minuten pro Tag über 10 Minuten höher liegt, mit 118 Minuten 2001 und 121 Minuten 2003 und 2004 relativ stabil. Ein ähnliches Verhältnis äußert sich bei der Sehdauer der Kinder ohne einen eigenen Fernsehapparat: 2001 mit 93 Minuten, 2002 mit 90 Minuten, 2003 mit 86 Minuten und 2004 mit 85 Minuten pro Tag. Signifikant ist jedoch der Unterschied zwischen den Kindern mit und ohne eigenes Gerät. Die Werte unterscheiden sich um bis zu 20 bis 40 Prozent. Die Seher-Anzahl liegt sowohl bei den Kindern mit und ohne Gerät, als auch im Jahresvergleich bei beiden betrachteten Gruppen relativ konstant bei rund 60 Prozent.

Die Verweildauer der Kinder mit eigenem Gerät steigt im Jahr 2001 von 179 Minuten auf 195 Minuten im Jahr 2002, fällt 2003 auf 189 Minuten zurück und sinkt weiter im Jahr 2004 auf 183 Minuten. Kinder ohne eigenen Fernseher unterscheiden sich auch hier um ca. 40 Prozent. Dies entspricht im Jahr 2001 145 Minuten, 2002 140 Minuten, 2003 138 Minuten und 2004 183 Minuten. (ebd.: 166). Die Tatsache, dass Kinder mit eigenem Gerät meist ein paar Jahre älter sind als die ohne eigenen verfügbaren Fernseher spielt laut Feierabend und Klingler eine weniger bedeutende Rolle, da sich dieses Phänomen auch innerhalb der untersuchten Altersgruppen wiederfinden ließe (ebd.: 165)

Fernsehnutzung von Jugendlichen (12–19 Jahre)

Ein den Kindern entgegengesetztes Fernsehnutzungsverhalten lässt sich bei den Jugendlichen feststellen. Dies wirkt sich in dem Sinne aus, dass sowohl der prozentuale Anteil der Seher als auch die Sehdauer und Verweildauer in Minuten im Jahresvergleich 1992 bis 2004 relativ stetig ansteigen.

Tabelle 5: Altersspezifische Fernsehnutzung Jugendlicher im Überblick 1992–2000
Seher, Sehdauer und Verweildauer, Mo.–So., 00.00–03.00 Uhr, D gesamt

Jahr	Seher in Prozent/Tag 12–19 Jahre gesamt	Sehdauer in Min./Tag 12–19 Jahre gesamt	Verweildauer in Min./Tag 12–19 Jahre gesamt
1992	59	99	169
1993	59	100	170
1994	58	101	174
1995	60	109	184
1996	61	114	189
1997	59	111	187
1998	62	117	186
1999	61	121	191
2000	61	118	188

Quelle für 1992–1997: Gerhards, M. / Klingler, W. (1998): Eine Analyse der Fernsehforschungsdaten 1997 von Zwölf- bis 19-Jährigen. Fernseh- und Videonutzung Jugendlicher. In: Media Perspektiven 4, 179
Quelle für 1998–2000: Gerhards, M. / Klingler, W. (2001): Nutzung und Bedeutung des Fernsehens für Jugendliche im Jahr 2000. Jugend und Medien: Fernsehen bleibt dominierend. In: Media Perspektiven 2, 65

Innerhalb der einzelnen Kriterien ergeben sich zum Teil leichte quantitative Unterschiede. Wie in Tabelle 5 ersichtlich, verbrachten 1992 durchschnittlich 59 Prozent der Jugendlichen ihre Zeit vor dem Bildschirm, 2000 waren es bereits 61 Prozent.

Die Sehdauer stieg von 99 Minuten im Jahr 1992 auf 118 Minuten im Jahr 2000 an, und die Verweildauer betrug 169 Minuten im Jahr 1992, während es 2000 bereits 188 Minuten waren. Vergleichbare Untersuchungen zwischen Jugendlichen mit und ohne eigenen Fernsehapparat liegen derzeit nicht vor.

Die Fernsehnutzung der Jugendlichen, der Erwachsenen und Senioren ist durch eine leicht ansteigende Kurve gekennzeichnet. Dies bedeutet, dass mit zunehmendem Alter eindeutig der Fernsehkonsum in Minuten pro Tag ansteigt. Besonders auffällig ist die Nutzung der über 60-Jährigen mit 215 Minuten im Jahr 1991 und 240 Minuten im Jahr 2005. Der Nutzungszuwachs der über 60-Jährigen innerhalb dieses Zeitraums entspricht prozentual in etwa dem der anderen Altersgruppen. Bei allen Altersgruppen ist ein großer Zuwachs in der Nutzungsdauer zu erkennen. Allerdings ist eine große Differenz in der Quantität der Nutzungszeiten unter den Erwachsenen des frühen, mittleren und späten Erwachsenenalters und dem Seniorenalter festzustellen. Während die 50- bis 59-Jährigen beispielsweise 2005 durchschnittlich 200 Minuten am Tag vor dem Fernseher verbrachten, sind es bei den 60- bis 69-Jährigen schon 240 Minuten, bei den über 70-Jährigen sogar 256 Minuten pro Tag. Die Nutzungsquantität ist also im Schnitt bei den Senioren um fast 60 Minuten höher als bei den 50- bis 59-Jährigen.

Versucht man einen zusammenfassenden Überblick über das altersspezifische Fernsehnutzungsverhalten zu geben, so ist festzustellen, dass das Fernsehen bei allen Altersstufen als zentrales Medium betrachtet wird. Dadurch nimmt es einen wichtigen Bestandteil in der Freizeitgestaltung ein. Zwischen den Altersgruppen gibt es jedoch massive Unterschiede in der Quantität der Nutzung.

Geschlechtsspezifische Fernsehnutzung

Im Folgenden wird versucht, geschlechtsspezifische Besonderheiten im Fernsehverhalten der letzten zehn Jahre aufzuzeigen. Die Tagesreichweite des Fernsehens beträgt sowohl bei Jungen als auch bei Mädchen im Alter von 3- bis 13 Jahren aktuell einen stabilen durchschnittlichen Wert von ungefähr 60 Prozent. Beide Geschlechter zeigen also ein fast gleiches Interesse am Fernsehen. Unterschiede äußern sich jedoch bei der Sehdauer. Jungen dieser Altersstufe verbringen weitaus mehr Zeit mit Fernsehen als Mädchen, und dieser Trend setzt sich über mehrere Jahre fort. Allerdings sinkt die Anzahl der Minuten im Jahresvergleich 1996 bis 2006 bei den Jungen stärker als dies bei den Mädchen der Fall ist. So reduziert sich die Sehdauer bei den Jungen von 108 Minuten auf 91 Minuten, bei den Mädchen hingegen von 93 Minuten auf 88 Minuten (Tabelle 6).

Fernsehnutzung von Jungen und Mädchen (3–13 Jahre)

Tabelle 6: Geschlechtsspezifische Fernsehnutzung 3- bis 13-Jähriger 1996–2006
Seher und Sehdauer, Mo.–So., 00.00–03.00 Uhr

Jahr	Seher in Prozent/Tag		Sehdauer in Min./Tag	
	3–13 Jahre männlich	3–13 Jahre weiblich	3–13 Jahre männlich	3–13 Jahre weiblich
1996	63	59	108	93
1997	61	58	101	89
1998	63	60	103	94
1999	62	60	97	96
2000	63	61	98	96
2001	62	60	100	95
2002	62	61	99	95
2003	60	60	94	93
2004	61	60	94	92
2005	59	59	92	89
2006	59	59	91	88

Quelle: Feierabend, S. / Klingler, W. (2007): Was Kinder sehen. In: Media Perspektiven 4, 202

Die Fernsehnutzung ist auch bei den Jugendlichen geschlechtsspezifisch betrachtet sehr ähnlich. Jugendliche sehen zu über 90 Prozent täglich bzw. mehrmals pro Woche Fernsehen. Im Jahresvergleich sind nur leichte Schwankungen festzustellen. Dies trifft auch auf die Unterschiede zwischen Jungen und Mädchen zu. Ähnliches gilt auch für die Seh- und Verweildauer, wobei genauere Daten dazu in den letzten Jahren nicht mehr veröffentlicht wurden.

Sie werden in aktuellen Veröffentlichungen zu den Erwachsenen gezählt, so dass eine genauere Differenzierung der adoleszenten Altersgruppen nicht möglich ist.

Der Trend, der sich bei den Kindern und Jugendlichen dadurch auszeichnete, dass Jungen tendenziell mehr Fernsehen schauen als Mädchen, kann bei den Erwachsenen nicht mehr bestätigt werden. Im Jahresvergleich 1993 bis 2006 übersteigt sowohl die Tagesreichweite, als auch die Nutzungsdauer der Frauen die der Männer, nicht massiv, aber doch kennzeichnend. Im Jahresvergleich innerhalb des jeweiligen Geschlechts variieren die Werte hingegen nur bei der Fernsehnutzung auffallend stark. Bei den Frauen nimmt die Fernsehnutzung von 1993 bis 2006 um mehr als 30 Minuten pro Tag zu, bei den Männern um 15 Minuten (Tabelle 7).

Tabelle 7: Geschlechtsspezifische Fernsehnutzung von Personen ab 14 Jahren 1993–2006

Jahr	Seher in Prozent, mehrmals in der Woche		Fernsehnutzung in Min./Tag, Mo.–So., 05.00–24.00 Uhr	
	ab 14 J. Männer	ab 14 J. Frauen	ab 14 J. Männer	ab 14 J. Frauen
1993	92,0	92,2	176	179
1995	93,6	93,9	173	181
1999	94,7	95,2	176	188
2000	89,0	91,0	179	193
2001	89,6	91,7	185	201
2003	88,9	90,9	189	209
2004	87,5	90,7	194	209
2005	88,1	90,1	191	211
2006	87,1	89,8	193	210

Quelle: Media Perspektiven. Basisdaten. Daten zur Mediensituation in Deutschland 1993–2006

Zusammenfassend lassen sich Fernsehnutzungsgewohnheiten von Jungen und Mädchen, Männern und Frauen folgendermaßen charakterisieren: Bei Kindern und Jugendlichen ähneln sich die Geschlechter in Bezug auf die allgemeine Nutzung. Geschlechtsspezifische Differenzen kommen deutlich bei der Sehdauer zum Ausdruck. Diese Unterschiede lassen sich auch bei den Erwachsenen nachweisen.

5.2.1 Nutzungspräferenzen

Nutzungspräferenzen von Kindern

Welche Sender präferieren Jungen und Mädchen in ihren Altersstufen? Gibt es Sendungen, die das Interesse ganz besonders wecken? Wenn ja, welche sind dies und worin bestehen geschlechtsspezifische Differenzen? Dies sind Fragen, die nun im Folgenden im Zentrum der Diskussion stehen sollen. Grundlage für diese Analyse sind die Daten der aktuellen KIM-Studie 2005.

Mädchen und Jungen interessieren sich sowohl für private, als auch für die öffentlich-rechtlichen Programmanbieter. Die Frage, ob Kinder dieser Altersstufe generell einen Lieblingssender haben, beantworten 62 Prozent der Mädchen und 64 Prozent der Jungen mit einem „Ja“. (KIM 2005: 20)

Den ersten Platz erzielt „KI.KA“ mit 34 Prozent der weiblichen und 22 Prozent der männlichen Stimmen. Diese Differenz zwischen Mädchen und Jungen ist im Vergleich zu den übrigen genannten Sendern relativ groß. Von den Kindern werden weitere Sender in der Reihenfolge ihrer Beliebtheit wie folgt genannt: „Super RTL“, „RTL“, „RTL II“, „Pro 7“ und „Sat.1“. In einer geschlechtsspezifischen Betrachtung liegen Jungen und Mädchen mit ihren prozentualen Nennungen recht nah beieinander. Eine Ausnahme bildet jedoch der Sender „RTL II“, da dieser von lediglich sechs Prozent der Mädchen, aber 19 Prozent der Jungen favorisiert wird.

Nach KIM 2005 gibt es auch eine Vielzahl von speziellen Sendungen, die Mädchen und Jungen mit großem Interesse ansehen. So bejahen 71 Prozent der Mädchen und 63 Prozent der Jungen, eine Lieblingssendung zu haben. Interessanterweise dreht sich die Frage nach dem Lieblingssender und der Lieblingssendung prozentual gesehen bei Jungen und Mädchen leicht um. Sender allgemein haben scheinbar für Jungen eine größere Bedeutung, für Mädchen spielt eine besondere Sendung eine große Rolle, wenn es um die Frage nach dem Beliebtheitsgrad geht.

Mädchen haben dabei eine stärkere Affinität zu Sendungen, die auf „KI.KA“ ausgestrahlt werden und Daily Soaps wie beispielsweise „Gute Zeiten, Schlechte Zeiten“, „Verliebt in Berlin“ und „Marienhof“, aber auch „Die Sendung mit der Maus“. Jungen interessieren sich hingegen eher für die „Sportschau“, Zeichentrickserien wie „Sponge Bob Schwammkopf“ und Musiksendungen.

Neben dem Geschlecht spielt auch das Alter eine zentrale Rolle. Jüngere Kinder verweilen länger bei dem Sender „KI.KA“ und dementsprechend auch bei Sendungen, die auf diesem ausgestrahlt werden. Mit zunehmendem Alter ist dieser Trend rückläufig. Andere, überwiegend private Sender rücken dann näher in das Blickfeld der Kinder.

Nutzungspräferenzen von Jugendlichen

Welche Sender sind bei den Jugendlichen wichtig, um „up to Date“ zu bleiben? Worin unterscheiden sich diese Präferenzen nun von denen der Kinder? Grundlage für diese konkrete Analyse ist die JIM-Studie 2005, durch die ein aktueller Bezug gewährleistet werden soll. Das Interesse an öffentlich-rechtlichen Sendern nimmt mit zunehmendem Alter deutlich ab. Wichtig ist bei den 12- bis 19-Jährigen vor allem der private Sender „Pro 7“, für Jungen und Mädchen in ähnlichem Maße (Jungen: 41 %, Mädchen: 39 %).

Während der Sender „RTL“ bei Mädchen mit 18 % auf mehr Resonanz stößt als bei den Jungen mit 10 %, zeigt sich ein umgekehrtes Verhältnis bei dem Sender „MTV“ (Mädchen: 10 %, Jungen: 12 %). Weitere, allerdings weniger bedeutsame Sender sind für Mädchen und für Jungen nach JIM 2005: „RTL II“, „Sat.1“, „Viva“ und „n-tv“. Andere Sender wie „VOX“ oder „Super RTL“ fallen noch weniger ins Gewicht.

Öffentlich-rechlichte Programme wie „Das Erste/ARD“ werden lediglich von drei Prozent der weiblichen und von zwei Prozent der männlichen Zuschauer zu einem beliebten Fernsehprogramm deklariert. (Vgl. JIM-Studie 2005: 24)

Die bevorzugten Sendeinhalte weisen ähnliche Tendenzen wie bei der Altersgruppe der 6- bis 13-Jährigen auf. Mädchen geben vor allem Daily Soaps als wichtige Sendung an. Regelmäßig ausgestrahlte Sendungen wie „Sex and the City“ werden ebenfalls deutlich häufiger von Mädchen gesehen.

Besonders auffällig erscheint, dass Mädchen mit zunehmendem Alter Mystery-Serien (z. B. „Charmed – Zauberhafte Hexen“) und Krimis in ihre Liste der beliebten Sender aufnehmen, eine Tendenz, die sich bei den jüngeren Mädchen überhaupt nicht äußerte. Jungen sprechen sich hingegen vor allem für Zeichentrickserien (z. B. „Die Simpsons“) aus, mit zunehmendem Alter steigt jedoch eher das Interesse der Jungen an Informationssendungen und Nachrichten. Diese sind bei Jungen fast doppelt so beliebt wie bei Mädchen. Ähnliches gilt für Sportsendungen.

Sitcoms und Comedysendungen sind ein Renner bei allen männlichen Zuschauern. Im Vergleich zu vorhergehenden Jahren ist die Differenz zwischen Jungen und Mädchen bei diesem Genre größer geworden. Sie stoßen mit zunehmender Tendenz bei den Jungen auf deutlich mehr Resonanz. Talkshows, Gerichts- und Quizsendungen erweisen sich für beide Geschlechter als relativ uninteressant. (Vgl. JIM-Studie 2005: 25)

Zusammenfassend lässt sich sagen: Nach JIM 2005 bevorzugen Mädchen Serien wie „O. C. California“, „Desperate Housewives“ und „Sex and the City“ und Daily Soaps wie „Gute Zeiten, Schlechte Zeiten“, „Unter uns“ und „Verbotene Liebe“ sowie Telenovelas wie „Verliebt in Berlin“. Jungen hingegen präferieren den Cartoon „Die Simpsons“, Comedysendungen wie „TV Total“, „King of Queens“, Sendungen wie „MTV Select“ und „Bundesliga Live“.

Fernsehnutzung von Kindern aus verschiedenen Herkunftsmilieus

Die zuvor genannten und anhand von Tabellen exemplarisch dargestellten Daten beziehen sich überwiegend auf die soziodemographischen Kriterien Alter und Geschlecht. Ein weiteres wichtiges Kriterium tritt nun an dieser Stelle hinzu. Es handelt sich dabei um die Fernsehnutzung von Kindern, die unterschiedlichen Herkunftsmilieus entstammen.

Hintergrund für die folgenden Daten und Kommentare ist ein Beitrag von Katharina Kuchenbuch, die sich dieser Thematik in einem Aufsatz widmet, der in der Zeitschrift Media Perspektiven 1/2003 veröffentlicht wurde. Kuchenbuch verweist in dem Text darauf, dass es bewiesenermaßen eine Korrelation zwischen Herkunftsmilieu, Sozialisation und Fernsehnutzung gibt, deutet aber ebenso an, dass es generell noch an empirischen Daten und bewusster, konkreter Auseinandersetzung mit diesem Kriterium mangelt (Vgl. Kuchenbuch 2003: 2).

Um diese (empirische) „Lücke“ auszufüllen, stellt Kuchenbuch das so genannte **Sinus-Milieu-Modell** vor. Dieses Modell ermöglicht eine differenzierte Untersuchung der Fernsehnutzung in Bezug auf verschiedene Herkunftsmilieus. „Das Sinus-Milieu-Modell [...] ist ein sozialwissenschaftliches Analysemodell, das Menschen zusammenfasst, die sich in ihrer Lebensauffassung und Lebensweise ähneln, also vergleichbare Wertprioritäten haben.“ (Kuchenbuch 2003: 2)

Die verschiedenen Dimensionen der Wertorientierung, der Lebensstile und der ästhetischen Vorlieben sowie die soziale Schicht werden in dieses Modell integriert, so dass sich zwölf soziale Milieus herausdifferenzieren lassen[7] (ebd.).

Die nachstehende Tabelle orientiert sich an zwei Quellen aus dem Text von Kuchenbuch, gibt allerdings die einzelnen Milieus nur überblicksartig wieder. Die Originalquellen hingegen präzisieren die Kennzeichen der verschiedenen Milieus.

---

7 *Etabliertes Milieu:* Erfolgsorientierte, exklusive Konsumelite; intensive Teilnahme am gesellschaftlichen und kulturellen Leben; erste Nachkriegsgeneration, gehobenes Bildungsniveau; hohe und höchste Einkommensklasse

Intellektuelles Milieu: An Selbstverwirklichung orientiere Werte-Avantgarde; weltoffen, tolerant, umwelt- und gesundheitsbewusst; breites Altersspektrum bis zur Generation der „jungen Alten“; gehobenes Bildungs- und Einkommensniveau

Postmodernes Milieu: Individualistische Lifestyle-Avantgarde; bewusst unkonventionell, starkes Bedürfnis nach Unterhaltung; unter 40 Jahre; gehobene Bildungsabschlüsse

Adaptives Milieu: Mobiler, pragmatischer Mainstream der jungen modernen Mitte; Aufgeschlossenheit für Neues, starke Freizeitorientierung; unter 40 Jahre, häufig mit Kindern im Haushalt; gut ausgebildet mit gehobenen Einkommen

Statusorientiertes Milieu: Beruflich und sozial aufstrebendes Segment der modernen Mitte; starke Status- und Konsumorientierung, exklusive Freizeitaktivitäten; mittlere Altersgruppe (30–50 Jahre); mittlerer Bildungsabschluss bei mittlerer bis gehobener Einkommensklasse

Modernes bürgliches Milieu: Konventionelle neue Mitte; starke soziale Werte, Familienorientierung, Streben nach Harmonie; mittlere Altersgruppen und ältere; qualifizierte mittlere Abschlüsse bei normaler Einkommensverteilung

Traditionelles bürgerliches Milieu: Sicherheits- und status-quo-orientierte Kriegsgeneration; traditionelle Werte (Pflichterfüllung, Anstand, etc.) und Konformismus; Altersschwerpunkt in der Kriegsgeneration; überwiegend Hauptschule mit abgeschlossener Berufsausbildung bei kleinen bis mittleren Einkommen

Traditionelles Arbeitermilieu: An Notwendigkeiten ausgerichtete traditionelle Arbeiterkultur; Bescheidenheit und pragmatisch-nüchterne Sicht der Dinge; 50 Jahre und älter; meist Hauptschulabschluss bei kleinen und mittleren Einkommen *Konsummaterialistisches Milieu:* Materialistisch geprägte Unterschicht; Konzentration auf das Hier und Heute, Äußerlichkeiten spielen große Rolle; mittlere und ältere Altersgruppen; geringe Formalbildung, untere Einkommensschichten

Hedonistisches Milieu: Unangepasste, an Fun und Action orientierte junge Unterschicht; demonstrativ unkonventionell; leben im Hier und Jetzt; bis 40 Jahre; einfache und mittlere Berufsabschlüsse, kleine bis mittlere Einkommen

Bürglich-Humanistisches Milieu: Das konservative Bildungsbürgertum, das noch die alten protestantischen Tugenden hochhält

DDR-verwurzeltes Milieu: Ehemals staatstragendes Milieu der „abgewickelten“ Führungskader in Partei, Verwaltung, Wirtschaft und Kultur

(Kuchenbuch 2003: 3)

Tabelle 8: Fernsehnutzung Erwachsener ab 14 Jahren nach verschiedenen Herkunftsmilieus 2000

Milieu	Bevölkerungsanteil in Prozent	Sehdauer in Min./Tag
Etabliertes Milieu	8	207
Intellektuelles Milieu	10	186
Postmodernes Milieu	6	214
Adaptives Milieu	8	176
Statusorientiertes Milieu	15	206
Modernes bürgerliches Milieu	8	237
Traditionelles bürgerliches Milieu	14	247
Traditionelles Arbeitermilieu	6	260
Konsum-materialistisches Milieu	11	271
Hedonistisches Milieu	11	230
Bürgerlich-humanistisches Milieu	–	236
DDR-verwurzeltes Milieu*	–	278

* Die beiden sehr kleinen ostspezifischen Milieus der bürgerlichen Humanisten und der DDR-Verwurzelten, die zusammen nur etwa drei Prozent der Bevölkerung ausmachen, werden bei der folgenden Analyse nicht berücksichtigt.

Quelle: Kuchenbuch, K. (2003): Eine Analyse anhand des Sinus-Milieu-Modells. Die Fernsehnutzung von Kindern aus verschiedenen Herkunftsmilieus. In: Media Perspektiven 1, 2 f.

Hierbei wird deutlich, dass es zwischen den einzelnen Milieus sowohl in den Bevölkerungsanteilen als auch in der Sehdauer in Minuten pro Tag große Unterschiede gibt (Vergleich Postmodernes Milieu mit 6 Prozent und Statusorientiertes Milieu mit 15 Prozent). Betrachtet man die Sehdauer konkreter, so erkennt man beispielsweise beim Intellektuellen und beim DDR-verwurzelten Milieu eine Differenz von 92 Minuten.

Die Tabelle 8 beinhaltet allerdings nicht die Fernsehnutzung der 3- bis 13-Jährigen Kinder. Um dies herauszufinden, beruft sich Kuchenbuch erneut auf das Sinus-Milieu-Modell und versucht, durch das Ergänzen einer anderen Variablen, einen Zusammenhang zwischen der Milieuzugehörigkeit der Eltern und dem Fernsehnutzungsverhalten der Kinder aufzuzeigen. „Zu diesem Zweck wurden die Milieus der Haushaltsvorstände (Haupteinkommensbezieher nach AGF/GfK-Fernsehforschung) ermittelt und die zugehörigen Kinder jeweils ihrem Haushaltsvorstand, also im Regelfall der Mutter oder dem Vater, zugeordnet." (Kuchenbuch 2003: 2)

Die Daten stammen aus dem Jahr 2000. Daten aus folgenden Jahren sind dem Text nicht zu entnehmen. Der Grund dafür liegt darin, dass bei diesen Untersuchungen generelle Erkenntnisse über milieubezogene Fernsehnutzung gewonnen werden sollten und daher die Aktualität der Daten eine untergeordnete Rolle spielt. Außerdem ist nach Kuchenbuch davon auszugehen, dass soziale bzw. milieubezogene Kennzeichen über einen langen Zeitraum bestehen. Grundlage für die folgende Analyse sind 1.771 Kinder zwischen drei und dreizehn Jahren im November 2000.

Betrachtet man nun also konkret die Zugehörigkeit der Kinder zu einzelnen Milieus, so ist es nach Kuchenbuch sehr auffällig, dass die meisten Kinder dem status-orientierten (301) und dem adaptiven Milieu (289) zuzuordnen sind. Auch in den anderen Milieus zeigen sich deutliche Unterschiede, was vor allem auf die verschiedenen Kinderzahlen in den Milieus zurückzuführen ist. Dem traditionellen Arbeitermilieu und dem hedonistischen Milieu fallen die geringsten Kinderzahlen zu.

Tabelle 9: Fernsehnutzung 3- bis 13-Jähriger 2000 nach Milieutypen
Fernsehdauer in Min./Tag, Mo.–So., 00.00 bis 03.00 Uhr

Milieu	Fernsehdauer in Min.
Etabliertes	97
Intellektuelles	71
Traditionell bürgerliches	124
Statusorientiertes	117
Modernes bürgerliches	103
Adaptives	99
Postmodernes	95
Traditionelles Arbeitermilieu	140
Konsum-materialistisches	123
Hedonistisches	127

Quelle: Kuchenbuch, K. (2003): Eine Analyse anhand des Sinus-Milieu-Modells. Die Fernsehnutzung von Kindern aus verschiedenen Herkunftsmilieus. In: Media Perspektiven 1, 5

Tabelle 9 veranschaulicht nun die Sehdauer der Kinder aus den Milieus. Die Unterschiede sind auch hier sehr stark, und es lässt sich die allgemein gültige Annahme bestätigen, dass Kinder aus sozial schwächeren bzw. unteren Schichten mehr Fernsehen schauen als Kinder aus der Mittel- und Oberschicht. So verbringen Kinder aus dem post-modernen, dem etablierten und dem adaptiven Milieu mit 95, 97, bzw. 99 Minuten pro Tag um fast ein Drittel weniger Zeit vor dem Fernseher als Kinder aus dem traditionellen Arbeitermilieu (140 Minuten pro Tag). Noch deutlicher wird diese Differenz bei dem Vergleich der Sehdauer der Kinder aus dem intellektuellen und denen aus dem traditionellen Arbeitermilieu. Bei den Kindern aus dem Arbeitermilieu ist die Sehdauer doppelt so hoch. Die übrigen Werte pendeln sich in etwa bei 120 Minuten ein und zeigen keine weiteren extremen Abweichungen. Als möglichen Grund bzw. mögliche Ursache erwähnt Kuchenbuch die Einschränkung der Fernsehnutzung von Seiten der Eltern.

Außerdem ergeben sich hier auch Unterschiede innerhalb von ähnlichen sozialen Schichten. Kuchenbuch legt dabei besonderen Wert auf die Grundorientierungen der einzelnen Schichten und stellt fest, dass Personen aus moderneren Milieus weniger Zeit für das Fernsehen und mehr für andere Freizeitaktivitäten aufbringen als jene aus traditionelleren Milieus (vgl. Kuchenbuch 2003: 4).

Kuchenbuch kommt zu dem Schluss, dass es eine hohe Korrelation zwischen der Fernsehnutzung der Eltern und der Kinder aus einem Milieu besteht; die Werte verhalten sich also proportional zueinander. Sehen die Eltern viel Fernsehen, so überträgt sich dies auch auf die Kinder. Entsprechendes gilt für geringeren Fernsehkonsum der Eltern. Die Eltern haben offensichtlich in ihrem Fernsehnutzungsverhalten eine Vorbildfunktion und übertragen milieuspezifische Fernsehtraditionen auf ihre Kinder.

Im weiteren Verlauf des Textes präzisiert Kuchenbuch ihre Analyse und weitet sie auf Sendervorlieben, Marktanteile und Nutzung bestimmter Genres aus. Auf diese Analyse wird nun bewusst verzichtet, um die grundlegenden Untersuchungsmerkmale der vorhergehenden Auseinadersetzungen mit der Fernsehnutzung (Reichweite, Seh- und Verweildauer) vom Umfang her beizubehalten.

5.3 Mediennutzung – Computer und Internet

Computer

Bereits im frühen und späten Kindesalter verfügen Kinder über einen eigenen Computer oder haben zumindest Zugang zu einem Gerät. Auffällig erscheint jedoch, dass es starke geschlechterbezogene Differenzen gibt, hier zugunsten der Jungen (Tabelle 10).

Tabelle 10: Computerbesitz 6- bis 13-Jähriger und 12- bis 19-Jähriger 2006 in Prozent

	Computer-/Laptop-Ausstattung	
	6–13 Jahre	12–19 Jahre
Jungen	21	69
Mädchen	14	51

Quelle: KIM- und JIM Studie 2006

Gut die Hälfte aller Jugendlichen sind also im Besitz eines Computers, allerdings liegt der Anteil bei den Mädchen knapp unter der 50-Prozentmarke, bei den Jungen beträgt der Anteil gut zwei Drittel.

Aktuell sind mehr als zwei Drittel aller Kinder zwischen 6 und 13 Jahren Computernutzer. Jungen liegen dabei mit nur wenigen Prozentpunkten vor den Mädchen. Im Vergleich zu 1999 nähern sich die Nutzungszahlen bei Jungen und Mädchen immer weiter an. Die damalige Differenz von 12 Prozent ist um sieben Prozent auf fünf Prozent gesunken (Tabelle 11).

Tabelle 11: Computernutzung von Jungen und Mädchen (6 bis 13 Jahre) 1999–2006 in Prozent

Jahr	zumindest selten	
	Jungen	Mädchen
1999	57	45
2000	66	55
2002	67	59
2003	72	69
2005	79	74
2006	85	76

Quelle: KIM-Studie 1999, 2000, 2002, 2003, 2005 und 2006

Tabelle 12: Computernutzung als liebste Freizeitbeschäftigung 6- bis 13-Jähriger 1999–2006 in Prozent

Jahr	Jungen	Mädchen
1999	12	6
2000	19	12
2002	19	15
2003	24	13
2005	20	10
2006	28	15

Quelle: KIM-Studie 1999–2006

Die Frage nach dem Stellenwert des Computers in der Freizeit als beliebteste Freizeitgestaltungsmöglichkeit hat sich im Zeitraum von sechs Jahren stark verändert. Dabei ist das Verhältnis zwischen den Geschlechtern bei diesem Kriterium konstant geblieben. Im Vergleich zu den Mädchen geben tendenziell doppelt so viele Jungen an, den Computer gerne in der Freizeit einzusetzen. Zwischenzeitlich schienen sich die Werte nur grob anzunähern, wie zum Beispiel im Jahr 2002 ersichtlich (Tabelle 12).

Der Computer ist ein Medium, das sich in den vergangenen Jahren bei den Jugendlichen zunehmend etabliert hat. Bisher haben fast alle Jugendlichen im Alter von 12- bis 19 Jahren Erfahrungen mit Computern gemacht. Dies belegt ein aktueller Prozentsatz von 99 Prozent bei den Jungen und 97 Prozent bei den Mädchen. Gegenüber dem Jahr 1998 hat sich der Anteil der jugendlichen Computernutzer bei den Jungen um knapp 20 Prozent, bei den Mädchen sogar um mehr als 30 Prozent gesteigert (Tabelle 13).

Tabelle 13: Alters- und geschlechtsspezifische Computernutzung 12- bis 19-Jähriger 1998 und 2006 in Prozent

	mindestens einmal im Monat					
	Jungen	Mädchen	12–13 Jahre	14–15 Jahre	16–17 Jahre	18–19 Jahre
1998	78	63	71	74	72	67
2006	99	97	96	99	98	99

Quelle: JIM-Studie 1998 und 2006

Differenziert man in einzelne Altersgruppen, so stellt man fest: Die Werte steigen nicht kontinuierlich mit zunehmendem Alter an, sondern schwanken insofern, als dass sie ab dem Alter von 14 Jahren zunehmen, um dann ab dem Alter von 18–19 Jahren wieder zu sinken. Altersspezifisch betrachtet, liegt im Jahresvergleich bei den 12- bis 19-Jährigen eine Steigerung von in etwa 20 Prozent vor (Tabelle 13). Betrachtet man die Computernutzung von Jungen und Mädchen im Jahresverlauf etwas detaillierter, so wird deutlich, dass Jungen zwar mehr Zeit vor dem PC verbringen als Mädchen, sich ihre Werte aber allmählich annähern (Tabelle 14).

Geschlechtsspezifische Unterschiede zeigen sich im Besonderen bei der täglichen Nutzung. Diese steigt bei beiden Geschlechtern über die Jahre hinweg an, der Wert bleibt bei den Jungen zwar höher, aber dafür auch der prozentuale Anstieg bei den Mädchen. Er verdoppelt sich im Laufe der Jahre, während er bei den Jungen in der gleichen Zeitspanne nur leicht gestiegen ist. Innerhalb der letzten Jahre sind die Mädchen folglich deutlich aktiver im Umgang mit dem Computer geworden.

Der prozentuale Anteil derjenigen Jugendlichen, der Computer nie benutzt, ist innerhalb des Zeitraums von sieben Jahren auf ein Minimum zurückgegangen (bei den Jungen von 15 auf drei Prozent, bei den Mädchen von 26 auf vier Prozent). Dieser Aspekt kann bei den Mädchen als weiterer Beleg für die stark zunehmende Computernutzung innerhalb der letzten Jahre angesehen werden.

Tabelle 14: Computernutzung 12- bis 19-Jähriger 1998–2005 in Prozent

Jahr	Jungen				Mädchen			
	täglich/ mehrmals pro Woche	einmal pro Woche/ mehrmals pro Monat	einmal pro Monat, seltener	nie	täglich/ mehrmals pro Woche	einmal pro Woche/ mehrmals pro Monat	einmal pro Monat, seltener	nie
1998	63	13	9	15	33	23	18	26
1999	67	12	7	14	36	26	18	20
2000	70	14	8	9	49	21	19	12
2001	72	12	7	10	56	20	13	11
2002	77	15	6	3	62	23	11	4
2003	80	14	4	2	60	24	11	4
2004	78	12	7	3	64	20	12	4
2005	82	10	5	3	69	19	8	4

Quelle: JIM-Studie 1998–2005

Die Tätigkeiten und Präferenzen in Bezug auf den Computer sind im Laufe der Jahre vielfältiger geworden. So wird der Computer zu einem zentralen Werkzeug, um Aufgaben für die Schule zu verrichten, und neben dem Radio und CD-Player nimmt der PC als Musikmedium stetig an Bedeutung zu. Zwischen den beiden Geschlechtern ergeben sich mehr Parallelen als Differenzen. Computerspiele alleine nutzen zu können steht sowohl für Jungen, als auch für

Mädchen an oberster Stelle, dennoch werden Mädchen um 15 Prozent von den Jungen überboten. Ein ähnliches Verhältnis ergibt sich beim Spielen gemeinsam mit anderen. Deutliche Unterschiede stellt man außerdem beim Musikhören via Computer fest. Die Jungen liegen auch hier mit vier Prozent vor den Mädchen. Diese bevorzugen den kreativen Umgang mit dem Computer, wozu das Schreiben von Texten, das Erstellen von Zeichnungen oder aber Musik-CDs gehören. Alle übrigen angegebenen Tätigkeiten verzeichnen nur geringe Abweichungen zwischen Jungen und Mädchen (Tabelle 15). Diese Tendenzen setzen sich mit leichten Schwankungen relativ konstant über die Jahre hinweg fort.

Tabelle 15: Tätigkeiten am Computer von 6- bis 13-Jährigen 2005 in Prozent

Tätigkeit	Mindestens einmal pro Woche	
	Mädchen	Jungen
Alleine PC spielen	55	70
Mit anderen PC spielen	45	56
Für die Schule	49	49
Lernprogramme benutzen	44	45
Internet surfen	40	41
Mit PC malen/zeichnen	38	33
Texte schreiben	36	34
PC-Lexikon	27	28
Musik hören	25	29
DVDs anschauen	13	15
DVDs/CDs brennen	9	11
Bilder/Videos bearbeiten	10	9
Musik-CDs erstellen	10	9
Programmieren	8	10

Basis: n = 919, Quelle: KIM-Studie 2005, 29

Eine aktuelle Liste von beliebten Computerspielen umfasst Simulationsspiele wie „Die Sims" und „Formel 1", Strategiespiele wie „Tetris", Fun- und Gesellschaftsspiele wie „Harry Potter", Action- und Jump&Run-Spiele wie „Moorhuhn", „Barbie" und „Sponge Bob", Sportspiele wie „Fußball-Simulation" und „FIFA", Lernspiele wie „Löwenzahn" und Adventurespiele wie „Tomb Raider/Lara Croft". Die Reihenfolge entspricht einer Top-Down-Liste in einer Beliebtheitsskala.

Hierbei ergeben sich große Unterschiede zwischen Jungen und Mädchen. Zu den Favoriten der Jungen gehören Simulations-, Strategie-, Action-, Sport- und Adventurespiele. Mädchen hingegen widmen sich eher Fun-/Gesellschafts-, Jump&Run- sowie Lernspielen. (vgl. KIM-Studie 2005, 35)

Tabelle 16: Computerkompetenzen 6- bis 13-Jähriger 2000 in Prozent

Einschätzung	Eigene Einschätzung der Kinder			
	Jungen		Mädchen	
	PC-Software	PC-Technik	PC-Software	PC-Technik
sehr gut	5	1	5	2
gut	52	34	46	20
weniger gut	33	44	36	52
gar nicht gut	11	20	12	25

Basis: n = 740, Quelle: KIM-Studie 2000, 36–37

In der KIM-Studie 2000 wurde ein weiteres Kriterium entwickelt, bei dem nach den Computerkompetenzen der Kinder gefragt wurde (Tabelle 16). Dieser Umfrage zufolge schätzt sich lediglich ein geringer prozentualer Anteil der Jungen und Mädchen in Bezug auf Software- und Technik-Kenntnisse als kompetent ein und dies bei beiden Geschlechtern in ähnlicher Art und Weise. Allerdings veranschaulichen die Werte in Tabelle 36, dass sich Jungen dennoch etwas sicherer im Umgang mit dem PC fühlen als gleichaltrige Mädchen.

Jugendliche haben bei der Nutzung des Computers ähnliche Interessen wie Kinder. Allerdings fallen die Intensitäten anders aus. Der Schule wird gegenüber den Kindern ein noch größerer Stellenwert zugesprochen. Auch die Funktion eines Lexikons kommt hier deutlicher zum Ausdruck als dies noch bei den Kindern der Fall war. Arbeiten am Computer für die Schule belegt insgesamt im Jahr 2005 bei den Jugendlichen jedoch nur Platz 3. Angeführt wird die Liste der beliebtesten Tätigkeiten mit dem PC von der Musiknutzung, es folgen Computerspiele, und unmittelbar nach den Arbeiten für die Schule ist das Schreiben von Texten zu erwähnen (Tabelle 17).

Tabelle 17: Tätigkeiten am Computer von 6- bis 13-Jährigen 2005 in Prozent

Tätigkeit	Täglich/mehrmals pro Woche	
	Mädchen	Jungen
mit PC Musik hören	50	67
Computerspiele	15	61
für die Schule arbeiten	37	38
Texte schreiben	35	30
Musik-CDs erstellen	10	17
Bild-, Foto-, Videobearbeitung	14	13
CDs brennen	12	15
Lernprogramme/-software	12	13
Bearbeiten von Tönen, Musik	4	13
DVDs anschauen	5	13
Malen, Zeichnen, Grafiken	9	8
Programmieren	3	10

Basis: n = 1.142, Quelle: JIM-Studie 2005, 31

Zum Vergleich mit den bisherigen Daten sollen die Zahlen der Studie Kinderwelten 2004 (Schmit, C. / Krapf, M. 2004) herangezogen werden. Auffällig erscheint nach dieser Studie bei der Computernutzung, dass ein großer Teil der Kinder nie Zeit vor dem Computer verbringt (Jungen: 43 %, Mädchen: 45 %). Von häufiger Nutzung kann man auch nicht wirklich sprechen (Jungen: 27 %, Mädchen: 20 %), eher von gelegentlichem PC-Gebrauch, bei dem die Mädchen mit 35 Prozent vor den gleichaltrigen Jungen mit 30 Prozent liegen.

Betrachtet man die Computerspiele, so ist festzustellen, dass sie in diesem Alter laut Kinderwelten 2004 nicht den gleichen hohen Stellenwert haben, wie es beispielsweise bei der KIM-Studie 2005 deutlich wurde. 45 Prozent der Jungen und 49 Prozent der Mädchen gaben an, nie Computerspiele zu spielen. Ähnlichkeiten zwischen den Studien zeichnen sich dadurch aus, dass Jungen tendenziell häufiger und intensiver mit Computerspielen beschäftigt sind als Mädchen. Die Werte der häufigen und gelegentlichen Computernutzung liegen bei Jungen bei 24 und 31 Prozent, bei den Mädchen bei 14 und 37 Prozent. Andere Nutzungsintentionen in Bezug auf die beiden Geschlechter wirken sich folgendermaßen aus: Jungen nutzen den PC auf vielfältigere Art und Weise und lassen sich stärker von technischen Funktionen und Möglichkeiten beeindrucken (z. B. Hardware). Mädchen hingegen wenden sich überwiegend der Anwendung von Programmen zu, anstatt sie, wie die Jungen, näher auf ihre technischen Grundlagen hin zu untersuchen. (ebd.: 58)

Geschlechtsspezifische Unterschiede bestehen darin, dass Jungen mehr Musik über den Computer hören, ihn für Spiele nutzen oder zum Programmieren, und den Computer als Portal für das Internet betrachten. Mädchen erachten kreative Tätigkeiten für wichtiger, wozu das Schreiben von Texten, Malen und Zeichnen, der Gebrauch von Lernsoftware und Ähnliches gehören. Die Internetnutzung ist jedoch auch bei den Mädchen recht hoch und der Unterschied zu den Jungen nur sehr gering. Beide begeistern sich in ähnlicher Weise für Lernprogramme und Lexika-Funktionen.

Konkretisiert man wiederum das Computerspiel-Angebot, wie bereits bei den Kindern geschehen, bedeutet dies: Jungen mögen vor allem Actionspiele (z. B. „Counterstrike“) und Sport- und Simulationsspiele wie beispielsweise „Need for Speed“ oder auch Rollenspiele, Mädchen bevorzugen hingegen Strategie- und Jump&Run-Spiele (z. B. „Die Sims“). (vgl. JIM-Studie 2005, 33) Über die vergangenen Jahre hinweg werden Computerspiele für Mädchen ebenfalls bedeutender. Jump&Run-Spiele verlieren mit zunehmendem Alter an Attraktivität, Actionspiele hingegen stoßen vermehrt auf Resonanz.

Internet

Kinder im Alter von 6- bis 13 Jahren verfügen im Jahr 2000 noch zu einem relativ geringen Anteil über einen eigenen Internetanschluss. Innerhalb von fünf Jahren hat sich die Ausstattung jedoch von 4 % auf 7 % fast verdoppelt.

Mit zunehmendem Alter erhöhen sich die Möglichkeiten, sich mit dem Internet zu beschäftigen. 41 Prozent der Jungen und 28 Prozent der Mädchen zwischen 12 und 19 Jahren verfügen über einen eigenen Internetanschluss.

Tabelle 18: Alters- und geschlechtsspezifische Internetnutzung 6- bis 13-Jähriger 1999–2005 in Prozent

			Zumindest selten			
Jahr	Jungen	Mädchen	6–7 Jahre	8–9 Jahre	10–11 Jahre	12–13 Jahre
1999	13	11	3	5	13	23
2000	32	30	16	24	33	37
2002	53	51	36	45	49	66
2003	58	62	38	52	63	71
2005	68	68	33	54	73	84
2006	71	72	31	60	84	91

Quelle: KIM-Studie 1999–2006

Die Internetnutzung 6- bis 13-Jähriger hat sich innerhalb von fünf Jahren stark verändert (Tabelle 18). Markant ist, dass die Internetnutzung, sowohl alters-, als auch geschlechtsspezifisch betrachtet, um ein immenses Maß angestiegen ist. Das Alter ist insofern von Bedeutung, da mit zunehmendem Alter der „Internet-Konsum" stetig ansteigt. Beispielhaft dafür wären die 6- bis 7-Jährigen mit einem prozentualen Anteil von 33 Prozent und die 12- bis 13-Jährigen mit einem mehr als doppelt so hohen Anteil von 84 Prozent im Jahr 2005. Ingesamt ist die Rate der männlichen Internetnutzer im Jahresvergleich um mehr als das Fünffache gestiegen, bei den Mädchen hat sich der Wert um mehr als Sechsfache erhöht.

Tabelle 19: Internetnutzungsfrequenz 6- bis 13-Jähriger 2002 und 2005 in Prozent

Jahr	Jungen			Mädchen		
	jeden/fast jeden Tag	ein- oder mehrmals pro Woche	seltener	jeden/fast jeden Tag	ein- oder mehrmals pro Woche	seltener
2002	10	41	49	6	39	55
2006	15	43	43	14	43	42

Quelle: KIM-Studie 2002, 2006

Die Internetnutzung hat bei beiden Geschlechtern innerhalb von lediglich fünf Jahren stark zugenommen, dabei fällt die tägliche Nutzung weniger stark ins Gewicht. Das Hauptaugenmerk liegt vor allem bei der mehrmaligen Nutzung des Internets innerhalb einer Woche. Über die Hälfte aller Kinder in diesem Alter surfen innerhalb einer Woche im World Wide Web (Tabelle 19).

Tabelle 20: Internetnutzer (12–19 Jahre) 1998–2005 in Prozent

	Zumindest selten	
Jahr	Jungen	Mädchen
1998	21	14
1999	35	23
2000	62	51
2001	67	59
2002	83	83
2003	87	81
2004	86	84
2005	87	86

Quelle: JIM-Studie 1998–2005, 35

Ebenso wie die Internetnutzungsgewohnheiten der Kinder, haben sich auch die der Jugendlichen verändert (Tabelle 20). Jungen liegen auch hier bei der Internetnutzung vorne und bleiben es auch konstant. Doch im Laufe der Jahre nähern sich die prozentualen Anteile der Jungen und Mädchen immer weiter an. Während 1998 21 Prozent der Jungen das Internet genutzt haben, sind es bei den Mädchen gerade mal 14 Prozent. Anders im Jahr 2005: Die Differenz beträgt geschlechterbezogen kaum ein Prozent (Jungen: 87 Prozent, Mädchen: 86 Prozent). Bei der Betrachtung der Gesamtnutzung zwischen 1998 und 2005 bei einem Geschlecht sieht man, dass die Jungen ihre Anzahl mehr als vervierfacht haben, bei den Mädchen haben sich die Werte sogar versechsfacht.

Tabelle 21: Internetnutzung 12- bis 19-Jähriger 2000–2005 in Prozent

Jahr	Jungen				Mädchen			
	täglich/ mehrmals pro Woche	einmal pro Woche/ mehrmals pro Monat	einmal pro Monat, seltener	seltener	täglich/ mehrmals pro Woche	einmal pro Woche/ mehrmals pro Monat	einmal pro Monat, seltener	seltener
2000	53	26	6	16	47	29	9	15
2001	66	20	6	8	64	23	7	7
2002	66	24	3	6	59	26	6	9
2003	69	21	4	6	63	27	6	4
2004	61	20	8	12	56	27	5	12
2005	72	18	5	6	68	19	6	7

Quelle: JIM- Studie 2000–2005, 36

Bei den Jugendlichen im Alter von 12 bis 19 Jahren lassen sich ähnliche Tendenzen feststellen (Tabelle 21). Auch die tägliche, wöchentliche, monatliche und seltene Internetnutzung ist bei den jugendlichen Jungen und Mädchen im Laufe der Jahre sehr ähnlich. Den prozentual größten Teil nimmt die tägliche Nutzung ein, bei Jungen ebenso wie bei Mädchen. Das Internet wird also bei Jugendlichen zunehmend mehr zu einem täglich verwendeten Medium.

Womit beschäftigen sich Kinder, wenn sie im Internet surfen? Was sind ihre Intentionen bei der Beschäftigung mit dem Internet? Wenn Jungen das Internet nutzen, dann kommt den Online- und Netzspielen, sowie den Spiele-Downloads, und weiterhin dem Anhören von Musikdateien, den Downloads und dem Webradio die wichtigste Bedeutung zu. Das Versenden und Empfangen von E-Mails und E-Cards, sowie die Möglichkeit zu chatten werden eher von Mädchen bevorzugt, sie gebrauchen das Internet überwiegend für kommunikative Zwecke. (vgl. KIM-Studie 2005: 43)

Interessanterweise nehmen die Informationssuche für die Schule und zu bestimmten Themen sowie das Versenden und Empfangen von E-Mails einen hohen Stellenwert gegenüber den anderen Nutzungsinteressen ein. Die Möglichkeit, über das Internet auch andere Medien, also zum Beispiel das Fernsehen oder das Radio zu benutzen, wird kaum berücksichtigt. Das Internet bietet hier also keinen Ersatz für andere Medien, sondern wird als Forum für Informationen und Kommunikation betrachtet. Da insgesamt die Nutzungswerte bei der Gruppe der 6- bis 13-Jährigen in einem niedrigeren Bereich liegen, sind Daten zu geschlechtsspezifischen Differenzen nicht besonders aussagekräftig.

Die Liste der meist besuchten Internetseiten 2005 wird bei den Kindern dieser Altersgruppe von jenen angeführt, die zu einer Fernsehsendung gehören, dicht gefolgt von denen, die von einem Fernsehsender stammen. Es folgen Seiten von einer Zeitschrift, der Schule, von Spiele-Anbietern, Comics und Radiosendern. Bei Mädchen dominieren vor allem die Internetseiten von Fernsehsendungen und -sendern, Jungen favorisieren jene von Spiele-Anbietern und jene, die auf Comics basieren. (vgl. KIM-Studie 2005: 44) Bei der Frage nach den beliebtesten Internetseiten werden „toggo.de“, „kika.de“, „geolino.de“, „bravo.de“ und „tivi.zdf.de“ in dieser Reihenfolge genannt. (vgl. KIM-Studie 2005: 43) Aufgrund der geringen Basiswerte (n = 155 Kinder) ist die Repräsentanz dieser Aussagen jedoch schwierig zu beurteilen.

Das Internet ist für Jugendliche primär ein Medium, um kommunizieren zu können. Somit gehören der Versand und der Empfang von E-Mails sowie die Möglichkeit zum Chatten und Instant-Messaging zu den beliebtesten und meistgenutzten Tätigkeiten. Hierbei ergeben sich geschlechtsspezifische Unterschiede: Kommunikation per E-Mails ist für beide Geschlechter in etwa gleichbedeutend, die Mädchen weisen lediglich eine Differenz um zwei Prozent auf. Anders erscheint dies beim Instant-Messaging, da hierbei die Jungen „die Nase vorn haben“ und sich um 11 Prozent von den Mädchen deutlich abheben.

Weiterhin wird das Internet als Medium zur Informationsbeschaffung betrachtet. Der Suchmaschine „Google“ kommt dabei eine besondere Bedeutung zu. Die gesuchten Informationen reichen von schulischen Aufgaben über Tipps und News zu regionalen Veranstaltungen bis zu einem Überblick über die aktuellen Nachrichten – eine große Bandbreite also. Auch an dieser Stelle liegen die prozentualen Werte der Jungen deutlich vor denen der Mädchen.

Handelt es sich jedoch um Informationen, die Berufsschulen und Arbeitsplätze bereithalten, so zeigen Mädchen einen größeren Vorsprung gegenüber den Jungen.

Weitere Interessensbereiche im Umgang mit dem Internet sind das Durchstöbern von Internetauktionen wie beispielsweise „eBay", der Schwerpunkt besteht jedoch vor allem beim Stöbern, nicht aber beim tatsächlichen Kauf. Hier liegen die Jungen im Vergleich zu den Mädchen ähnlich weit vorn wie beim Downloaden von Musik, Dateien und insbesondere bei Netz-, Multi-User-Spielen sowie bei der Nutzung von Newsgroups. Dies sind Tendenzen, die sich schon im Jahr 1999 herauskristallisiert haben und auch im Jahr 2005 mit leichten Schwankungen bestätigt werden können. In der JIM-Studie 2005 wird darauf verwiesen, dass Jungen und junge Männer nach eigener Einschätzung aufgeschlossener und offener an Aktivitäten im Internet herantreten und somit „[...] ihre persönlichen Interessen und geschlechtsspezifischen Affinitäten im Internet [...]" umsetzen würden als Mädchen (JIM-Studie 2005: 37).

Konkretisiert man nun die Aktivitäten im Internet von Jungen und Mädchen, so stellt man fest: Das Ansehen von Filmen und Videos im Internet, Telefonate über das Internet, die Nutzung von Filesharing-Angeboten und die Gestaltung von Websites sind für Jungen von zentraler Bedeutung. Die Bandbreite der Aktivitäten und die Nutzungsfrequenz sind insgesamt bei männlichen Jugendlichen deutlich höher als bei Mädchen. Diese nutzen das Web ebenfalls hauptsächlich für Telefonate, Filme oder Videos und Ähnliches, doch der prozentuale Anteil ist mit drei und zwei Prozentpunkten sehr gering. Lieblingswebseiten der Jugendlichen haben sich im Verlauf der vergangenen sechs Jahre stark verändert. Suchmaschinen und Informationsportale haben dabei den größten Zuwachs zu verzeichnen – bei Jungen ebenso wie bei Mädchen. Eine umgekehrte Richtung lässt sich anhand der TV- und Radiosender ausfindig machen. Noch vor ein paar Jahren standen sie in der Rangliste der beliebten Webseiten bei Jungen und Mädchen weit oben. Dies ist leicht rückläufig, denn sie belegen in einer aktuellen Rangliste von 2005 nur Platz 3, den Internetauktionären auf Platz 2 folgend, die vor allem bei Jungen auf große Resonanz stoßen.

Chat-Seiten sind für Mädchen stärker von Bedeutung, ebenso Webseiten, die Stars, „Promis" und die Zeitschrift Bravo thematisieren. Sportsendungen, vor allem die Bundesliga, sowie Zeitschriften und Zeitungen allgemein sind Bereiche bzw. Seiten im Internet, die hauptsächlich von Jungen genutzt werden. Das Flirtangebot „knuddels.de" ist wiederum für Mädchen sehr interessant; im Jahr 2005 sprachen sich sieben Prozent der weiblichen Jugendlichen und nur drei Prozent der männlichen für diese Lieblingsseite aus. (Vgl. JIM-Studie 2005: 39 f.)

5.4 Mediennutzung – Radio und Tonträger

Ein weiteres wichtiges Medium tritt nun an dieser Stelle hinzu – das Radio und andere auditive Medien. Beide sind schon seit langen Jahren fester Bestandteil bei der Mediennutzung von Kindern und Jugendlichen und sollen daher auch hier einen Platz finden.

Die Geräte sind nicht nur in den Haushalten generell stark vertreten, sondern auch in den Kinderzimmern. Die Hälfte aller Kinder hat Radiogeräte, Kassettenrecorder oder Tonbandgeräte in den eigenen vier Wänden. Die Ausstattung von Hifi-Stereoanlagen beträgt hingegen lediglich ein Fünftel. Jugendliche sind ebenfalls sehr gut mit Radiogeräten und CD-Playern ausgestattet. Mit zunehmendem Alter steigt auch die persönliche Ausstattung, die bei den Jungen über 80 %, bei Mädchen sogar über 90 % liegt.

Das Radio wird von gut einem Drittel aller 6- bis 13-Jährigen fast täglich genutzt. Dieser Trend lässt sich über die Jahre hinweg verfolgen. Innerhalb der letzten Jahre ist die Nutzung sogar um einiges angestiegen, bei Jungen gleichermaßen wie bei Mädchen, sie behalten bei der Nutzung eines Radios jedoch konstant die Überhand. Ähnlich ist dies bei anderen Tonträgern, wie Kassetten, CDs und/oder Schallplatten. Die prozentualen Werte pendeln sich um die 30-Prozent-Marke ein. Bei Mädchen ist der Trend recht kontinuierlich, bei den Jungen steigt und fällt der eben genannten Wert.

Das Radio wird bei den weiblichen Jugendlichen etwas häufiger genutzt als bei den männlichen Jugendlichen und bewegt sich mit einer gewissen Spannbreite über die Jahre hinweg um die 80 %. Bei den Jungen ist in den letzen Jahren eine geringere Nutzung des Radios festzustellen, die um etwa 10 % niedriger liegt als die Jahre zuvor.

Allgemein ist Musik das wichtigste Kriterium beim Radiohören. Nachrichten, Spiele und andere Bereiche werden von Kindern kaum bzw. gar nicht beachtet. Allgemein ist das Radio ein „Nebenbei-Medium", das neben vielen anderen Tätigkeiten genutzt wird.

Die Daten machen zeigen auch deutlich, dass Musik bei den Jugendlichen in Bezug auf die Radionutzung an oberster Stelle steht. An zweiter Stelle folgen Nachrichten und Aktuelles, an dritter die regionalen Veranstaltungshinweise. Humoreske Beiträge, Sketche, Moderationen und Tipps für Computerspiele liegen in der prozentualen Verteilung nicht weit auseinander. Allerdings zeigen sich erhebliche Unterschiede in den Präferenzen zwischen Jungen und Mädchen.

Musik und Nachrichten sind für beide Geschlechter in ähnlicher Weise von großer Bedeutung. Jungen geben an, vor allem Beiträge zum Sport, Internet-Tipps und Tipps für Computerspiele zu bevorzugen, während Mädchen hingegen einen größeren Stellenwert auf Veranstaltungshinweise, Konzertinformationen und Hörerwünsche legen.

MP3-Player

Musik ist ein Bereich, mit dem sich Kinder und Jugendliche sehr gerne beschäftigen. Dies wurde bereits bei der Analyse des Mediums „Radio“ deutlich. Bereits im Kindesalter trifft es auf reges Interesse und verstärkt sich mit zunehmendem Alter. Anders als bei vielen anderen Medien ist Musik jedoch nicht nur an ein einziges Medium gebunden. Vielmehr zeichnet sie sich dadurch aus, dass sie durch unterschiedliche Medien genutzt werden kann – Radio, CD-Player, Walkman, Discman, Mini-Disc-Player, MP3-Player und iPods.

In den vergangenen Jahren sind der klassische Walkman und Discman immer mehr in den Hintergrund gerückt und durch neuere Techniken von MP3-Playern und iPods ersetzt worden. Bereits im Kindesalter finden Walkman und MP3-Player eine große Zustimmung. Im Jahr 2003 war der Anteil der Kinder, die über einen Walkman verfügen, jedoch noch deutlich höher als der Anteil der Kinder, die mit einem MP3-Player ausgestattet waren (Tabelle 22).

Laut KIM 2005 sind im Jahr 2005 die prozentualen Werte noch einmal deutlich angestiegen. Nach den Angaben der Erziehungsberechtigten sind mittlerweile weitaus mehr Kinder mit einem MP3-Player ausgestattet als beispielsweise im Jahr 2003 (vgl. KIM-Studie 2005: 13 f.). Die Ausstattung im Haushalt hat sich somit innerhalb des genannten Zeitraums von 0 auf 30 Prozent gesteigert, in persönlichem Besitz der Kinder befinden sich 17 Prozent.

Tabelle 22: MP3-Player- und Walkman-Ausstattung der 6- bis 13- Jährigen 2003 in Prozent

Medium	im Haushalt vorhanden	im Besitz oder im Zimmer der 6- bis 13-Jährigen
MP3-Player	15	2
Walkman	64	49

Quelle: Frey-Vor, G. / Schumacher, G. (2004): Studie der ARD/ZDF-Medienkommission – Kernergebnisse für die sechs- bis 13-Jährigen Kinder und ihre Eltern. Kinder und Medien 2003. In: Media Perspektiven 9, 428

Tabelle 23: Besitz von MP3-Playern von 12- bis 19-Jährigen 2003 und 2005 in Prozent

Jahr	Mädchen	Jungen
2003*	8	22
2005**	61	71

* Basis: n = 1.209 (nur MP3-Player berücksichtigt), Quelle: JIM-Studie 2003, 17

** Basis: n = 1.203, Quelle: JIM-Studie 2005, 10

Jugendliche sind bestens mit portablen Musikgeräten ausgestattet. Dabei hat sich die Anzahl der Geräte innerhalb von zwei Jahren bei den Jungen fast vervierfacht, bei den Mädchen sind es fast acht Mal so viele Geräte (Tabelle 23). Die Jungen sind dabei jedoch konstant besser ausgestattet. MP3-Player und iPods scheinen zunehmend mehr zu einem medialen Grundrepertoire zu werden.

MP3-Player werden bereits von Kindern genutzt, allerdings noch recht selten. Unterschiede zwischen den Geschlechtern bestehen, sofern man von tatsächlichen Differenzen sprechen kann, darin, dass Jungen dieses Medium etwas mehr nutzen als Mädchen. Zentral scheint bei der Betrachtung dieses Mediums vielmehr das Alter. Hier erkennt man: Je älter die Kinder werden, desto höher ist der Musik-Konsum per MP3-Player. Während lediglich drei Prozent der 6- bis 7-Jährigen täglich das Medium nutzen, macht der prozentuale Anteil bei den 12- bis 13-Jährigen schon fast ein Fünftel aus. Dies entspricht also fast einer Versiebenfachung der Nutzung zwischen den Altersgruppen der 6- bis 7-Jährigen bzw. 12- bis 13-Jährigen.

Tabelle 24: Nutzung von MP3-Playern von 12- bis 19-Jährigen 2005 in Prozent

Musik oder anderes	w	m	12/13 J.	14/15 J.	16/17 J.	18/19 J.
Täglich/mehrmals pro Woche	63	76	57	74	76	72
Einmal/Woche – mehrmals/Monat	6	7	8	7	5	5
Einmal/Monat, seltener	9	5	8	5	7	7
Nie	21	12	27	14	12	15

Basis: n = 1.203, Quelle: JIM-Studie 2005, 14

Mehr als 70 Prozent der Jugendlichen im Alter von 12 bis 19 Jahren nutzen einen MP3-Player regelmäßig, d. h. täglich oder mehrmals pro Woche (Tabelle 24). Lediglich sieben Prozent nutzen dieses Medium einmal wöchentlich bzw. mehrmals pro Monat, 17 Prozent entfallen auf die Nichtnutzer dieses Mediums. In der Nutzungsintensität liegen die Jungen vor den Mädchen. Die Zahlen verdeutlichen: Mehr Jungen nutzen MP3-Player (Mädchen: 63 %, Jungen: 76 %) und analog gehören mehr Mädchen zu der Gruppe der Nichtnutzer (Mädchen: 21 %, Jungen: 12 %). Allerdings darf nicht unbeachtet bleiben, dass dennoch mehr als die Hälfte aller Jugendlichen, ganz gleich welchen Geschlechts, MP3-Player nutzt.

Der Altersvergleich verdeutlich außerdem: Mit zunehmendem Alter steigt das Interesse an der Nutzung. Während 57 Prozent der 12- bis 13-Jährigen täglich/mehrmals pro Woche auf dieses Medium zurückgreifen, liegt der Prozentwert der 14- bis 15-Jährigen bereits bei 74 Prozent, bei den 16- bis 17-Jährigen sind es sogar 76 Prozent. Die folgende Altersgruppe der 18- bis 19-Jährigen hingegen verbucht einen leichten Rückgang mit 72 Prozent.

Welche Rolle kommt dem Computer in Bezug auf das Abspielen von digitalen Audiodaten zu? Sind MP3-Player und iPods die zentralen Medien oder teilen sie sich den Rang des beliebtesten Abspielgerätes? Wiederum liefert die JIM-Studie 2005 wichtige Antworten. Insgesamt ist die Tendenz festzustellen, dass die ausschließliche Nutzung von flexiblen, tragbaren Geräten, also den MP3-Playern und iPods bevorzugt wird (41 %). 22 Prozent geben an, MP3-

Dateien nur über den Computer zu hören; die Nutzung beider Medien liegt bei 35 %.

Auch hierbei zeigen sich Unterschiede in der Nutzung zwischen Jungen und Mädchen. MP3-Player und iPods sind für Mädchen zentral zum Hören von digitalen Audiodateien. Lediglich 19 Prozent geben den Computer an, 28 Prozent entfallen auf die Mischung beider Medien. Bei den Jungen zeigt sich ein eher ausgeglichenes Nutzungsprofil. So nutzen 24 Prozent den PC, 40 Prozent beide Medien und 36 Prozent geben MP3-Player und iPods als wichtiges Medium an. (vgl. JIM-Studie: 13 ff.)

Ein weiteres Kriterium in Bezug auf Nutzungspräferenzen ist die Anzahl von gespeicherten MP3-Musiktiteln. Auch hierbei dominieren die Jungen; die Kluft in der Anzahl der Titel ist zwischen Jungen und Mädchen sehr groß. 52 Prozent der Mädchen geben an, unter 100 Titel gespeichert zu haben, die restlichen Prozent entfallen auf 100 bis unter 500 Titel (34 %) sowie 500 bis unter 5.000 Titel (13 %).

Wiederum ist das Verhältnis der Anzahl der Titel untereinander bei den Jungen ausgeglichener. Unter 100 Titel verzeichnen einen prozentualen Wert von 38 Prozent, 30 Prozent geben an, 100 bis unter 500 Titel gespeichert zu haben, 23 Prozent verfügen über ein Repertoire von 500 bis unter 5.000 Titel, drei Prozent über eine Anzahl von 5.000 bis unter 10.000 Titel und immerhin vier Prozent der Jungen besitzen 10.000 gespeicherte Titel oder sogar darüber hinaus. (Vgl. JIM-Studie: 15)

5.5 Mediennutzung – Printmedien

Buch

Die Datenerhebungen zu Buchbesitz und -nutzung sind in der Medienforschung nicht einheitlich, so dass je nach Studie recht unterschiedliche Werte publiziert werden. Die Angaben über den Buchbesitz beruhen zum Beispiel auf Schätzungen der Befragten. Die folgenden Angaben entstammen überwiegend dem Medienpädagogischen Forschungsverbund Südwest.

Tabelle 25: Buchbesitz 6- bis 13-Jähriger 1999 (Angaben in Prozent)

lesende Kinder	Mädchen und Jungen	6–7 Jahre	8–9 Jahre	10–11 Jahre	12–13 Jahre
bis unter 20 Bücher	37	26	41	35	43
20 bis unter 50 Bücher	43	31	46	43	49
über 50 Bücher	10	7	7	14	13

Basis: n = 927, Quelle: KIM-Studie 1999, 35 (die unklaren Prozentsummen bei den Altersgruppen sind auch im Original vorhanden)

Das Geschlecht der Kinder spielt in diesem Zusammenhang nach den Befunden des mpfs eine untergeordnete Rolle. Kennzeichnende Unterschiede zeigen sich in den einzelnen Altersstufen. Vergleicht man die Altersstufen 6–7 Jahre und 8–9 Jahre (Tabelle 25), so steigt der Anteil der Kinder, die unter 20 Büchern und 20 bis 50 Bücher besitzen. Die Angaben über 50 Bücher bleiben konstant. Der Vergleich der Altersstufe 10–11 Jahre und 12–13 Jahre zeigt ähnliche Ergebnisse.

Tabelle 26: Buchbesitz 12- bis 19-Jähriger 1998

Kriterium	Jungen	Mädchen
Gesamt in Prozent	58	62
unter 20 Bücher in Prozent	24	11
50 Bücher und mehr in Prozent	39	47

Basis: n = 803, Quelle: JIM-Studie 1998, 21

Der Buchbesitz der Adoleszenten hingegen zeigt Differenzen hinsichtlich der Geschlechter. Die Mädchen sind laut Tabelle 26 deutlich besser mit Büchern ausgestattet als Jungen dieser Altersgruppe. Gut die Hälfte aller Mädchen besitzt mehr als 50 Bücher, bei den Jungen liegt der prozentuale Anteil deutlich darunter. Aktuellere Daten sind den weiterführenden KIM- und JIM-Studien nicht zu entnehmen.

Tabelle 27: Geschlechtsspezifische Buchnutzung/liebste Freizeitbeschäftigung 6- bis 13-Jähriger 1999, 2003 und 2005 in Prozent

Jahr	Buchnutzung (ohne Schulbuch)	
	Jungen	Mädchen
1999	4	9
2003	4	8
2005	4	8

Quelle: KIM-Studie 1999, 2003 und 2005

Während sich die Fernsehnutzungsgewohnheiten bei Jungen und Mädchen im Kindesalter im Laufe der Jahre immer stärker annäherten, zeigen sich bei der Buchnutzung deutliche Unterschiede (Tabelle 27). Die Daten der Mädchen liegen dabei doppelt so hoch wie die der Jungen. Die Werte stagnieren im Jahresverlauf.

Tabelle 28: Geschlechtsspezifische Buchnutzung in der Freizeit 12- bis 19-Jähriger 1998–2006 in Prozent

Jahr	täglich/mehrmals pro Woche	
	Jungen	Mädchen
1998	30	47
2000	25	47
2001	33	45
2002	27	49
2003	30	47
2004	41	52
2005	31	50
2006	34	47

Quelle: JIM-Studie 1998–2006

Gut ein Drittel der Jungen und die Hälfte aller befragten Mädchen im Jugendalter sind tägliche Leser oder nutzen dieses Medium zumindest mehrmals pro Woche (Tabelle 28). Bücher können damit als beständiges Medium im alltäglichen Leben von Jugendlichen angesehen werden.

Mädchen liegen im Jahresvergleich kontinuierlich vor den Jungen, die Differenzen liegen zwischen 10 und zum Teil fast 20 Prozent. Die Nutzung der Jungen schwankt über die Jahre hinweg recht stark, vor allem zwischen 2003 und 2004 ist eine enorme Steigerung zu erkennen. Bei den Mädchen ist die Nutzung relativ konstant. Auch hier ist die Nutzung zwischen 2003 und 2004 markant.

Nach der Studie Kinderwelten 2004 (Schmit, C. / Krapf, M. 2004) lasen fast die Hälfte aller Mädchen (48 %) im Jahr 2004 häufig Bücher. 37 % der Mädchen lesen gelegentlich und 16 % geben an, nie ein Buch in die Hand zu nehmen. Bei den Jungen fällt dieses Ergebnis ganz anders aus. Lediglich 24 Prozent der Jungen der betrachteten Altersgruppe greifen häufig zu einem Buch, dafür liegt die gelegentliche Nutzung bei einem großen prozentualen Wert von 46 Prozent. Die Anzahl der Jungen, die gar nicht lesen ist jedoch fast doppelt so hoch wie bei den weiblichen Nicht-Lesern (31 %). (ebd.: 56)

Bei der Frage nach beliebten Büchergenres ist eine Vergleichbarkeit nur schwer durchführbar, da andere Genres bei der Nennung zur Verfügung standen. Demnach lesen Mädchen bevorzugt Bücher mit Geschichten, Bücher zu Kinofilmen, Spiel- und Bastelbücher, Bilderbücher und Bücher zu Stars. Jungen hingegen wenden sich überwiegend Comicbüchern und Mangas zu. Beide Geschlechter liegen auf einem ähnlichen prozentualen Wert in Bezug auf Sachbücher/Lexika. Sie liegen im Gesamtvergleich auf Platz 3, den Büchern mit Geschichten auf Platz 1 und Comicbüchern auf Platz 2 folgend (ebd.).

Nutzungspräferenzens

Bilderbücher und Märchen – sind sie die beliebtesten Bücher von Kindern im Alter von 6 bis 13 Jahren oder haben sich die Favoriten im Laufe der Jahre verändert? Generell lässt sich laut KIM 2006 sagen: Fantasiegeschichten und Fernsehbegleitbücher sind Genres, die von Jungen und Mädchen mit ähnlicher Begeisterung genutzt werden. Deutliche Unterschiede ergeben sich bei anderen Genres, wie beispielsweise den Comics. Neben Abenteuerbüchern, Sachbüchern/Zeitschriften (ohne Tiere), Detektivgeschichten und Mangas/Animées gehören sie zum beliebtesten Lesematerial der Jungen. Mädchen wenden sich im Besonderen Tiergeschichten, Sachbüchern/Zeitschriften über Tiere, Zauber- und Hexengeschichten sowie Märchen und Bilderbüchern zu.

Tabelle 29 bestätigt die Beliebtheit einzelner Genres, in dem einzelne bekannte und von Kindern genannte Buchtitel konkretisiert werden. Das Alter spielt bei der Beliebtheit des Genres ebenfalls eine große Rolle. Laut KIM 2006 mögen jüngere Kinder vor allem Tiergeschichten, Zaubergeschichten, Bilderbücher und Märchen. Comics, Mangas/Animées bleiben konstant beliebt. Fantasiegeschichten sprechen überwiegend ältere Kinder an. Bei den anderen Themenbereichen sind keine eindeutigen Tendenzen in den Alterskategorien ausfindig zu machen.

Tabelle 29: Büchertitel – beliebte Bücher von 6- bis 13-Jährigen 2006 in Prozent

Büchertitel	Mädchen	Jungen
„Harry Potter“	13	24
„Tierbuch“	11	7
„Märchenbuch“	3	2
„Die wilden Kerle“	1	3
„Der Herr der Ringe“	2	3
„Die wilden Hühner“	4	0
„Hanni und Nanni“	4	0

Basis: n = 1.083; Quelle: KIM-Studie 2006, 28

Tabelle 30: Freude am Lesen 6- bis 13-Jähriger 1999–2006 in Prozent

Jahr	Lese sehr gerne		Lese gerne		Lese nicht so gerne		Lese gar nicht gerne	
	Jungen	Mädchen	Jungen	Mädchen	Jungen	Mädchen	Jungen	Mädchen
1999	12	20	41	51	41	25	5	3
2003	11	20	34	47	36	23	9	3
2005	10	19	36	45	32	23	12	7
2006	7	25	29	37	33	21	10	4

Quelle: KIM-Studie 1999, 2003, 2005 und 2006

Mädchen zeigen fast doppelt soviel Interesse und Freude am Lesen wie gleichaltrige Jungen, wie Tabelle 30 verdeutlicht. Dementsprechend nimmt die Lesebereitschaft der Jungen ab, also mehr Jungen geben an, nicht so gerne oder gar nicht gerne zu lesen als Mädchen dies tun. Im Jahresvergleich ergeben sich kaum Schwankungen. Die Werte bleiben mit wenigen Ausnahmen stabil. Besondere Bücherpräferenzen von Jugendlichen sind den JIM-Studien nicht zu entnehmen.

Ein weiterer Artikel der Zeitschrift Media Perspektiven steht nun im Zentrum der Diskussion, da hier die Relevanz des Lesen bei erwachsenen Personen noch einmal aus einer anderen Perspektive beleuchtet wird. Der Titel lautet: „Lese-Erlebnistypen und ihre Charakteristika: Bücher – ‚Medienklassiker'" mit hoher „Erlebnisqualität", stammt von den Autoren Ursula Dehm, Christoph Kochhan, Sigrid Beeske und Dieter Storll und wurde in der Ausgabe 10/2005 von Media Perspektiven veröffentlicht. Grundlage für die Analyse des Leseverhaltens in dem Artikel war eine Repräsentativbefragung von 852 Personen in Deutschland, durchgeführt vom Börsenverein des Deutschen Buchhandels, dem ZDF und forsa im Juni 2005.

Das Leseverhalten wird hier mithilfe von Erlebnisweisen charakterisiert, einem Untersuchungsdesign, das ursprünglich auf das Medium Fernsehen bezogen wurde. Diese Erlebnisweisen lassen sich in die fünf Erlebnisfaktoren **Emotionalität**, **Orientierung**, **Ausgleich**, **Zeitvertreib** und **Soziales Erleben** unterteilen. Ihre Relevanz in Bezug auf das Lesen wurde mithilfe von **Gratifikationserwartungen** (20 Aussagen) gemessen (Dehm u. a. 2005: 521).

Untersuchungsergebnisse zeigten, dass die Emotionalität beim Lesen von zentraler Bedeutung ist. Dieser Erlebnisfaktor integriert den Spaßfaktor (84 %), die Möglichkeiten zu entspannen (81 %), den Tagesablauf durch Abwechslung zu unterbrechen (73 %) oder eine Spannung während des Lesens aufzubauen (68 %). Außerdem kommt dem Humorfaktor eine wichtige Rolle zu (51 %). Die Orientierungsdimension beinhaltet die Lernfunktion, die Möglichkeit zur Beschaffung von Informationen, Anregungen und Motivationen zum Nachdenken. Außerdem ist der Orientierungsdimension beim Lesen auch insofern ein wichtiger Wert beizumessen, da sie Gesprächsstoff integriert, ebenso wie Hilfen zur Meinungsbildung. Die Ausgleichs-Funktion wird von 51 % der Befragten als wichtig empfunden, ebenso die beruhigende Wirkung (46 %). Unter die Dimension Zeitvertreib fallen die Aspekte der sinnvollen Zeitnutzung (56 %), des Zeitverbringens allgemein (49 %) sowie der Gewohnheit (38 %). Der fünften Dimension, also dem Lesen als Soziales Erleben kommt weitaus weniger Bedeutung zu. Hierbei wird vor allem das Zugehörigkeitsgefühl durch Lesen ausgedrückt, was 21 % der Befragten als wichtig erachten (ebd.: 522). Der Artikel legt weiterhin einen Schwerpunkt auf verschiedene Büchergenres und postuliert einen starken Zusammenhang zwischen dem Leseerleben und spezifischen Lesegenres. Beispiele dafür wären die belletristische

Literatur, die mit einer hohen Emotionalität korreliert oder aber Sachbücher, die eher der Orientierung dienen (ebd.).

Alters- und geschlechtsspezifische Unterschiede beim Leseverhalten lassen sich laut diesem Artikel folgendermaßen beschreiben: Die Faktoren Emotionalität, Ausgleich und Zeitvertreib fallen bei allen Altersgruppen recht ähnlich aus, während hingegen dem Orientierungsfaktor und dem des Sozialen Erlebens im jungen Alter kaum eine Bedeutung zugemessen wird. Die vorhergehenden Annahmen, dass Frauen häufiger als Männer zu Büchern greifen, bestätigen sich auch hier, allerdings wird zusätzlich betont, dass Frauen vielfältiger und emotionaler lesen als Männer. Frauen sehen im Lesen vor allem auch den Faktor des Ausgleichs, des Zeitvertreibs und des sozialen Erlebens. Männern hingegen scheint die Orientierung etwas wichtiger zu sein, wobei sich hier keine signifikanten Unterschiede abzeichnen (ebd.: 526 ff.).

Im weiteren Verlauf des Artikels werden vier Lese-Erlebnistypen herausgearbeitet, denen dann die Erlebnisfaktoren in unterschiedlicher Weise zugeordnet werden. Wichtig erscheint in diesem Zusammenhang jedoch nur die Benennung der Lese-Typen, da somit eine grobe Tendenz der Lesehäufigkeit dargestellt werden kann. Demnach wird zwischen dem begeisterten Kompensationsleser, dem habituellen Wellnessleser, dem informationssuchenden Selektivleser und dem zurückhaltenden Orientierungsleser differenziert (ebd.: 529).

Zeitungen

Neben der Büchernutzung soll nun auch ein weiteres Printmedium betrachtet werden – Zeitungen. Wie viele Nutzer gibt es in diesem Bereich überhaupt? Zeigen Jungen und Mädchen bei diesem Medium starke Differenzen? Dies sind einige der Fragen, die hier thematisiert werden. Das Hauptkriterium **Ausstattung** wird hierbei außen vor gelassen.

Zeitungen nehmen einen relativ geringen medialen Stellenwert bei Kindern ein. Täglich lesen im Jahre 2005 sechs Prozent der Kinder Zeitung bzw. schauen sie sich an, ein sehr kleiner Teil also. Im Jahresvergleich ergeben sich praktisch keine Veränderungen, der Wert ist seit Jahren unverändert. Die wöchentliche Nutzung ist deutlich höher. So greifen knapp ein Drittel aller Kinder mehrmals pro Woche zu einer Zeitung. Dieser Wert ist jedoch in den letzten fünf Jahren von 36 % auf 28 % gesunken.

Während bei der Altersgruppe der 6- bis 13-Jährigen Mädchen und Jungen mit fast identischen prozentualen Werten daran interessiert sind, Zeitung zu lesen, lassen sich bei den jugendlichen Zeitungslesern Differenzen zwischen Mädchen und Jungen feststellen. Anders als bei der Buchnutzung lesen mehr männliche Jugendliche (49 %) als weibliche Jugendliche (39 %) Zeitung. Diese Werte sind auch bei den Mädchen in den letzten Jahren stärker gesunken als bei den Jungen.

Da das Lesen von Zeitungen bei Kindern quasi keine Rolle spielt, kann man auch nicht wirklich von Zeitungspräferenzen sprechen. Dieser Punkt wird daher ausgeklammert. Konkrete Zeitungs-, also Lesepräferenzen sind auch bei den Jugendlichen schwer feststellbar.

Zeitschriften

Ähnlich wie bei den Zeitungen sind Zeitschriften bei den Kindern wenig beliebt bzw. nicht weit verbreitet. 2002 waren es nur 11 % der Mädchen und 8 % der Jungen, die eine Zeitschrift nutzten. Zeitschriften stoßen bei Jugendlichen zunehmend weniger auf Resonanz. Ihr Beliebtheitsgrad reduzierte sich innerhalb der letzten sechs Jahre um 17 Prozent. Während Ende der 1990er Jahre noch fast die Hälfte aller Jugendlichen das Lesen von Zeitschriften zu einer wichtigen Freizeitbeschäftigung deklarierte, tun dies aktuell im Jahr 2005 nur noch gut ein Drittel (Tabelle 31).

Tabelle 31: Geschlechtsspezifische Nutzung von Zeitschriften und Magazinen von 12- bis 19-Jährigen 1998–2006 in Prozent

Jahr	täglich/mehrmals pro Woche	
	Jungen	Mädchen
1998	45	54
2000	44	46
2001	44	47
2002	42	43
2003	35	41
2004	33	33
2005	32	33
2006	28	33

Quelle: JIM-Studie 1998–2006

Die Tendenz der vermehrten Printmediennutzung mit zunehmendem Alter lässt sich hier besonders verdeutlichen. Schon bei der Zeitung ist dieser Aspekt hervorgetreten. Zeitschriften erfreuen sich hoher Beliebtheit bei den Jugendlichen. Dabei zeigen sich Differenzen in der Nutzung zwischen Jungen und Mädchen (Tabelle 31). Diese Unterschiede sind deutlicher ausgeprägt als das bei der Betrachtung des Mediums Zeitung der Fall war. Auffällig erscheint, dass das Medium jedoch über die Jahre hinweg an Reichweite verloren hat, bei den Mädchen ist dies besonders kennzeichnend. Die Abnahme von 11 Prozent bei den Mädchen führt dazu, dass sich die Werte 2006 zwischen Jungen und Mädchen sehr stark annähern und lediglich ein Prozent Differenz besteht.

Welche Zeitschriften führen die Beliebtheitsliste der Kinder und Jugendlichen an? Womit beschäftigen sie sich am meisten – mit Comics oder anderen Genres? Die Daten, die dieser Analyse zugrunde liegen, können dem Anspruch auf Aktualität nicht ganz gerecht werden, sondern lediglich eine Tendenz darstellen. Die Daten sind der Studie KIM 1999 entnommen, weiterführende Informationen sind nicht auffindbar. Demnach kann man prinzipiell zwei Kriterien unterscheiden: Die Bekanntheit von Zeitschriften und die tatsächlich von Jungen und Mädchen im Alter zwischen 6 und 13 Jahren bevorzugten Zeitschriften. Besonders populär waren im Jahr 1999 vor allem Comics wie „Donald Duck" oder „Micky Maus", dicht gefolgt von „Benjamin Blümchen". Dabei erkennt man kaum geschlechtsspezifische Unterschiede. Ähnlich ist dies auch bei den Zeitschriften „Play", „Bravo Screenfun" und „Pumuckl Magazin".

Anders erscheint dies bei der Nutzung von Zeitschriften wie der „Bravo", „Bravo Girl", „Gute Zeiten, Schlechte Zeiten-Magazin", „Popcorn" und „Mädchen", „Bussi Bär", „Wendy", „Hit" und „Sugar". Diese werden deutlich mehr von Mädchen erkannt und benannt als von Jungen. Bei Jungen hingegen dominieren im Bekanntheitsgrad bei Zeitschriften wie „Bravo Sport" und „Simpsons Comics". (vgl. KIM-Studie 1999, 37). Doch welche Zeitschriften werden auch tatsächlich von den Kindern gelesen? Am häufigsten und vor allem von Mädchen in besonderem Maße wird die Zeitschrift „Gute Zeiten, Schlechte Zeiten" gelesen. Bei den Mädchen beträgt der prozentuale Anteil 50 Prozent, bei den Jungen sind es immerhin 29 Prozent. Es folgen der Reihenfolge nach die Zeitschriften „Bravo Sport" mit deutlichem Lesevorsprung der Jungen und „Bravo Girl" und „Mädchen" mit direkter Umkehrung des Leseverhaltens bei Jungen und Mädchen. Comics wie „Donald Duck", „Micky Maus" und „Pumuckl Magazin" werden von beiden Geschlechtern recht gleichermaßen gemocht und gelesen. Während „Bravo" wieder deutlich von Mädchen bevorzugt wird, sprechen die Zahlen der Jungen für die Zeitschrift „Simpsons Comics" eindeutig für eine Dominanz der Jungen. „Wendy", „Sugar", „Bussi Bär" und „Hit" sind Zeitschriften, die Mädchen wiederum sehr begeistern. Jungen sprechen sich dabei für „Bravo Screenfun" und „Play" aus (vgl. KIM-Studie 1999, 38).

Die KidsVerbraucherAnalyse 2005 (KVA 2005) stellt zusammen, welche Titel im Jahr 2005 für Kinder besonders wichtig sind. Das Kriterium lautet hier: Die 36 in der KVA 2005 erhobenen Kaufzeitschriften von neun teilnehmenden Verlagen. Dabei fallen viele Titel ins Auge, die auch bei der KIM-Studie deutlich wurden. Beispiele dafür sind die Zeitschriften: „Benjamin Blümchen", „Bussi Bär", „Donald Duck", „Micky Maus", „Pumuckl", „Simpsons" und „Wendy". Weitere Zeitschriften treten bei der KVA hinzu: „Banzai!", „Barbie", „Bibi Blocksberg", „Bob der Baumeister", „Die Maus", „Digimon", „Disneys Einfach Tierisch", „Geolino", „Löwenzahn", „Nat. Geographic World", „Pettersson und Findus", „Winnie Puuh" und viele mehr.

Die größte Bedeutung haben laut KVA eindeutig die Comics. „Micky Maus" ist noch immer der beliebteste Comic der 6- bis 13-Jährigen (15,5 %), gefolgt von „Disneys Lustigem Taschenbuch" (10 %) und „Donald Duck's

Sonderheft“ (8,6 %). Alle bereits erwähnten Zeitschriften spielen für Kinder dieser Altersgruppe eine Rolle, es ergeben sich punktuell geschlechtsspezifische Unterschiede:

Während die Zeitschriften „Barbie“ und „Wendy“ mit Werten von 14,2 Prozent und 12,5 Prozent die Rangliste der Mädchen anführen, sind es bei den Jungen die Zeitschriften „Micky Maus“ (20,3 %) (bei den Mädchen auf Rang 3 mit 10,5 %) und „Disneys Lustiges Taschenbuch“ (12,3 %). „Die Maus“, „Benjamin Blümchen“ und „Löwenzahn“ liegen bei beiden Geschlechtern gut im Mittelfeld. Auf der Rangliste ganz unten steht bei den Mädchen der Comic „Die Simpsons“, der bei den Jungen sehr zentral positioniert ist. Bei den Jungen ist die Zeitschrift „Mega Hiro Masters“ mit 3,5 % am unbeliebtesten, eine Zeitschrift, die für Mädchen überhaupt keine Rolle spielt und daher gar nicht erwähnt wird. Tierzeitschriften sind ebenfalls für beide Geschlechter von Bedeutung, bei Mädchen jedoch noch stärker als bei Jungen dieses Alters (vgl. KVA 2005).

In anderen Studien wie etwa die der Kinderwelten 2004 (Schmit, C. / Krapf, M. 2004) fällt die Häufigkeit der Nutzung von Zeitschriften ebenfalls deutlich geringer aus als bei den Büchern. Jungen und Mädchen geben mit 49 Prozent und 43 Prozent an, gelegentlich Zeitschriften in die Hand zu nehmen, dieser Wert ist im Gesamtüberblick am größten. Anders bei der häufigen Nutzung. Jungen (24 %) wenden sich generell weniger häufig den Zeitschriften zu als Mädchen dies tun (30 %). Der Anteil der Kinder, die auf Zeitschriften ganz und gar verzichten, liegt in einem ähnlichen Rahmen (Jungen: 27 %, Mädchen: 28 %). Dieser Studie ist zu entnehmen, dass die Nutzung von Zeitschriften vor allem von zwei Faktoren abhängig ist: Zum einen vom eigenen Taschengeld und zum anderen von der Kaufbereitschaft der Eltern.

Die Nutzungspräferenzen müssen unter dem Gesichtspunkt des Alters und des Geschlechts näher betrachtet werden, da die 6- bis 9-Jährigen eher an Comics wie „Micky Maus“ interessiert sind (vor allem die Jungen), während die Mädchen in diesem Alter bereits eher für Stars und Sternchen Begeisterung zeigen. Wichtig sind jedoch vor allem auch Zeitschriften mit Tieren (insbesondere Pferde). Mit zunehmendem Alter wächst das Interesse der Mädchen an Informationen zu ihren Stars, weshalb sie Jugend- und Mädchenzeitschriften präferieren. Jungen hingegen lesen neben Jugendzeitschriften vor allem solche, die Sport und Spiele thematisieren (ebd.: 57).

Welche Zeitschriften von Jugendlichen besonders gerne gelesen werden, lässt sich anhand der mpfs-Studien JIM nicht ausfindig machen. Der KIM-Studie von 1999 ist jedoch zu entnehmen, dass die erwähnten Zeitschriften bzw. Comics mit zunehmendem Alter an Popularität zulegen. Zeitschriften, die vor allem für jüngere Altersgruppen ausgelegt sind, werden dabei nicht berücksichtigt, ihre Bekanntheit bleibt demzufolge stabil.

5.6 Mediennutzung – Handy

Welche Rolle spielt das Handy bei den Kindern und Jugendlichen? Hat es sich im Laufe der letzten Jahre zu einem weiteren Highlight in der Medienwelt etabliert? Wie viele Kinder und Jugendliche sind überhaupt im Besitz dieses Medium? Und wie gehen sie prinzipiell mit der Verantwortung um, die dieses Medium mit sich bringt?

Die Angaben der Kinder zum persönlichen Handybesitz differenzieren sich von denen der Erwachsenen. Den Kindern zufolge liegt die Ausstattung deutlich höher. Wichtig erscheint in diesem Zusammenhang insbesondere der Unterschied zwischen Jungen und Mädchen. Nach der KIM-Studie 2006 haben 43 % der Jungen und 45 % der Mädchen im Alter zwischen 6 und 13 Jahren ein Handy, wobei der Besitz mit dem Alter stark ansteigt. Aber schon bei den Jugendlichen liegt die Ausstattung bei 92 %, wobei die Differenzen zwischen Jungen und Mädchen zu vernachlässigen sind.

Da das Medium Handy noch verhältnismäßig jung ist, im Vergleich zu anderen wie dem Fernsehen, mangelt es an vergleichbaren, umfangreichen empirischen Studien. Der medienpädagogische Forschungsverbund Südwest hat einige Artikel unter gewissen Schwerpunkten zur Handynutzung zusammengestellt. Allerdings kann hier nicht die bisherige Einteilung in die Kriterien Nutzer und Nutzungsdauer beibehalten werden.

Das Telefon spielt allgemein bei den 6- bis 13-Jährigen schon seit einigen Jahren eine große Rolle. Es wird täglich oder zumindest fast täglich genutzt. Betrachtet man die Nutzung über die Woche verteilt, so bestätigt sich die zuvor genannte Annahme. Innerhalb der letzten Jahre hat sich kein bemerkenswerter Unterschied in der Nutzung verzeichnen lassen, die Werte steigen lediglich bei der täglichen Nutzung stark an. Bei diesen Angaben ist aber davon auszugehen, dass das Telefonieren über Festnetz gemeint ist.

Die weitaus wichtigste Funktion eines Handys für Kinder als auch Jugendliche ist das Verschicken von Kurzmitteilungen (über 90 % Prozent der Befragten). Je älter die Kinder sind, desto bedeutender wird diese Funktion. Innerhalb der ausgewählten Altersgruppe von 6 bis 13 Jahren werden täglich 3,3 SMS verschickt, wobei Mädchen durchschnittlich 0,5 SMS pro Tag mehr versenden (Mädchen: 3,6 SMS, Jungen: 3,1 SMS; vgl. KIM-Studie 2005, 46).

Zu den Funktionen und Möglichkeiten eines Handys gehören unter anderem: Infrarotschnittstellen, Bluetooth, MP3-Player, aber auch die Möglichkeit, mit dem Handy fernsehen zu können oder aber die WAP-Funktion. Die letztgenannte Möglichkeit ist sehr zentral und gehört zu 68 Prozent bei den Mädchen und zu 71 Prozent bei den Jungen zur Grundausstattung. Es folgt die Kamerafunktion an zweiter Stelle, dicht gefolgt von den Klingeltönen und der Infrarotschnittstelle. Der Möglichkeit zum mobilen Fernsehen wird kaum Bedeutung zugemessen (Mädchen: 2 Prozent, Jungen: 7 Prozent).

Der „Sieger“ in der Rangliste der Handy-Funktionen bei Jugendlichen ist eindeutig das Verschicken von Kurzmitteilungen. Jungen und Mädchen verschicken ähnlich viele SMS pro Tag. 2005 liegen die durchschnittlichen Werte der 12- bis 19-Jährigen bei 4,8 empfangenen SMS und 3,9 gesendeten SMS pro Tag. Gegenüber den Vorjahren ist dies eine leichte Steigerung. Daran schließt sich unmittelbar das Bedürfnis nach Telefonieren, der Verwendung von Spielen und das Fotografieren an. Die Möglichkeit „mal eben einen Schnappschuss zu machen“, nutzen sowohl männliche, als auch weibliche Jugendliche zunehmend mehr. Nahezu unwichtig oder irrelevant erscheint die Möglichkeit, mit dem Handy im Internet zu surfen, Fotos an andere weiterzuschicken, Daten auszutauschen, Radio zu hören oder Fernsehen zu schauen.

Das letzte Kriterium in Bezug auf Handys befasst sich mit den vielfach im Fernsehen umworbenen Klingeltönen und Logos. Insgesamt haben im Jahr 2005 17 Prozent der Jugendlichen bereits die Möglichkeit genutzt, Klingeltöne und Logos über eine Fernsehwerbung zu bestellen. Der prozentuale Anteil der Mädchen liegt mit 18 Prozent nur um ein Prozent vor den Jungen (17 Prozent). Bedeutend sind also nicht die geschlechtsspezifischen, sondern vielmehr soziale Differenzen. Demnach nutzen deutlich mehr Hauptschüler die Möglichkeit einer Bestellung (JIM 2005: 31 %), als dies Realschüler (JIM 2005: 21 %) oder Gymnasiasten tun (JIM 2005: 7 %; vgl. JIM-Studie: 49 ff.). Diese Ergebnisse lassen den Schluss zu, dass bei der Nutzung eines Handys bei Jungen und Mädchen die Kommunikationsintentionen eindeutig im Vordergrund stehen.

Nach den Angaben der KidsVerbraucherAnalyse 2005 (KVA 2005) besitzen 27 Prozent der Jungen und 30 Prozent der Mädchen ein Handy. Bei der aktuellen KIM-Studie 2005 liegen keine Daten zu geschlechtsspezifischen Unterschieden vor, allerdings sieht man hier den ähnlichen Trend: Viele Kinder sind bereits im Besitz eines Handys, laut KIM 2005 sind es 36 Prozent. Bezieht man die Handyfunktionen mit ein, so sieht man: Das Verschicken von Kurzmitteilungen ist sehr zentral für Kinder; diese These bestätigen die KVA und KIM 2005, die Werte zwischen den Studien unterscheiden sich nur geringfügig.

5.7 Zusammenfassung/Fazit

Auf der Basis der Auswertung und Analyse der einzelnen Quellen lassen sich die quantitativen Nutzungsdaten bzw. -gewohnheiten der Kinder, Jugendlichen und zum Teil Erwachsenen folgendermaßen zusammenfassen/charakterisieren:

Fernsehen

- Fernsehen ist und bleibt (noch) das Leitmedium von Kindern und Jugendlichen und gehört zu ihrer medialen Grundausstattung.

- Sehdauer und Verweildauer steigen kontinuierlich mit zunehmendem Alter an, wobei es bei der jüngeren Altersgruppe kaum geschlechtsspezifische Differenzen gibt, im Erwachsenenalter Frauen dagegen deutlich höhere Nutzungsraten zeigen.
- Ein Fernsehapparat im eigenen Zimmer erhöht die Sehdauer, jedoch ohne Einfluss auf geschlechts-spezifische Unterschiede.
- Kinder (beide Geschlechter) haben ähnliche Interessen (vor allem öffentlich-rechtliche Sender wie z. B. „KI.KA").
- Jungen präferieren Zeichentrickfilme, Mädchen Daily Soaps; männliche Jugendliche haben vor allem Zeichentrick-Serien, Sitcoms, Info-Sendungen und Nachrichten als Favoriten; weibliche Jugendliche mögen Daily Soaps und Mystery-Sendungen.
- Es gibt große Unterschiede in der Nutzung des Fernsehens in verschiedenen Herkunftsmilieus: Kinder aus sozial schwächeren Milieus weisen deutlich höhere Nutzungsgewohnheiten auf als Kinder aus anderen Milieus.
- Es gibt eine hohe Korrelation zwischen der Fernsehnutzung der Eltern und der Kinder eines Milieus.

Bücher

- Bücher sind ein zentrales Medium von 6- bis 13-Jährigen, wobei jedoch die tägliche Buchnutzung bei Kindern abnimmt.
- Die Buchnutzung der Mädchen zwischen 6 und 13 Jahren ist fast doppelt so hoch wie bei gleichaltrigen Jungen.
- Lesen bleibt stetig beliebt bei Jugendlichen mit zum Teil leichtem Anstieg in der Nutzung.
- Jugendliche Mädchen lesen lieber und häufiger als Jungen mit zugleich einer hohen Stabilität der Lesetätigkeit bei den Mädchen.
- Die Differenzen zwischen Geschlechtern im Erwachsenenalter sind deutlich geringer, trotzdem lesen Frauen lieber und häufiger.
- Fantasiegeschichten, Fortsetzungsbücher und Fernsehbegleitbücher sind die wichtigsten Genres für Kinder.
- Mädchen favorisieren Tiergeschichten und Sachbücher über Tiere, Jungen hingegen Comics, Detektivgeschichten und Krimis.
- Bilderbücher, Märchen und Abenteuerbücher sind für jüngere Kinder und für beide Geschlechter sehr zentral.
- Jugendbücher und Romane zu Sendungen sind für Jugendliche sehr wichtig.

Computer

- Die Computerausstattung ist bei Kindern noch relativ gering, bei Jugendlichen dagegen schon hoch; Jungen sind deutlich besser ausgestattet als Mädchen.

- Etwa drei Viertel der Kinder nutzen den Computer, davon etwa ein Viertel täglich.
- Der Computer ist bei Jugendlichen ein zentrales Medium mit einer deutlich intensiveren Nutzung der männlichen Kinder und Jugendlichen gegenüber den gleichaltrigen Mädchen.
- Es ist ein starker Anstieg der Nutzung des Computers durch weibliche Jugendliche in den letzten Jahren zu erkennen.
- Im Kindesalter sind die Interessen noch ähnlich bei beiden Geschlechtern, mit zunehmendem Alter sind Jungen eher technischen Möglichkeiten zugewandt, Mädchen bevorzugen dagegen eher kreative Tätigkeiten.

Internet

- Innerhalb der letzten fünf Jahren gab es nahezu eine Verdopplung der Anzahl der Kinder, die über einen eigenen Internetanschluss verfügen; fast die Hälfte aller männlichen Jugendlichen verfügt über einen eigenen Anschluss, Mädchen dagegen deutlich seltener.
- Mehr als die Hälfte aller Kinder sind mehrmals in der Woche im Internet, es gibt aber keine starken geschlechtsspezifischen Differenzen in der Nutzungsintensität.
- Eine Vervierfachung der männlichen jugendlichen Internetnutzer ist in den letzten Jahren festzustellen, bei den Mädchen liegt sogar eine Verfünffachung bei der Nutzung vor.
- Allmähliche Annäherung zwischen Jungen und Mädchen.
- Bei den Nutzungspräferenzen führen Kinderseiten die Rangliste an; Jungen präferieren den technischen Umgang; Mädchen hingegen nutzen das Internet als Kommunikationsportal; Internetseiten, die auf andere Medien verweisen, werden von beiden Geschlechtern gerne besucht.
- Jugendliche nutzen das Internet hauptsächlich für kommunikative Zwecke.

Handy

- Handys gehören zur medialen Grundausstattung bei Jugendlichen mit einer mehr als Verzehnfachung des Handybesitzes der männlichen und weiblichen Jugendlichen zwischen 1998 und 2005.
- SMS, Telefonieren und Klingeltöne gehören zu den beliebtesten Tätigkeiten im Umgang mit dem Handy; Funktionen wie Internetzugänge und Fernsehen mit dem Handy sind relativ unwichtig.

Radio und Tonträger

- Kinder und Jugendliche sind sehr gut mit Radiogeräten ausgestattet; jugendliche Mädchen verfügen häufiger über eigene Geräte als gleichaltrige Jungen.

- Mehr als drei Viertel aller Kinder nutzen das Radio täglich, wobei Mädchen im Alter zwischen 6 und 13 Jahren das Radio etwas häufiger als Jungen nutzen.
- Kinder nutzen Tonträger vor allem, um Geschichten von Kassetten zu hören.
- Hoher täglicher Radio-Konsum der Jugendlichen, wobei jugendliche Mädchen das Radio häufiger und konstanter nutzen als Jungen; Musik steht eindeutig im Vordergrund, aber auch Nachrichten sind sehr wichtig für Jugendliche.

Zeitung

- Kinder lesen kaum Zeitung, aber mit zunehmendem Alter steigt das Interesse am Zeitunglesen; Jungen lesen tendenziell häufiger Zeitung als Mädchen.
- Die Zeitung hat bei Jugendlichen eine hohe Glaubwürdigkeit.

Zeitschriften

- Zeitschriften werden von Kindern mäßig genutzt; wenn sie Zeitschriften lesen, dann lesen Mädchen diese häufiger als Jungen.
- Die Hälfte aller Jugendlichen liest Zeitschriften, die Nutzung nimmt ab, bei Mädchen deutlich stärker als bei Jungen.
- Frauen lesen häufiger Zeitschriften als Männer.
- Jungen bevorzugen Comics; Mädchen mögen vor allem Zeitschriften wie Bravo-Girl oder diejenigen, die auf Fernsehsendungen basieren.

MP3-Player

- MP3-Player haben für Kinder (noch) keine große Bedeutung, aber die Tendenz ändert sich relativ schnell.
- Die Ausstattung der Jugendlichen ist innerhalb von zwei Jahren stark gestiegen, bei Mädchen um das Achtfache, bei Jungen um das Vierfache.

6 Qualitative Studien zur Mediennutzung von Mädchen und Jungen

6.1 Medienbezogene Einstellung, Interesse und Motivation

Medienbezogene Einstellungen und Interessen von Mädchen und Jungen werden häufig im Kontext der Technikdebatte thematisiert. Geschlechtsspezifische Unterschiede bei der Computer- und Internetnutzung werden häufig mit dem geringeren Interesse bzw. der kritisch-distanzierten Einstellung von Mädchen zu den Medien Computer und Internet erklärt. Dabei wird vor allem die technische Komponente der „Neuen Medien" fokussiert.

Die PISA-Studie hat den Kompetenzvorsprung der Mädchen in Bezug auf das Lesen deutlich gemacht. Unter anderem konnte ein Zusammenhang zwischen Lesemotivation und Leseleistung nachgewiesen werden.

Inwieweit sich die Interessen und die Motivation von Mädchen und Jungen unterscheiden, und ob daraus Rückschlüsse auf ein bestimmtes Nutzungsverhalten gezogen werden können, soll nun am Beispiel Lesen und Computer dargestellt werden.

6.1.1 Computer- und Technikinteresse

Die geringere Zuwendung von Mädchen zu den Medien Computer und Internet wird häufig damit begründet, dass Mädchen und Frauen eine distanzierte Einstellung zu Technik („Technikdistanz") hätten. Vielmehr seien sie kommunikationsorientiert. Die medienbezogene Einstellung und Orientierung von Mädchen und Jungen nimmt damit eine Schlüsselstellung in den Erklärungsansätzen ein. Bislang wurden jedoch nur vereinzelt Einstellungen von Mädchen und Jungen zu Computer bzw. Internet differenziert untersucht. Ein Großteil früherer Untersuchungen wurde im Rahmen der NRW-Studie „Sozialverträgliche Technikgestaltung" herangezogen und unter neuen Gesichtspunkten bewertet (vgl. Famulla et al. 1992). In Untersuchungen zu computerbezogenen Persönlichkeitseinstellungen (Famulla et al. 1992) wurde festgestellt, dass in Kindheit und Jugend bei Jungen häufiger eine aufgeschlossene Einstellung zu Computern besteht. Auch konnten Unterschiede in der Art der Einstellung sichtbar gemacht werden. Während Mädchen eine emotional distanzierte Einstellung und häufiger negative Meinungen zu Computern haben, personifizieren Jungen den Computer und zeigen bei der Nutzung beispielsweise beim Spielen eine stärkere emotionale Beteiligung (vgl. Famulla et al.1992). Weiterhin werden bei Mädchen andere Interessen wie das Lesen trotz Computernutzung nicht zurückgestellt. Die männlichen Computerfans zeigen im Vergleich ein eingeschränktes sonstiges Informationsverhalten (Sinhart-Pallin 1990). Nach Sinhart-Pallin führt die Computernutzung bei Mädchen zu einer Ausdifferenzierung der Persönlichkeit und des Verhaltens. Umgekehrt ist bei Jungen mit einer Vereinseitigung zu rechnen. Die weibliche Zugangsweise charakterisiert er als ganzheitliche, anwendungsorientierte, verantwortungsbewusste und kritisch-abwägende Auseinandersetzung mit neuen Technologien (vgl. Sinhart-Pallin 1990).

Famulla et al. (1992) interpretieren ihre Ergebnisse dahingehend, dass stereotype Geschlechterrollen beim Umgang mit Computern vertieft werden. Während bei Jungen die Computernutzung in das sich entwickelnde männliche Selbstbild integriert wird, führt diese bei Mädchen zum Konflikt mit dem weiblichen Selbstbild. Hier greifen geschlechtsspezifische Sozialisationsmechanismen, in denen Technikkompetenz mit Männlichkeit gleichgesetzt wird. Ein intensiver Umgang mit Computern bestärkt also Jungen in ihrem Selbstbild. Für Mädchen ist es dagegen einfacher die Laienrolle einzunehmen, weil diese eher weiblichen Rollenerwartungen entspricht (Famulla et al. 1992).

Fauser (1992) differenziert das Merkmal *Computerinteresse* als komplexes Gefüge von Wechselbeziehungen, welches vom aktuellen Lernumfeld und von sozialen Beziehungen beeinflusst wird. Er gliedert Computerinteresse in drei Bereiche:

- Kognitiver Bereich: Wissen über den Gegenstand Computer
- Emotionaler Bereich: Gegenstandsbezogenes Erleben
- Wertbereich: Persönlicher und gesellschaftlicher Wert

Seine differenzierte Betrachtungsweise führt zu aufschlussreichen Ergebnissen: Mädchen besitzen zwar ein geringeres Technikinteresse. Dieses determiniere jedoch nicht ihr generelles Interesse zum Gegenstand Computer. Jungen besitzen meist sowohl ausgeprägtes Technik- als auch Computerinteresse (Fauser 1992). Im Bericht „Tech-Savvy: Educating Girls in the new Computer Age“[8] wird die Rolle der Computertechnologie im Leben von Mädchen betrachtet.

8 In diesem Bericht werden Ergebnisse aus einer qualitativen Befragung mit ca. 70 Mädchen aus der middle school und high school als auch die Resultate einer Online-Befragung mit 900 Lehrerinnen und Lehrern dargestellt. Zudem wurden bereits existierende Forschungsergebnisse hinsichtlich der Themenstellung systematisiert. Die Kommission setzte sich aus 14 Forscherinnen und Forschern, Erzieherinnen und Erziehern, Journalistinnen und Journalisten sowie Unternehmerinnen und Unternehmern zusammen.

Dabei wurde festgestellt, dass Mädchen nicht an Computertechnologie um der Technologie willen interessiert sind. Die Probandinnen stellen dabei mehrheitlich nicht ihre Fähigkeiten in Frage, sondern bekunden offen ihr Desinteresse: „We can, but I don't want to" (American Association of University Women Educational Foundation 2000: 7). Karrieremöglichkeiten innerhalb der Informatik reizen sie nicht sonderlich, denn nach Meinung der befragten Mädchen sind Programmierstunden langweilig. Die Begeisterung für schnellere und bessere Hardware können sie nicht nachvollziehen. Insgesamt sind sie von der Computerkultur enttäuscht. Vor allem stellen sie die Dominanz technologischer Aspekte (Hardware, Geschwindigkeit, Effizienz) gegenüber sozialen, menschlichen und kulturellen Zusammenhängen in Frage. Die Probandinnen interessieren sich mehr für anwendungsbezogene Aspekte der Computertechnologie. Das Angebot an Computerspielen entspricht ebenso wenig ihren Vorstellungen. Computerspiele seien langweilig, überflüssig und gewalttätig. Interesse hätten sie an Spielen, die Intellektualität und Geschicklichkeit verlangen. Spielhandlungen sollten lebensnah und komplex sein, also verschiedene Perspektiven zulassen (vgl. American Association of University Women Educational Foundation 2000).

Leseinteresse und Lesemotivation

Die Studien PISA und IGLU dokumentieren eindrücklich einen signifikanten Kompetenzvorsprung der Mädchen im Bereich Lesen. Neben den Einflussfaktoren Bildung und soziale Herkunft determiniere insbesondere das Geschlecht die Leseleistung von Schülerinnen und Schülern. Die PISA-Ergebnisse machen deutlich, dass sich die bessere Leseleistung von Mädchen im internationalen Vergleich mit anderen OECD-Staaten fortsetzt. Ein wesentliches Ergebnis von PISA ist, dass Lesemotivation die Leseleistung beeinflussen kann. Je ähnlicher die Leseinteressen von Mädchen und Jungen, umso geringer sind die geschlechtsspezifischen Kompetenzunterschiede. Bei gleicher Lesefreude entfallen signifikante Leistungsdifferenzen zwischen den Geschlechtern (vgl. Deutsches PISA Konsortium 2001: 265). Zur unterschiedlichen Einstellung von Jungen und Mädchen heißt es: *„In der Mehrzahl der PISA-Teilnehmerstaaten ist die Einstellung von Jungen zum Lesen deutlich negativer als die der Mädchen. Im Durchschnitt der OECD-Ländern stimmen insgesamt etwa 46 Prozent der Jungen der Aussage zu, dass sie nur lesen, wenn sie müssen, während dies nur 26 Prozent der Mädchen von sich behaupten. In Deutschland ist der Anteil für die Mädchen mit dem internationalen Wert vergleichbar (ebenfalls 26 %), der Anteil für die Jungen liegt jedoch deutlich höher (52 %)"* (Deutsches PISA Konsortium 2001: 262). Wenn Einstellung und Motivation bedeutsame Einflussfaktoren auf die Leseaktivität und Leseleistung sind, stellt sich die Frage, wie sich Mädchen und Jungen hinsichtlich ihrer Lesemotivation unterscheiden.

In der repräsentativen Studie von Richter und Plath (2003) wird die Entwicklung der Lesemotivation von Grundschülerinnen und Grundschülern untersucht.[9] Im Hinblick auf die Förderung von Lesemotivation skizzieren die Autorinnen ein Mehrebenen-Modell, das Zusammenhänge zwischen den Bereichen individuelle Motivation, Familie, Peergroup und Schule herstellt. Auf der individuellen Ebene fällt die unterschiedliche Freizeitgestaltung von Mädchen und Jungen auf: Mädchen lesen lieber, während Jungen mehr fernsehen (-.25). Die Autorinnen weisen zwar auf einen Zusammenhang zwischen Fernsehhäufigkeit und individueller Lesemotivation hin, relativieren aber den Einfluss des Fernsehens auf die geschlechtsspezifische Lesemotivation. Die Ausstattung mit einem eigenen Fernseher habe erheblicheren Einfluss auf die Fernsehhäufigkeit. Grundlegend sei der familiäre Kontext: *„Je größer der Buchbesitz im Haushalt, umso häufiger wird den Kindern vorgelesen (.09) und um so weniger verfügen die Kinder über ein eigenes Fernsehgerät (-.07)"* (Richter/Plath 2004: 7). Die Autorinnen konnten auch einen Zusammenhang zwischen der Bücheranzahl im Haushalt und der Leseleistung der Schülerinnen und Schüler feststellen (.10).

Auf schulischer Ebene werden wiederum geschlechtsspezifische Unterschiede deutlich: Die befragten Mädchen gaben öfter an, Spaß am Deutschunterricht zu haben. Allerdings nimmt das Interesse am Deutschunterricht bei Mädchen und Jungen von Klasse 2 bis Klasse 4 kontinuierlich ab. Bei den Jungen ist diese Tendenz eindeutiger. Die Freude am Deutschunterricht wirkt sich wiederum unmittelbar auf die Motivation der Schülerinnen und Schüler (.13) aus und korreliert mit der Leseleistung (.22). Ein doppelter Nachteil besteht für Kinder aus bildungsfernen Familien, da diese im schulischen Deutschunterricht keinen Ausgleich finden und Defizite in der Leseleistung eher verstärkt werden.

Richter/Plath haben im Rahmen der Studie Genrepräferenzen der Schülerinnen und Schüler erfragt: Beide Geschlechter interessieren sich für spannende Abenteuergeschichten (mehr als zwei Drittel der Befragten) und Sachbücher (mehr als die Hälfte der Befragten). Bei den Jungen konnte ein Rückgang des Interesses an Märchen und Sagen sowie Tiergeschichten festgestellt werden. Dieser Rückgang ist jedoch nicht mit einem steigenden Interesse an anderen Genres verbunden. Insgesamt decken die Interessen der Befragten ein breites Spektrum ab.

In der qualitativen Studie von Bischof und Heidtmann (2002) wurden die Leseinteressen von insgesamt 153 Jungen im Alter von 6 bis 18 Jahren mittels leitfadenorientierter Einzelinterviews eruiert. Für das Grundschulalter stellen Heidtmann/Bischof keine eindeutigen Unterschiede in den Leseinteressen von

9 Richter/Plath führten Befragungen mit ca. 1.200 Schülerinnen und Schülern, 900 Eltern und 50 Lehrerinnen und Lehrern durch. Dabei wurden die Lesevorlieben und Leseleistungen der Kinder eruiert.

Jungen und Mädchen fest: Jüngere Kinder favorisieren farbenfreudig illustrierte Disney-Bücher oder Begleitbücher zu TV-Serien. Film- und Fernsehbegleitbücher haben bei älteren Jungen einen deutlich geringeren Stellenwert als bei gleichaltrigen Mädchen.

Die Befragung zu Lektüreinteressen ergab, dass die Jungen zwar überwiegend ein oder mehrere Genres favorisieren. Etwa die Hälfte der Untersuchungsgruppe war dennoch nicht im Stande, ein Lieblingsbuch oder einen Lieblingsautor zu benennen. Offensichtlich ist ihnen dies auch nicht wichtig (vgl. Bischof/Heidtmann 2002).

Bischof/Heidtmann relativieren die bisherige empirisch gestützte Auffassung, Jungen würden Informationstexte und Sachbücher bevorzugen[10]:

„Jungen aller Altersstufen nutzen erzählende Literatur – wie andere Medien auch – immer stärker ausschließlich unterhaltungs- und erlebnisorientiert. Der Aspekt des informatorischen Lesens, den frühere Erhebungen bei männlichen Lesern als zentral nachgewiesen haben, verliert an Bedeutung. Um zu lernen, um sich über ein Thema zu informieren, lesen gerade noch 11 % der Befragten. Um Spaß zu haben, um sich mit spannender Lektüre zu unterhalten, um sich die Zeit zu vertreiben, um abzuschalten und sich zu entspannen, lesen 40 % der Jungen“ (Bischof/Heidtmann 2002: 29).

Im Alter von zehn bis 13 Jahren lesen Jungen am häufigsten erzählende Literatur. Mit ein bis fünf Titeln pro Monat erreicht die Leseaktivität ihren Höhenpunkt. Zur Lieblingslektüre dieser Altersgruppe gehören:

1. J. K.Rowling: „Harry-Potter“-Bände (mit deutlichem Abstand folgen)
2. R. L. Stines: „Gänsehaut“-Serie
3. Th. Brezina: „Tiger-Team“ und „Knickerbocker-Bande“
4. E. Blyton: „Fünf-Freunde“- und „Abenteuer-um“-Serien
5. U. Scheffler: „Kommissar Kugelblitz“
6. A. Hitchcock: „Die drei???“
7. „TKKG“-Bände (vgl. Bischof/Heidtmann 2002: 3)

Bischof/Heidtmann stellen für alle Altersgruppen fest, dass Klassiker der Jugend- und Abenteuerliteratur nur noch vereinzelt genannt werden. Die Lektürepräferenzen der 10- bis 13-Jährigen sind besonders stark an aktuellen Trends, an Vorgaben aus der Peergruppe oder den Medien orientiert. Spannungsliteratur und zeitgemäße Unterhaltungsliteratur stehen eindeutig im Fokus der Leseinteressen und werden auch vermehrt von jüngeren Altersgruppen gelesen.

---

10 B. Hurrelmann resümiert in ihrer Studie zum Leseverhalten der Neun- bis Elfjährigen: „[...] Mädchen und Jungen [unterscheiden] sich in ihren Lesepräferenzen, Lesestilen, Leseerfahrungen, Lesehemmungen – überhaupt in allen Dimensionen ihrer Lesetätigkeit [...]. Es gibt einen systematischen Unterschied im Leseverhalten der Geschlechter schon am Ende des Grundschulalters. [...] Jungen sind (bei insgesamt weniger Lektüre) eher an sachbezogener Information interessiert, während die Mädchen (bei insgesamt mehr Lektüre) fiktionale Geschichten *bevorzugen*“ (Hurrelmann 1994: 25; Hervorhebung im Original).

Problemorientierte Literatur z. B. adoleszenzbezogene Bücher sind nicht in der Liste vertreten (vgl. Bischof/Heidtmann 2002). Aus Sicht der befragten Jungen ist also Spannung und Unterhaltung ein zentrales Bedürfnis und spielt beim Lesen bzw. schon bei der Auswahl der Lektüre eine entscheidende Rolle.

Die Ergebnisse aus obigen Studien zeigen, dass medienbezogene Einstellungen nicht nur geschlechtsspezifische Nutzungsgewohnheiten beeinflussen. Für den Bereich Lesen kann festgehalten werden, dass geschlechtsspezifische Kompetenzunterschiede bei ähnlichen Leseinteressen geringer ausfallen, bei gleicher Lesefreude entfallen sie nahezu. Die medienbezogene Motivation und das Interesse an medialen Angeboten von Mädchen und Jungen kann daher als grundlegender Einflussfaktor für Geschlechterdifferenzen im Umgang mit Medien betrachtet werden.

6.2 Computer- und Interneterfahrung von Mädchen und Jungen

Im vorangegangenen Kapitel wurden interessenbezogene und motivationale Differenzen von Jungen und Mädchen vertieft. Wenn Computer für Mädchen und Jungen unterschiedliche Bedeutung haben, sie sich für unterschiedliche Aspekte interessieren, müssten sie sich auch über unterschiedliche Wege dem Medium nähern und somit über unterschiedliche Erfahrungen verfügen. Während den Mädchen ein eher pragmatischer Umgang zugeschrieben wird, gelten Jungen als explorative Computernutzer mit viel Erfahrung. In vielen Beiträgen wird jedoch bemängelt, dass die vergleichsweise häufigere Beschäftigung mit dem Computer als kompetenter Umgang bewertet wird (vgl. Eichen 2006, Schelhowe).

Nachfolgend werden geschlechterspezifische Erfahrungen mit den Neuen Medien Computer und Internet thematisiert. Dabei werden die Nutzungsbereiche Computerspiele und computervermittelte Kommunikationsangebote wie Chats fokussiert. Zum einen werden diese von Kindern und Jugendlichen häufig genutzt, und zum anderen handelt es sich hierbei um Angebote, die geschlechtsspezifisch konnotiert sind. In diesem Zusammenhang ist der Einfluss des sozialen Umfelds bedeutsam.

6.2.1 Geschlechtsspezifische Unterschiede im Umgang mit Computerspielen

In der Untersuchung „Computerspiele in der Kinderkultur" (Fromme/Meder/Vollmer 2000) wurden standardisierte Interviews mit 1.111 Jugendlichen zwischen sieben und 15 Jahren durchgeführt. 87 % der befragten Jugendlichen gaben dabei an, in mehr oder weniger regelmäßigen Abständen mit dem Computer zu spielen (vgl. Vollmer 2000). Die deutliche Mehrheit der Spielerinnen und Spieler lässt darauf schließen, dass Computerspiele mittlerweile einen festen Platz im Rahmen kindlicher Freizeitaktivitäten einnehmen.

Bevorzugte Spielgenres

Nach Vollmer (2000) stehen Jump&Run-Spiele bei Mädchen im Alter von sieben bis 14 Jahren mit 48 % an erster Stelle der Beliebtheitsskala. Darüber hinaus spielen Mädchen gerne Denk- und Geschicklichkeitsspiele (19,9 %). Jump&Run-Spiele stehen bei Jungen im Alter von sieben bis acht Jahren hoch im Kurs (32,1 %). Sie wenden sich jedoch mit zunehmendem Alter dem Genre Kampfspiele zu (30,2 %). Sportspiele (21,4 %) und Adventures (10,5 %) sind ebenso beliebt bei älteren Jungen (vgl. Vollmer 2000).

Bevorzugte Identifikationsfiguren

In der qualitativen Untersuchung zum Internetumgang von Fünf- bis Zwölfjährigen Kindern von Feil/Decker/Gieger (2004) konnten unterschiedliche Spielvorlieben bei den weiblichen und männlichen Probanden beobachtet werden. Während Mädchen weibliche Identifikationsfiguren präferierten, wurden diese von den Jungen durchweg ignoriert. Umgekehrt wurden Spiele mit männlichen Darstellern von den Mädchen nicht gespielt (vgl. Feil/Decker/Gieger 2004).

In Bezug auf das Angebot an Spielfiguren wird häufig kritisiert, dass mit ihnen stereotype Geschlechtsrollen transportiert werden[11]. Aufgrund seiner Umfrageergebnisse zu Computerspielpräferenzen von Kindern und Jugendlichen vermutet Schindler, dass Mädchen aus Mangel an Identifikationsfiguren auf „niedliche“ Spielfiguren ausweichen (vgl. Schindler 1996). In einer qualitativen Studie zu Spielinhalten und Spielgenres von Yates/Littleton sollten Mädchen und Jungen im Alter von elf bis zwölf Jahren zwei Versionen eines Spiels mit gleicher Struktur spielen. Die weiblichen Probanden schnitten bei gender-neutralen Spielfiguren besser ab, als bei männlichen Spielhelden. Diese Tendenz spiegelt sich teilweise bei der Untersuchung von Meder und Vollmer wider. Die Mädchen favorisieren die Rolle der Abenteurerin oder Entdeckerin mit 62,7 % und Sportlerrollen (57, 6 %). Im direkten Vergleich mit den männlichen Probanden tendieren sie jedoch eher zu fiktiven Comic-Figuren. Tierfiguren stehen bei den Mädchen mit 53 % an dritter Stelle, während Jungen realistische Rollen wie Rennfahrer (76,2 %), Sportler (57,5 %) oder Pilot (69,3 %) als Hauptfigur bevorzugen.

11 Schindler (1996) stellt in seinem Beitrag über Rollenstereotype in Computer- und Videospielen mehrere Beispiele für stereotype Figuren vor mit dem Ziel, den „heimlichen Lehrplan“ der Computerspiele zu „entlarven“.

Spielertypen

Im Rahmen der Untersuchung „Computerspiele in der Kinderkultur" wurden über 60 Merkmale von Bildschirmspielen zur Berechnung von Clustern herangezogen (Vollmer 2000). Mit dieser Grundlage konnten drei Spielertypen ausgemacht werden, die sich hinsichtlich ihrer Bewertung zu verschiedenen Spielmerkmalen unterscheiden. Die Analyse ergab, dass Spielertyp 1 zu 70,3 % aus Jungen besteht. Für diesen Spielertyp ist es besonders wichtig, dass Computerspiele realistisch wirken. Bilder, Töne und Figuren sollen möglichst der Wirklichkeit entsprechen. Kampfspiele sind sein Lieblingsgenre. Dabei gefällt sich dieser Spielertyp in der Rolle des kämpfenden Helden. Spielertyp 1 zeichnet sich durch starke emotionale Beteiligung aus und wird insgesamt als „Der involvierte Action-Spieler" charakterisiert (Vollmer 2000: 138). Der Mädchenanteil beträgt beim zweiten Spielertyp 53,3 % und ist damit signifikant größer als in der gesamten Stichprobe (42,9 %). Interessanterweise weist Spielertyp 2 die größten Unterschiede zum „involvierten Action-Spieler" auf. Spielertyp 2 hat auch im Vergleich zu den beiden anderen Clustern ein besonders distanziertes Verhältnis zu Bildschirmspielen. Am liebsten schlüpft dieser Spielertyp in die Rolle des Abenteurers/Entdeckers, löst Rätsel oder testet sein Wissen, weshalb dieser Typ als „Der sich und die Spiele testende Spieler" bezeichnet wird.

Spielverhalten

Feil/Decker/Gieger beobachteten unterschiedliche Verhaltensweisen, die sich während des Computerspielens offenbarten. Trotz hoher Motivation und offenkundigem Ehrgeiz wirkten die Mädchen bei Spielbeginn eher zurückhaltend. Bei erfolgreichem Spielverlauf waren sie überrascht über ihre Leistung. Die Jungen hingegen zeigten sich von Anbeginn sehr selbstsicher und waren überzeugt von ihren spielerischen Fähigkeiten. Ihre Freude über den erfolgreichen Spielausgang signalisierten sie durch eindeutige Körpersprache (Siegerposen, geballte Faust). Bei Misserfolg waren Mädchen und Jungen gleichermaßen verärgert und brachten dies durch Gefühlsausbrüche zum Ausdruck. Die Probandinnen zeigten also bei Misserfolg eine stärkere emotionale Reaktion als beim Spielerfolg. Im Unterschied zu den Jungen schrieben sie den Misserfolg sich selbst bzw. ihren beschränkten Spielerfahrungen zu. Demgegenüber gaben die Jungen dem Rechner oder dem Spiel die Schuld.

Auffällig waren auch methodische Differenzen bei Durchführung der Spiele. Jungen gingen beim Spielen eher nach dem Trial-and-Error-Verfahren vor, während die Mädchen eine systematische Vorgehensweise wählten (vgl. Feil/Decker/Gieger 2004).

Nach Ergebnissen von Yates/Littleton sind die Fähigkeiten bei Computerspielen gleich verteilt. Die Autoren betrachten Computerspielen als sozial konstruierte Aktivität und binden diesen sozialen Kontext in ihr Untersuchungsdesign ein. So konnten sie feststellen, dass die Deklaration der gleichen Software als „Spiel" oder „Aufgabe" zu unterschiedlichen Verhalten bei Mädchen und Jungen führt. Wurde den Probanden vorher gesagt sie sollen spielen, schnitten die Jungen besser ab. Hielten die Untersuchungsleiterinnen die Kinder dazu an, Aufgaben zu lösen, konnten keine geschlechtsspezifischen Differenzen identifiziert werden (vgl. Yates/Littleton 1999).

Der Forschungsansatz von Yates/Littleton macht deutlich, dass der soziale Kontext nicht nur als theoretischer Einflussfaktor in Überlegungen zu geschlechtsbezogenen Nutzungsdifferenzen behandelt werden sollte. Gerade im Hinblick auf doing gender müssten differenzierte Methoden entwickelt werden, mit denen soziale Einflüsse aufgedeckt werden.

6.2.2 Geschlechtsspezifische Nutzungsdifferenzen und soziale Einflüsse

Wie eingangs erwähnt, würden Analysen zum geschlechtsspezifischen Mediennutzungsverhalten zu kurz greifen, wenn sie sich nur auf die Ermittlung von Differenzen beziehen. Vor dem Hintergrund des doing gender gilt es herauszufinden, *„[...] welche Bedeutung die Medien auf das sozial konstruierte und definierte Geschlecht haben, und wie sich die Medien in gesellschaftliche Interaktionsprozesse einklinken, in denen Genderzuschreibungen immer wieder neu erfolgen"* (Theunert 2005: 11). Vor allem in geschlechtsspezifisch konnotierten Nutzungsbereichen könnten Nutzungsdifferenzen stark von sozialen Einflüssen abhängen.

In der qualitativen Untersuchung zu PC- und Interneterfahrungen von Schülerinnen an einer katholischen Mädchenrealschule wird „Nutzungspraxis als funktionales Äquivalent für andere Handlungsmodi" (Buchen 2004: 67) definiert.[12] Die Erfahrungen der 14- bis 16-Jährigen Schülerinnen mit den „Neuen Medien" werden dabei durch Generierung von Habitusformen typisiert. Aus Sicht der befragten Mädchen verlieren Computerspiele mit zunehmendem Alter an Bedeutung: „In unserem Alter ist der PC nicht mehr zum Spielen da" (Buchen 2004: 69). Bei der Computernutzung steht vielmehr die Informationssuche für die Schule oder Textverarbeitung im Vordergrund. Buchen folgert, dass der spielerische Umgang mit dem PC nicht mehr dem Habitus junger Frauen entspricht. Funktion und Bedeutung des Mediums verändern sich somit im Altersverlauf. Die zweckrationale Nutzungspraxis der Mädchen entspricht vielmehr einem Erwachsenen-Habitus. Damit grenzen sie sich bewusst von

12 Die Studie ist Bestandteil einer breiter angelegten qualitativen Untersuchung zum Thema „PC/Interneterfahrungen und Habitusformen Jugendlicher unterschiedlicher Schulformen" (Buchen/Straub). Bislang wurden acht Gruppendiskussionen im Haupt- und Realschulbereich sowie 16 Einzelinterviews in diesen Schulformen erhoben.

der Computerspielkultur (vor allem Ego-Shooter, Online-Actionspiele), vom Kinderstatus und von der Spielbegeisterung der Jungen ab. Die Probandinnen geben zwar an, dass Computerspiele nicht mehr ihren altersgemäßen Interessen entsprechen, dennoch kennen sie die angesagten Computerspiele, verschiedene Genres und sind mit der Computerspielpraxis vertraut. Durch gemeinsame Freizeitaktivitäten mit männlichen Peers kommen sie nicht um Computerspiele herum. Sie spielen also weniger aus eigenem Antrieb oder inhaltlichem Interesse an ausgewählten Computerspielen, sondern aufgrund sozialer Motive (vgl. Buchen 2004).

In Gruppendiskussionen mit jungen berufstätigen Frauen und Männern (Yates/Littleton 2001) stellte sich heraus, dass Frauen ihre Aktivität im Hinblick auf Computerspiele unterbewerten oder mit der freundschaftlichen Beziehung zu männlichen Freunden bzw. Partnern begründen. Yates/Littleton zeigen auf, dass geschlechtsspezifische Differenzen im Umgang mit Computerspielen vor allem auf die unterschiedliche Bewertung der eigenen Aktivität zurückzuführen sind. Diese Einschätzungen seien sozial und kulturell vorgegeben. Computerspielen müsse daher als sozial konstruierte Aktivität betrachtet werden (vgl. Yates/Littleton 1999). Der Nutzungsbereich PC-Spiele könnte daher als Raum für die Konstruktion und Inszenierung von Geschlecht fungieren.

In Gruppendiskussionen mit männlichen Jugendlichen der Haupt- und Realschule (Buchen/Straub 2004) wurde hingegen festgestellt, dass diese ihre individuellen Chat-Erfahrungen bagatellisieren. Bei Nachfrage gaben sie häufig das Motiv „Leute verarschen" an. Aus den Ergebnissen mehrerer Untersuchungen geht jedoch hervor, dass Jungen und Mädchen gleichermaßen Chats zur Kontaktaufnahme nutzen. Dieses Motiv wird allerdings von den befragten Jungen nicht thematisiert. Buchen folgert, dass Chatten von Jungen geringer bewertet wird. Wie beim Nutzungsbereich PC-Spiele wird die Chatnutzung von Jungen und Mädchen unterschiedlich bewertet. Die Geschlechterdifferenz kommt also weniger durch unterschiedliche Nutzungsformen zustande, sondern durch unterschiedliche Bewertung der Chataktivität (vgl. Buchen 2004).

Der Einfluss des soziokulturellen Umfelds bei der Bewertung individueller Medienaktivitäten wird deutlich, wenn man die Aussagen der katholischen Mädchen bezüglich ihrer Chat-Erfahrung betrachtet. Sie bewerten Chatten überwiegend als spielerisch unvernünftigen Umgang mit dem PC, während gleichaltrige Mädchen in anderen Realschulmilieus angaben, in ihrer Freizeit über Chat zu kommunizieren. Für den Nutzungsbereich „Chatten" lassen sich hier milieuspezifische Unterschiede feststellen (vgl. Buchen 2004).

In sozialisationstheoretischen und jugendsoziologischen Beiträgen wird stets die besondere Bedeutung der Gleichaltrigengruppe für Jugendliche hervorgehoben. Oftmals setzt sich die Peergruppe aus gleichgeschlechtlichen Gruppenmitgliedern zusammen (vgl. Aufenanger 1994). Vor diesem Hintergrund muss der Einfluss der Peergruppe auf die Medienerfahrungen von Jugendlichen aber auch auf die Bewertung medienspezifischer Angebote ernst genommen werden (Straub 2005). In seiner qualitativen Studie zur Bedeutung computervermittelter Kommunikation für männliche Jugendliche nimmt Straub geschlechtshomogene Peergruppen in den Blick[13]. Dieses Vorgehen hat mehrere Gründe: Zum einen verbringen männliche Jugendliche einen Großteil ihrer Freizeit mit Gleichaltrigen, so dass die Peergruppe als gemeinsamer Erfahrungsraum fungiert, in dem Motive und Orientierungen für das individuelle Medienhandeln entfaltet werden. Zum anderen kann die Peergruppe als Kriterium fungieren, um Differenzen innerhalb der „Großgruppe" Männer aufzuzeigen. Jugendkulturelle Gruppierungen wie Fußballvereine, Pfadfinder oder Gametreffs können sich in ihrem Verhältnis zu Medien und der Intensität der Mediennutzung grundlegend unterscheiden. Für den Bereich der computervermittelten Kommunikation stellt Straub fest, dass jugendkulturelle Szenen Einfluss auf die Nutzungsgewohnheiten der einzelnen Gruppenmitglieder haben. Die Diskussion mit der Gruppe „Zeltlager" ergab, dass die Jungen Instant-Messenger-Dienste wie ICQ nutzen. Chatten in öffentlichen Chaträumen lehnen sie ab, weil Gespräche in öffentlichen Webchats unpersönlicher und anonymer sind. Demgegenüber ziehen sie den Austausch mit Freunden und Bekannten via ICQ vor. Die Jungen der Zeltlager-Gruppe kritisieren an Webchats die Gelegenheit, unehrlich zu kommunizieren. Straub weist an dieser Stelle darauf hin, dass die Möglichkeit, anderen Chattern die Unwahrheit zu sagen, in anderen Gruppendiskussionen gerade als besonders reizvoll erachtet wird. In der Gruppe „Zeltlager" hingegen spielen Werte wie Aufrichtigkeit und Verbindlichkeit eine große Rolle. Webchats werden daher als Bedrohung für diese Werte wahrgenommen. Insgesamt besteht in der Zeltlager-Gruppe eine skeptisch-distanzierte Haltung gegenüber medialen Kommunikationsformen. Diese Haltung bezieht auch andere Kommunikationsmedien wie Handys ein. Straub spricht von einer „Offline-Orientierung" der Gruppenmitglieder, welche aus einem „Gefühl der Fremdbestimmung" durch Medien resultiert (Straub 2005: 8).

Demgegenüber zeigen sich die Mitglieder einer schwulen Jugendgruppe offen für computervermittelte Kommunikationsformen. Durch Nutzung von Webchats sehen sie eine Chance, Kontakte zu schließen und Zugang zur schwulen Subkultur zu erlangen. Während sich für diese Jugendlichen Gemeinschaft auch virtuell konstituieren kann, sind andere befragte Gruppen wie Fußballer, Pfadfinder und die Zeltlagergruppe davon überzeugt, dass Gemeinschaft nur offline erlebt werden kann.

In Straubs Analyse wird deutlich, dass die Großgruppe „männliche Jugendliche" nicht homogen ist. Unterschiedliche Nutzungsformen sind nicht nur auf

13 Das Sample der qualitativen Studie besteht aus insgesamt 9 Gruppendiskussionen mit Jugendlichen zwischen 16 und 19 Jahren.

Geschlechtszugehörigkeit zurückzuführen. Im Hinblick auf Jugendliche sollte daher der Einfluss der Peergruppe auf Medienorientierungen und daraus resultierendes Medienhandeln nicht unterschätzt werden (vgl. Straub 2005).

6.3 Entwicklung geschlechtsspezifischer Präferenzen bei der Medienrezeption

Offenkundig haben Frauen und Männer, Mädchen und Jungen unterschiedliche Vorlieben für Medien und ihre Inhalte (vgl. Aufenanger 2000). Zur Ermittlung geschlechtsspezifischer Präferenzen hat die Fernsehforschung einen großen Teil beigetragen. Relativ eindeutig ist die geschlechtsspezifische Zuwendung zu bestimmten Genres. Während Frauen gefühlsbetonte und beziehungsorientierte Genres bevorzugen, schauen Männer lieber actionreiche Fernsehprogramme. Nach Klaus/Röser spiegeln sich in diesen Rezeptionsmustern „geschlechtsgebundene Kommunikationsstile" (Klaus/Röser 1996: 37), aufgrund derer Rezipientinnen und Rezipienten mediale Angebote als „männlich" oder „weiblich" identifizieren. Medienangebote greifen wiederum diese Kommunikationsstile auf, um die weibliche bzw. männliche Zielgruppe zu erreichen (vgl. Klaus/Röser 1996).

Die männlichen Lieblingsgenres knüpfen dabei an ein „männlich definiertes Konzept von ‚Aktion/Besonderung/Sieg'", demgegenüber steht das „weiblich definierte Konzept von ‚Interaktion/Beziehung/Gemeinschaft'" (Klaus/Röser 1996: 50). Beim weiblichen Konzept würde beispielsweise das Happy End in der erfolgreichen Herstellung von Gemeinschaft münden, während männliche Rezipienten den erfolgreichen Sieg über den anderen als gelungenes Ende bewerten würden.

Die Konstruktion von geschlechterspezifischen Rezeptionsperspektiven ist nicht unumstritten. So sprechen sich insbesondere feministische Autorinnen gegen eine Homogenisierung der weiblichen Rezeptionsweise aus, weil *„Frausein mit unterschiedlichen Lebenslagen verknüpft ist und hiermit auch unterschiedliche Lesarten von Medienangeboten verbunden sind"* (Schründer-Lenzen 2004: 561).

Die strukturanalytische Rezeptionsforschung begreift Medienrezeption als eine Form des sozialen Handelns. Charlton/Neumann-Braun konnten in Fallstudien mit Vor- und Grundschulkindern beobachten, dass diese Medieninhalte und Themen wählten, die der eigenen Lebenssituation ähnelten. Daraus lässt sich zweierlei schließen: Kinder setzen sich beim Rezeptionsprozess aktiv mit Medieninhalten auseinander. Zweitens hat die Rezeption von Medieninhalten eine große Bedeutung für die individuelle Lebensbewältigung und Identitätsbildung. Medienrezeption ist somit in einen situativen und kulturellen Kontext eingebettet (vgl. Charlton/Neumann-Braun 1990).

Wenn Medienrezeption und Identitätsbildung in engem Zusammenhang stehen, könnten die unterschiedlichen Lebenssituationen von Mädchen und Jungen eine Ursache für geschlechtsspezifische Rezeptionsgewohnheiten sein. In diesem Kontext sind Theorien zur geschlechtsspezifischen Sozialisation bedeutsam. In entwicklungsorientierten Erklärungsansätzen wird der Erwerb der Geschlechtsrolle beschrieben, welcher mit geschlechtsbezogenen Identifikationsprozessen und der Entwicklung des Selbstkonzepts einhergeht. Auf dieser theoretischen Grundlage kann einerseits die Entwicklung geschlechtsspezifischer Präferenzen im Altersverlauf untersucht werden. Andererseits können die ungleichen Identifikationsprozesse von Mädchen und Jungen unterschiedliche Rezeptionsweisen erklären.

Nachfolgend soll die Entwicklung inhaltlicher und genrebezogener Präferenzen von Mädchen und Jungen am Beispiel der Fernseh- und Radiorezeption vertieft werden.

6.3.1 Fernsehrezeption und Identitätsentwicklung

Das Fernsehen ist über alle Altersstadien hinweg das am häufigsten genutzte Medium und nimmt eine besondere Position im gesamten Medienensemble ein. Es begleitet Kinder von klein auf und wird von ihnen als unverzichtbar eingestuft (vgl. Theunert 2005). Bezüglich der Nutzungshäufigkeit und medialen Präferenz, konnten bislang keine signifikanten geschlechterspezifischen Unterschiede festgestellt werden. Entscheidende Faktoren für den Umfang des Fernsehkonsums sind das Alter und das soziale Herkunftsmilieu. Inhaltliche Präferenzen (favorisierte Sendungen, Lieblingsfiguren) sind jedoch stark abhängig vom Geschlecht. Geschlechtsspezifische Vorlieben zeigen sich besonders deutlich mit Beginn des Grundschulalters bis zum Ende der Pubertät (vgl. Theunert 2005). Da Kinder sich in ihrer Geschlechtsrollenentwicklung häufig an den Modellen in den Medien ausrichten, ist es ganz entscheidend, wie dort Geschlechtsrollen präsentiert werden (vgl. Aufenanger 2000).

In einer Untersuchung von Schorb und Theunert (1992) wurden Befragungen mit 96 Kindern zwischen acht und 13 Jahren sowie Tiefeninterviews mit sieben Kindern durchgeführt. Im Rahmen einer Programmanalyse wurde das Fernsehprogramm an einem Wochenende untersucht. Die Analyse des Fernsehprogramms ergab, dass die Angebote vor allem auf die Interessen und Bedürfnisse der Jungen abgestimmt sind. In Kindersendungen sind die Helden meist männlich. Im Hinblick auf Programmvorlieben ergab die Befragung, dass Mädchen und Jungen sich für Unterschiedliches interessieren. Während Jungen Actionserien und deren Helden bevorzugen, sind jüngere Mädchen eher Fans von Serien mit Comic-Charakter. Ältere Mädchen wenden sich dann auch Actionserien zu, rezipieren diese allerdings unter anderen Aspekten. Im Unterschied zu den Jungen, die sich an den kämpferischen Eigenschaften der

Heldenfiguren orientieren, interessieren Mädchen mehr deren prosoziale Verhaltensweisen.

In einer anderen Untersuchung von Theunert und Schorb (Schorb/Theunert 1992; Theunert 1993) zum Thema Rezeption von Zeichentrickserien wird unter anderem das Gewaltverständnis von Kindern im Alter von sieben bis elf Jahren betrachtet. Der Großteil der befragten Kinder missbilligt Gewalt in Zeichentrickfilmen. Vor allem Mädchen lehnen Gewalt ab, wobei sie zwischen Action und gewalthaltigen Handlungen differenzieren. Actionreiche Cartoons favorisieren sie solange es sich nicht um brutale Action handelt.

In der Rezeptionsstudie von Theunert/Gebel (2000) wurden inhaltliche Präferenzen von 9- bis 15-Jährigen Mädchen und Jungen in Bezug auf TV-Serien untersucht. Es werden sowohl Aneignungsstrukturen der Rezipientinnen und Rezipienten aufgezeigt, als auch eine Analyse der Genres bzw. des Programmangebots vorgenommen. Die Ergebnisse zeigen, dass geschlechtsspezifische Präferenzen in engem Zusammenhang mit den entwicklungsbedingten Aufgaben der untersuchten Altersgruppe stehen. Die befragten Mädchen bevorzugen Geschichten über das soziale Zusammenleben. Zwei Drittel schauen daher gerne Daily Soaps wie Marienhof, Gute Zeiten, Schlechte Zeiten oder Verbotene Liebe. Zu den eingefleischten Soap-Fans gehören die 12- und 13-Jährigen. Comedyserien über das Familienleben werden von ihnen zwar gerne geschaut, verlieren aber an Attraktivität je näher die Jugendphase rückt. Themen mit Ernsthaftigkeit und Realitätsnähe, wie in Daily Soaps dargestellt, gewinnen mit einsetzender Pubertät an Bedeutung. Bei den befragten Jungen steht spannende, actionreiche Unterhaltung auch während des Übergangs von der Kindheit ins Jugendalter an erster Stelle. Sie bevorzugen Action-, Mystery-, Sciencefiction- und Krimiserien. Das Interesse an einsam kämpfenden Helden nimmt allerdings mit Beginn des Jugendalters ab und das Zusammenleben in sozialen Gemeinschaften wird wichtiger. Männliche Jugendliche finden dann immer mehr Gefallen an Comedyserien rund um das Familienleben. Die meisten Comedy-Fans sind zwischen 14 und 15 Jahren.

Nach Theunert/Gebel reflektieren diese geschlechtsspezifischen Vorlieben die zeitversetzten Pubertätsphasen, in denen sich die befragten Mädchen und Jungen befinden. Mädchen interessieren sich früher für Serien, die vom partnerschaftlichen Zusammenleben und Liebesbeziehungen handeln. Jungen sind zu diesem Zeitpunkt noch auf das familiäre Miteinander fokussiert. Mit Beginn des Jugendalters zeichnet sich dann eine Angleichung der Vorlieben ab.

Das Rezeptionsverhalten, also die Zuwendung zu bestimmten Genres und Inhalten, steht daher in enger Beziehung mit der Bewältigung von Entwicklungsaufgaben. Deutungsmuster hängen vom Alter und dem jeweiligen Entwicklungsstadium ab. Für die untersuchte Altersgruppe ist die Ausformung der geschlechtlichen und sozialen Identität zentral. Die Pubertierenden setzen sich daher vornehmlich mit dem Aussehen und Verhalten der männlichen und weiblichen Seriencharaktere auseinander. Sie vergleichen die abgebildeten Frauen- und Männerbilder mit realen Vorbildern und überprüfen, inwieweit diese Vorgaben mit der eigenen Persönlichkeit zusammengehen. Im Hinblick auf die eigene Lebensplanung ist das Interesse von Mädchen und Jungen auf die dargestellten Lebenssituationen und den Umgang mit Konflikten gerichtet. Serienfavoriten wie Daily Soaps, Comedy- und Actionserien leisten daher einen wichtigen Beitrag zu den Lebensentwürfen von angehenden Jugendlichen (vgl. Theunert/Gebel 2000).

Luca (1993) untersuchte in ihrer qualitativ-empirischen Studie mit weiblichen und männlichen Jugendlichen im Alter von 16 bis 18 Jahren Rezeptionsprozesse angesichts zweier ausgewählter Psychohorrorvideos. Die Jugendlichen wurden nicht nur verbal nach ihrer Meinung zu gewalthaltigen Filmen befragt, sondern die Studie zielte darauf ab zu untersuchen, was während der Rezeption in den Köpfen und im emotionalen Erleben der Jugendlichen vorging (vgl. ebd.: 13). Die Ergebnisse geben Aufschluss über kognitive und emotionale Reaktionen auf mediale Gewaltdarstellungen dieser Altersgruppe. Während die Mädchen Erlebnisqualitäten von Machtlosigkeit und Ohnmacht angesichts medialer Gewalt ausdrückten, beschäftigten sich die Jungen mit der Filmhandlung, den Taten, den Mordwerkzeugen und der Filmdramaturgie. Die Studie zeigt deutlich, dass die geschlechtsspezifischen Klischees der ausgewählten Filme nicht nur nicht erkannt wurden, sondern dass sie sich im subjektiven Medienerleben der Jugendlichen widerspiegelten. Sie erlebten die medialen Bilder von Gewalt entsprechend ihrer Geschlechtsrolle: die Mädchen eher mit Empathie und Angstfantasien, die Jungen mit Distanz und Allmachtsfantasien (vgl. ebd.: 214 ff.).

In der Studie des IZI wird die Bedeutung von Soaps im Alltag von Kindern und Jugendlichen umfassend untersucht (Götz 2002). Im Mittelpunkt stehen qualitative Befragungen, welche mit 6- bis 19-Jährigen durchgeführt wurden.[14] Etwa ab der vierten Klasse beschäftigen sich Mädchen mit den gängigen Soaps im deutschen Fernsehen. Die Rezeption findet dabei meist im Familienkreis statt. Daily Soaps sorgen aber auch für Gesprächsstoff mit Freundinnen. Diese Anschlusskommunikation nimmt einen wichtigen Stellenwert bei der individuellen Interpretation der Handlung ein. Soaps bieten aber nicht nur Anlässe für Kommunikation und Reflexion über das eigene Selbstbild. In sensiblen Momenten der Adoleszenz fungieren sie auch als eine Art Rückzugsmöglichkeit. Sie sind wichtiger Bestandteil des individuellen „doing gender" (vgl. Götz 2002). Während der Rezeption vergleichen sich die jungen Zuschauer-

14 In dieser breit angelegten Studie wurden verschiedene Erhebungsmethoden eingesetzt. Neben der Befragung von 401 Kindern und Jugendlichen wurden geschlechtshomogene Gruppendiskussionen und Morgenkreisgespräche mit insgesamt 392 Grundschulkindern durchgeführt. Außerdem hat die Autorin alle Handlungsstränge und Hauptfiguren der deutschen Daily Soaps „Gute Zeiten, schlechte Zeiten", „Marienhof", „Schloss Einstein" und „Big Brother" medienanalytisch zusammengefasst. Zusätzlich wurden Organisatorinnen und Organisatoren von deutschen Daily-Soap-Fanclubs schriftlich befragt.

innen mit den von ihnen favorisierten Figuren. Weibliche Figuren, die dem Bild des „netten Mädchens" entsprechen, werden dabei häufiger als Lieblingsfigur genannt. Während die Figuren aus den Soaps bei Mädchen im Alter von etwa elf bis 13 Jahren eine wichtige Orientierungsfunktion erfüllen, zeigen 16- bis 19-Jährige distanziertere Aneignungsmuster (vgl. Götz 2002).

Im Rahmen der IZI-Untersuchung wurden zusätzlich sechs umfangreiche Fallstudien erstellt und ausgewertet (Winter/Neubauer 2002), die sich speziell auf die Soaps-Rezeption von Jungen beziehen. Fünf der sechs befragten Jungen bekamen über ihre Schwestern oder Mütter Zugang zu ihrer favorisierten Soap „Gute Zeiten, Schlechte Zeiten". Lediglich einer der Jungen gab Gespräche im Freundeskreis als Beweggrund an. Die Autoren kommen zu dem Ergebnis, dass Daily Soaps im Alltag der befragten Jungen eine durchgängig hohe Bedeutung einnehmen. Zum Teil wird aber das Interesse an Daily Soaps und ihre Bedeutung verdeckt. Die Bedeutungszuweisungen der Befragten sind zudem so unterschiedlich, dass die Autoren von einer „[...] segmentierten Funktionalität von Soaps für Jungen sprechen [...]" (Winter/Neubauer 2002: 320). Den jüngeren Probanden dient die Rezeptionssituation innerhalb der Familie beispielsweise als Möglichkeit, ihren Müttern nahe zu sein. Inhaltlich interessieren sich die Jungen für Handlungen, die den Übergang zum Jugendalter bzw. zu erwachsener Männlichkeit thematisieren. Bedeutend sind auch die in Soaps transportierten modernen Männerbilder bzw. die Lebenslagen junger Männer.

Es gibt unterschiedliche Aneignungsmuster von Jungen und Mädchen: Soaps bieten für Mädchen und Jungen gleichermaßen Gelegenheiten der Identifikation und Distanzierung. Bei der Analyse betonten fünf der Jungen stärker die Distanzseite und gehen kaum auf Identifikationsmöglichkeiten ein. Winter/Neubauer vermuten unterschiedliche Aneignungsmuster bei Mädchen und Jungen. Während sich Jungen mit Soaps durch „Hyperdistanzierung" auseinandersetzen, ist bei Mädchen eine „Hyperidentifikation" zu beobachten. Selbst wenn sich die Jungen für eine der männlichen Soap-Figuren interessieren, findet keine umfassende Identifikation statt. Sie zählen vielmehr Eigenschaften auf, die sie an der betreffenden Figur gut finden, möchten aber insgesamt nicht so sein (vgl. Winter/Neubauer 2002).

6.3.2 Radionutzung – Entwicklung musikalischer Präferenzen

In einer qualitativen Untersuchung zu Radionutzung und musikalischen Präferenzen wurden Gruppendiskussionen und Einzelinterviews mit Kindern und Jugendlichen zwischen neun und 16 Jahren durchgeführt (Hartung 2004). Die Analyse bezieht sich dabei auf geschlechtsspezifische und auf altersbedingte Unterschiede in der Radionutzung. Hartung skizziert die Entwicklung musikalischer Präferenzen von Mädchen und Jungen im Altersverlauf und berücksichtigt dabei unterschiedliche Stadien der Pubertät.

Die Jüngsten der Untersuchungsgruppe im Alter von neun bis elf hören vorwiegend im Familienkreis Radio. Dabei wird die Auswahl des Radiosenders von den Eltern bestimmt. Das Musikangebot steht in diesem Alter nicht im Mittelpunkt, da die Kinder noch keine persönlichen Musikpräferenzen entwickelt haben. Sie benennen zwar Lieblingstitel, können diese jedoch noch keinem Genre zuordnen.

Für die Elf- bis Zwölfjährigen ist das Radio bereits eine wichtige Orientierungshilfe hinsichtlich der Rezeption und Bewertung von Musik. Sie hören zwar noch die Radiosender der Eltern, wenden sich aber zunehmend Radiosendern zu, die eine junge Zielgruppe ansprechen. Verstärkt wird diese Zuwendung durch Jugendmagazine wie Bravo, in denen unter anderem über musikalische Trends und Musikgruppen berichtet wird. Musik wird nun als Möglichkeit wahrgenommen, sich von Erwachsenen abzugrenzen. Eine Zuordnung der gehörten Musik in bestimmte Genres gelingt ihnen noch nicht. Wesentlich ist die Aktualität von Musik.

Im Alter zwischen zwölf und 15 Jahren nutzen Mädchen und Jungen das Radio zunehmend selbstbestimmt und hören überwiegend jugendorientierte Radiosender. Während die befragten Mädchen dieser Altersstufe angaben, eher Mainstream zu hören, fühlen sich Jungen bereits zu speziellen Musikgenres hingezogen. Für die Jungen in diesem Alterstadium scheint es wichtig, sich von den Mädchen abzugrenzen. Sie empfinden sanfte, gefühlsbetonte Musik als weiblich und präferieren „harte Musik“ (Hartung 2004: 26). Die Schwärmerei für männliche Popstars und das Nacheifern beliebter Sängerinnen seitens der Mädchen können Jungen nicht nachvollziehen. Programmelemente wie Werbung oder Nachrichten empfinden beide Geschlechter als störend, denn es geht ihnen nur um die Musik.

Im Verlauf der jugendlichen Individualisierung nimmt die Rezeption von Musik eine wichtige Bedeutung ein. Mit der Entscheidung für eine bestimmte Musikrichtung ist oftmals auch die Zugehörigkeit zu einer entsprechenden Jugendszene verbunden. Hartung weist darauf hin, dass die quantitativ größten Jugendszenen durch gemeinsame Vorliebe eines Musikstils begründet sind (Hip-Hop-Szene, Technoszene). Zwischen 15 und 16 beginnen Jugendliche ihre musikalischen Vorlieben zu differenzieren und ihr Bedürfnis nach individueller Musikauswahl wächst. Sie distanzieren sich zunehmend vom Musikangebot der Radiosender, weil sie es als einseitig empfinden und wenden sich verstärkt anderen Hörmedien wie Musik-CDs zu. Das Radio hat nun keine „musikalische Leitfunktion“ (Hartung 2004: 30) mehr, sondern wird überwiegend als „Klangtapete“ (Hartung 2004: 28) im Alltag genutzt. Allerdings geben auch in diesem Altersstadium Mädchen an, sich am Mainstream-Angebot zu orientieren, während sich Jungen stärker in speziellen Genres wiederfinden (vgl. Hartung 2004).

7 Geschlechterspezifische Kompetenzen im Umgang mit Medien

In den vorangegangenen Kapiteln wurden unterschiedliche Nutzungsformen, Erfahrungen und Interessen von Mädchen und Jungen im Umgang mit Medien dargestellt. Nachfolgend soll es um die medienspezifischen Kenntnisse und Fähigkeiten der Nutzerinnen und Nutzer gehen. Bislang gibt es nur wenige Studien, in denen verschiedene Ausprägungen der Medienkompetenz analysiert werden. Schwerpunkt vieler Untersuchungen ist die Beschäftigung mit den „neuen Medien" Computer und Internet. Medienkompetenz wird dabei häufig an technischen Kenntnissen festgemacht. Diese einseitige Betrachtungsweise wird vielfach kritisiert, weil andere Dimensionen der Medienkompetenz nicht hinreichend erfasst werden.

Andererseits wird häufig darauf hingewiesen, dass mit der Lesekompetenz kognitive Fähigkeiten erworben werden, die grundlegend für die Nutzung aller Medien sind (vgl. Haug 2005). Lesekompetenz könnte somit ein wichtiger Einflussfaktor für die weitere Entwicklung der Medienkompetenz sein.

In den Bereichen Computer/Internet und Lesen zeichnen sich zudem geschlechterspezifische Kompetenzen ab. Während Jungen technisch die Nase vorn haben, sind Mädchen bessere Leserinnen. Inwieweit sich diese Aussagen empirisch bestätigen lassen, und welche Folgen daraus für die kompetente Mediennutzung im Alltag abgeleitet werden können, soll im Folgenden thematisiert werden.

Abschließend werden die Ergebnisse der Bielefelder Medienkompetenz-Studie dargestellt, in der medienbezogene Fähigkeiten von Jugendlichen in Anlehnung an Baackes Dimensionen differenziert untersucht werden. Die Analyse bezieht sich dabei auf den Umgang mit verschiedenen Medien.

7.1.1 Computer- und Internetkompetenz

In den KIM- und JIM-Studien wurden unter anderem die technischen Kompetenzen von Kinder und Jugendlichen mittels Selbsteinschätzung erfragt. Die Befragten gaben an, wie gut sie die Bedienungsoptionen verschiedener Medien wie Handy, Videorecorder oder Computer beherrschen: Die Altersgruppe der 6- bis 13-Jährigen hat am meisten Erfahrungen im Umgang mit dem Handy. Etwa die Hälfte weiß, wie SMS verschickt werden.

Bei computer- und internetbezogenen Tätigkeiten fühlen sich die Befragten weniger kompetent: Während ein Drittel angab, neue Computerprogramme installieren zu können, haben lediglich 15 % erfolgreich Dateiverzeichnisse angelegt. Des Weiteren fühlen sich 14 % kompetent, wenn es um die selbstständige Anmeldung im Chat geht. 13 % der Befragten können CD-ROMs brennen und 12 % haben schon mal Dateien aus dem Internet heruntergeladen. Jungen trauen sich bei allen Tätigkeiten mehr zu als Mädchen. Die größte Differenz bezieht sich auf die Programmierung des Videorecorders (Jungen 36 %, Mädchen 21 %). Bei den Internet-Tätigkeiten sinkt die Differenz der Mädchen zu den Jungen auf 5 %. Mit zunehmendem Alter steigt insgesamt die Zuversicht in ihre technischen Kompetenzen (vgl. KIM 2005).

Wie bei der KIM- und JIM-Befragung werden geschlechtsspezifische Kompetenzunterschiede oftmals an den Faktoren Zugangshäufigkeit oder der erfolgreichen Nutzung von bestimmten Diensten festgemacht. Was den Zugang zu den Medien Computer und Internet betrifft, lassen sich jedoch zunehmend weniger Unterschiede feststellen. Schelhowe plädiert für eine differenziertere Betrachtungsweise: *„Nicht an der Quantität, sondern in der Qualität des Zugangs zu den Digitalen Medien, […] wird sich zeigen, wie sich das Verhältnis der Geschlechter in der schulischen Bildung und darüber hinaus in den Prozessen gesellschaftlicher Praxis entwickelt“* (Schelhowe 2003: 2). Die Kommission der American Association of University Women Educational Foundation betont, dass im Informationszeitalter Gleichberechtigung nicht daran gemessen werden kann, wie viele Mädchen E-Mails versenden, das Internet nutzen oder Power-Point-Präsentationen erstellen. Bei der Computerkompetenz ginge es nicht um die instrumentelle Beherrschung von Maschinen bzw. von deren Grundfunktionen, sondern um ein tiefer gehendes Verständnis etwa über Funktionsweisen von Netzwerken und um eigeninitiatives Handeln (vgl. American Association of University Women Educational Foundation 2000).[15]

Bezüglich der Forschungslage zur geschlechterspezifischen Internetnutzung und -kompetenz bemängelt Winker zum einen die Vielzahl an geschlechterpolarisierenden Studien, und zum anderen die oberflächliche Betrachtung auf

15 In diesem Zusammenhang werden die vom National Research Council ausgearbeiteten qualitativen Merkmale der Computerbeherrschung zugrunde gelegt: „unde rstand information technology broadly enough to apply it at work and in their everyday lives; continually adapt to changes in technology and improvise solutions when systems do not act in anticipated ways; apply insights about technology across domains and problems; understand basic concepts of programming and human-computer interfaces; interpret and understand information available through computer technology; define complex problems and imagine ways that information technology might contribute to the solution; think about information technology abstractly; and communicate effectively to others about it“ (S. 20).

die Nutzungsweisen (vgl. Winker 2004). Nach Hargittai (2002) lassen sich Unterschiede in der Internetnutzung unterteilen in *Zugangsdifferenzen* „Digital Divide“ und *Nutzungsdifferenzen* „Second-Level-Digital-Divide“. Letztere beziehen sich auf Nutzungspräferenzen bzw. die Nicht-Nutzung bestimmter Internetdienste und -angebote. Für die Untersuchung von Nutzungsgewohnheiten hat Winker in Anlehnung an DiMaggio/Hargittai (2001) ein Modell mit drei Dimensionen der Internetnutzung entwickelt: *Nutzungsautonomie, Medienkompetenz und Nutzungsvielfalt.* Diese Dimensionen werden von weiteren Faktoren beeinflusst. Nutzungsautonomie hängt von den technischen Voraussetzungen (Ausstattung) und den örtlichen bzw. zeitlichen Bedingungen der Internetnutzung ab. Medienkompetenz von den individuellen Fähigkeiten der Nutzerinnen und Nutzer, aber auch von der Fähigkeit, sich bedarfsgerecht soziale Unterstützung zu verschaffen. Die Nutzungsvielfalt wird beeinflusst von den Interessen der Nutzerinnen und Nutzer und diesbezüglich auch vom verfügbaren Angebot, z. B. Spieleangebot (vgl. Winker 2004). Mit diesem Untersuchungsrahmen können geschlechterspezifische Ungleichheiten auf den verschiedenen Ebenen der Internetnutzung dargestellt werden. Nach Winker muss bei der Internetnutzung Technikkompetenz von Medienkompetenz unterschieden werden. Technische Kompetenz ist für die Nutzung der Internetdienste nicht unbedingt erforderlich. Sollten bei der Anwendung Systemfehler auftauchen, seien technische Kenntnisse sicherlich hilfreich, aber nicht notwendig. Hargittai verweist diesbezüglich auf „social support networks“, die bei Nutzungsproblemen unterstützend wirken. Mit sozialer Unterstützung lassen sich nicht nur technische Defizite ausgleichen, sondern auch neue Nutzungsbereiche erschließen. Die Verfügbarkeit eines sozialen Netzwerks, also die Kenntnisse und Kompetenzen von Freunden, Bekannten und der Familie, ist daher ein wichtiger Einflussfaktor für die weitere Entwicklung individueller Nutzungsweisen (vgl. Hargittai 2003). In einer Untersuchung zur Telearbeit konnte Winker herausstellen, dass Frauen bei technischen Problemen häufiger soziale Unterstützung organisieren (vgl. Winker 2001).

In einer Untersuchung des Kompetenzzentrums Informelle Bildung (KIB) an der Fakultät für Pädagogik der Universität Bielefeld zu Nutzungsweisen und informellen Aneignungsstrukturen von jugendlichen Internetusern (Otto et al. 2005) wurden ca. 50 qualitative Interviews[16] mit Jugendlichen im Alter

---

16 Das KIB entwickelte hierzu eine neue Interview-Methode: das „Surf-Interview“. Die Jugendlichen wurden während des Surfens interviewt und konnten in einer ersten Phase frei surfen oder kommunizieren. In diesem ersten Schritt sollen das alltägliche Surfverhalten und die Nutzungsgewohnheiten (z. B. Lieblingsseiten) erfasst werden. In der aufgabenbasierten Phase wurde die Recherchefähigkeit (Informationssuche), das Navigationsverhalten auf unbekannten Seiten und das Erschließen von neuen Kommunikationsräumen getestet. Die Interviewer befragten die Teilnehmerinnen und Teilnehmer konkret zu ihrem Handeln. Dabei hielten sie auch Diskrepanzen zwischen dem beobachteten Surfverhalten und der Selbstbeschreibung fest. Zusätzlich wurden die Interviews mit einem Tonband aufgezeichnet (vgl. Otto et al. 2005).

von 14 bis 23 durchgeführt. Thematischer Ausgangspunkt der Analyse ist das Phänomen der sozialen Ungleichheit im Bereich der neuen Medien, welches nach Hargittai/DiMaggio (2001) auch mit dem Begriff „Digital Inequality" umschrieben wird. Bei Auswahl der Untersuchungsteilnehmerinnen und -teilnehmer wurden daher unterschiedliche soziodemographische Herkunftsmilieus berücksichtigt, wobei ein Großteil der Untersuchungsgruppe aus Jugendlichen mit formal niedrigem Bildungsniveau bestand. Es waren auch überdurchschnittlich viele Jugendliche mit Migrationshintergrund vertreten. Außerdem verfügten die jugendlichen Probanden über eher kurze Interneterfahrung und hatten überwiegend keinen privaten Zugang zum Internet.

Bezüglich der Internetnutzung konnten verschiedene Kriterien ausfindig gemacht werden, die sich mehr oder weniger auf die individuelle Nutzung auswirken. Ein wichtiges Ergebnis ist, dass der „Grad der Versiertheit" und „Erfahrung in der technischen Nutzung" (Otto et al. 2005: 18) nicht zwangsläufig zu einer reflexiven Nutzung führen. Technisches Know-how repräsentiert nur einen Teil von Medienkompetenz und hat nur wenig Einfluss auf die Entwicklung und Förderung der anderen Dimensionen wie Reflexionsfähigkeit, kommunikative Kompetenzen und soziale Interaktion (vgl. Otto et al. 2005).

„Peerstrukturen und soziale Netzwerke" spielen wiederum eine große Rolle bei der informellen Erschließung der Internetdienste. Ein gut ausgebautes Netzwerk kann für die individuelle Nutzung förderlich sein. Im Hinblick auf ihre Ergebnisse verweisen die Autoren auf die kapitaltheoretische Annahme (vgl. Bourdieu) und bestätigen, dass „[...] Peerstrukturen aus formal höher Gebildeten eine stärkere gegenseitige informative Unterstützung bei Problemen in der Nutzung (z. B. auch als Anregung, einen Kurs zu besuchen) offerieren als bei formal niedriger Gebildeten" (Otto et al. 2005: 14). Ohne hilfreiche Unterstützung besteht die Gefahr, bei auftretenden Nutzungsproblemen oder Misserfolg aufzugeben, und unverständliche Dienste nicht mehr zu nutzen.

Im Vergleich zeigten die Befragten mit formal höherem Bildungsniveau eine größere Nutzungsvielfalt, während solche mit formal niedrigem Bildungsniveau vor allem Chatangebote nutzen. Beispielsweise waren darunter Jugendliche mit einer Interneterfahrung von ein bis zwei Jahren, die nur ein Chatangebot nutzen und keine oder kaum andere Websites kennen. Die Autoren charakterisieren das Surfverhalten der Jugendlichen mit formal niedrigerem Bildungsniveau als „Instant"-Nutzung, da die Befragten angaben, beim Chatten keine Anmeldung vorzunehmen und überwiegend keine E-Mail-Adresse zu haben. Die Gruppe der formal höher Gebildeten konnte sich neue Online-Bereiche überwiegend selbstgesteuert aneignen. Sie beteiligen sich häufiger durch Meinungsäußerungen oder durch Nutzung der Feedback-Funktion. Bei den formal höher Gebildeten zeichnet sich somit ein reflexives Nutzungsverhalten ab.

Während die Nutzungsdifferenzen auf der Bildungsebene sehr deutlich sind, konnten zwischen den weiblichen und männlichen Befragten keine signifikanten Nutzungsdifferenzen festgestellt werden. Geschlechterspezifische Unterschiede sind jedoch an den Aussagen zu qualitativ „guten Internetseiten“ erkennbar. Für weibliche Jugendliche ist einfache Bedienbarkeit und ansprechende Gestaltung wichtig. Bei der Gestaltung sollten sich Internetseiten den eigenen Interessen entsprechend anpassen lassen. So sollten eigene Fotos und Texte integrierbar sein. Für die männlichen Jugendlichen hingegen ist die einfache Handhabung von Internetangeboten ein eher unwichtiges Qualitätskriterium (vgl. Otto et al. 2005).

Die unterschiedlichen Aussagen zur Bedienbarkeit könnten auch ein Indikator für Schwierigkeiten im Umgang mit dem Computer sein. In der Untersuchung der Nielsen Norman Group wurde die Internetkompetenz von Kindern und Jugendlichen mit Blick auf die Website-Usability analysiert (Nielsen 2002).[17] In Bezug auf das Surfverhalten der Sechs- bis Zwölfjährigen konnte beobachtet werden, dass sich eindeutig mehr Mädchen an Internetangeboten mit mangelhafter Anleitung stören (76 % der Mädchen, 33 % der Jungen). Eine denkbare Erklärung könnte das unterschiedliche Vorgehen beim Erschließen von Inhalten sein. Feil/Decker/Gieger beobachteten Mädchen und Jungen beim Computerspielen und stellten methodische Differenzen fest: Während Jungen eher das Trial-and-Error-Verfahren anwenden, gehen Mädchen systematisch vor (vgl. Feil/Decker/Gieger 2004). Möglicherweise trifft dieses Verhalten auch beim Surfen im Internet zu.

Die Ergebnisse der Nielsen Norman Group bringen einen weiteren Unterschied hervor: Jungen beschweren sich häufiger, wenn Internetseiten textlastig gestaltet sind (40 % der Jungen, 8 % der Mädchen). Nielsen begründet dies mit der Annahme, dass Mädchen dieser Altersgruppe einen Vorsprung in der Lesekompetenz haben und ihnen wortreiche Websites daher keinerlei Probleme bereiten. Eine eher schwache Internetkompetenz attestiert Nielsen der jugendlichen Testgruppe: *„Teens' poor performance is caused by three factors: insufficient reading skills, less sophisticated research strategies, and a dramatically lower patience level“* (Nielsen 2005). Sowohl bei den beobachteten Kindern als auch bei den Jugendlichen ist Lesefähigkeit ein entscheidender Einflussfaktor für den kompetenten Umgang mit Internetangeboten.

Welche Zusammenhänge zwischen Medienkompetenz und Lesekompetenz bestehen soll nachfolgend vertieft werden.

---

17 Die jüngere Testgruppe setzte sich aus 55 Kindern zusammen. Davon leben 39 in den USA und 16 in Israel. Das Surfverhalten der Sechs- bis Zwölfjährigen wurde mittels teilnehmender Beobachtung festgehalten. Zusätzlich wurden die Kinder aufgefordert, laut zu denken. In einer weiteren Studie wurden 38 Jugendliche im Alter von 13 bis 17 zunächst aufgefordert, ausgewählte Websites zu besuchen. Dazu wurden ihnen Aufgaben gestellt. In einem weiteren Schritt sollten die jugendlichen Probanden frei surfen und ihre Lieblingsseiten vorstellen. Abschließend wurden in Interviews ihre Surfgewohnheiten im Alltag erfragt.

7.1.2 Lesekompetenz als Voraussetzung von Medienkompetenz

Als zentrale Kulturtechnik beinhaltet Lesekompetenz „[…] grundlegende kognitive Fähigkeiten, die für den Umgang mit allen Medien wichtig sind" (Haug 2005: o. S.). Lesefähigkeit kann daher als Basisqualifikation betrachtet werden, die entscheidend für die weitere Entwicklung der Medienkompetenz ist.

Bereits in den 1980er Jahren verwiesen Bonfadelli/Saxer auf den Zusammenhang von Lesehäufigkeit und Medienkompetenz. In ihrer Studie verglichen sie Jugendliche, die im Alltag häufig fernsehen mit solchen die regelmäßig lesen. In einem Test wurden den zwei Gruppen Informationssendungen gezeigt (Nachrichten, Magazine). Anschließend sollten die jugendlichen Probanden die Inhalte wiedergeben. Dabei zeigte sich, dass die geübten Leserinnen und Leser wesentlich mehr Informationen behalten haben. Im Gegensatz zu den Vielsehern konnten sie den Sendungen komplexe Informationen entnehmen und diese besser strukturieren (vgl. Bonfadelli/Saxer 1986). Warum hat jedoch die Leser-Gruppe trotz geringem Fernsehkonsum bessere Ergebnisse erzielt? Saxer begründet: *„[…] weil sie es gewohnt sind, den im Vergleich zum Zeigemedium Fernsehen immer relativ abstrakten Schrifttext durch eigene Kombinationen und Schlüsse zu ergänzen, statt einfach in die Bilderflut einzutauchen"* (Saxer 1991: 100).

Im Kontext der internationalen Leistungsvergleichuntersuchung PISA wurde der Zusammenhang von Lesekompetenz und Medienkompetenz vermehrt aufgegriffen, wobei der Begriff „Lesekompetenz" verbunden mit der Forderung nach einer gezielten Leseförderung stärker in den Vordergrund trat. Haug fasst die Diskussion um Medien- und Lesekompetenz folgendermaßen zusammen: *„Die bevorzugte Behandlung der Lesekompetenz in Bildungszusammenhängen geschieht aus Sicht vieler Leseforschungs-Experten vollkommen zu Recht, da zahlreiche aktuelle Untersuchungen nahe legen, dass der bessere Leser auch immer der bessere Mediennutzer sei"* (Haug 2005: o. S.).

Die PISA-Ergebnisse wurden aber vor allem aus geschlechtsspezifischer Sicht diskutiert. Nachfolgend sollen die Kompetenzunterschiede von Mädchen und Jungen im Bereich Lesen vertieft werden.

Geschlechtsspezifische Lesekompetenz

Die PISA-Studie gibt Aufschluss über den unterschiedlichen Kompetenzerwerb von Schülerinnen und Schülern im mathematisch-naturwissenschaftlichen und sprachlichen Bereich. Im Hinblick auf geschlechtsspezifische Differenzen interpretieren Stanat/Kunter die Ergebnisse wie folgt: *„Die größten und konsistentesten Geschlechterunterschiede sind im Bereich Lesen zu beobachten. In allen PISA-Teilnehmerstaaten erreichen die Mädchen im Lesen signifikant höhere Testwerte als die Jungen."* (Deutsches PISA-Konsortium 2001: 253). Bei PISA bedeutet Lesekompetenz mehr als „lesen können". Insgesamt werden drei

Dimensionen der Lesekompetenz unterschieden, die den Umgang mit Texten auf verschiedenen Anforderungsniveaus darstellen: *„Informationen ermitteln“*, *„textbezogenes Interpretieren“* und *„Reflektieren und Bewerten“* (Deutsches PISA-Konsortium 2001: 89). Es zeigte sich, dass die Geschlechterdifferenz beim Ermitteln von Informationen am geringsten und beim Reflektieren und Bewerten von Textinhalten am größten ausfällt. Der Kompetenzvorsprung der Mädchen wächst also mit steigendem Anspruch an die textbezogenen Fähigkeiten.

In der PISA-Studie wurden neben literarischen und informativen Textsorten vor allem nicht-lineare Texte wie Grafiken, Tabellen und Diagramme berücksichtigt, denn auf diese stoßen Kinder und Jugendliche im Alltag sehr häufig. Hierdurch gelingt es, die veränderte mediale Realität (z. B. Lesen in Hypertextstrukturen) und die daraus folgenden Anforderungen an die Lesefähigkeit zu erfassen (vgl. Haug 2005). Bei den 15-Jährigen zeigte sich unter Beachtung der verschiedenen Textsorten, dass Mädchen im Umgang mit literarischen bzw. kontinuierlichen Texten deutlich besser abschneiden. Die Differenz zu den Jungen sinkt jedoch erheblich bei diskontinuierlichen Texten (Tabellen, Diagramme, Karten). Teilweise konnten die Jungen hier, wenn auch nicht signifikant, eine bessere Leseleistung zeigen (vgl. Deutsches PISA-Konsortium 2001). Es sind jedoch nicht nur Textsorten oder Textstrukturen, die einen erheblichen Einfluss auf die Lesefähigkeit haben. Das Leseverständnis ist auch abhängig vom Medium (vgl. Grütz 2004).

Im Rahmen der Schweizer Studie „Literalität im medialen Umfeld“ (Bertschi-Kaufmann/Kassis/Sieber 1999) wurden 202 Kinder im Alter von acht bis zwölf (Klasse 2 bis 5) über einen Zeitraum von 18 Monaten beobachtet. Dazu wurden in 20 Schulklassen der Primarschule und der Sekundarstufe I multimediale Anlagen eingerichtet, die einen freien Zugang zu einer Auswahl an gedruckten Büchern, interactive books auf CD-ROMs und zum Internet ermöglichen. Während des gesamten Untersuchungszeitraums führten die Probanden Lesetagebücher. Diese sollen zum einen dokumentieren, wie die Schülerinnen und Schüler das Medienangebot genutzt haben. Zum anderen spiegeln die Tagebucheinträge die Leseinteressen der Probanden wider. In den Einträgen finden sich oftmals Bewertungen und Kommentare zu den literarischen Vorgaben. Bei der Auswertung wurden die Tagebücher mit den Lesetagbüchern aus einer früheren Studie verglichen. In der vorangegangenen Untersuchung wurden den Schülern ausschließlich gedruckte Bücher zur Verfügung gestellt. Bezüglich der Leseaktivität von Mädchen und Jungen konnte festgestellt werden, dass geschlechtsspezifische Differenzen sinken, wenn die Schüler zwischen Buch- und Bildschirmlektüren auswählen können. Während die Leseaktivität der Jungen in traditioneller Buchumgebung weit hinter den Mädchen liegt, nähert sich die Leseaktivität von Mädchen und Jungen in multimedialer Umgebung an. Vor allem die Jungen aus der Primarschule, also die

Leseanfänger, bevorzugen multimediale Geschichten auf CD-ROM oder bildunterstützte Printmedien (z. B. Comics). Bertschi-Kaufmann schlussfolgert: *„Die Gelegenheit, Leseerfahrungen auch am Bildschirm zu sammeln, stärkt und stabilisiert also vor allem die Lesetätigkeit der Jungen, während Mädchen den PC weniger eindeutig für ihre Leseentwicklung verwerten, seine Möglichkeiten bei der Beschäftigung mit literarischen Versionen aber durchaus auch erkunden"* (Bertschi-Kaufmann 2000: 3). Das starke Interesse der Jungen an Bildschirmtexten ist daher ein relevanter Faktor für die Leseaktivität und müsste etwa im Unterricht stärker beachtet werden. Dieses Interesse bleibt jedoch weitgehend unberücksichtigt (vgl. Grütz 2004). Im Rahmen der IGLU-Studie wird dieser Aspekt ebenfalls problematisiert: *„Auf die Frage, inwieweit der Leseunterricht durch den Mangel in verschiedenen Bereichen negativ beeinflusst wird, nennen die Schulleiter an erster Stelle fehlende Computerfachleute (für 69 % der Schüler wird hier ein Mangel erlebt), an zweiter Stelle den Mangel an Computerprogrammen (5 %) und an dritter Stelle den Mangel an Computern für Unterrichtszwecke (44 %). Erst mit großem Abstand folgen Bücher in der Bibliothek (25 %), audiovisuelle Mittel (22 %) und Lehrpersonal (20 %)"* (Bos et al. 2003: 36–38).

Eine geschlechtsbewusste Lesekompetenzförderung müsste die unterschiedlichen Präferenzen von Mädchen und Jungen hinsichtlich der Kommunikationsmodi Schrift und Bild einbeziehen. Dies sei aber bislang vernachlässigt worden (vgl. Haug 2005).

Zudem stellt sich die Frage, ob und wie sich die geschlechterspezifischen Kompetenzunterschiede beim Lesen auf den Umgang mit anderen Medien auswirken. Geht man von dem allgemeinen Zusammenhang von Lesekompetenz und Medienkompetenz aus, könnte man schlussfolgern, dass Mädchen als bessere Leserinnen auch die kompetenteren Mediennutzerinnen seien. Bislang gibt es dazu keine empirische Untersuchung.

In den Studien PISA und IGLU wurde Lesekompetenz auf der Grundlage entsprechender Modelle analysiert, somit konnten Kompetenzunterschiede in verschiedenen Dimensionen aufgezeigt werden. Obwohl in der Vergangenheit mehrere Medienkompetenzmodelle ausgearbeitet wurden, sind die unterschiedlichen Ausprägungen von Medienkompetenz bislang nur vereinzelt empirisch überprüft worden. Kompetentes Medienhandeln wird vielmehr an der Nutzungsebene festgemacht. In der Untersuchung von Treumann et al. wurde mittels quantitativer Clusteranalyse und qualitativer Interviews das Medienhandeln von Jugendlichen im Alter von zwölf bis 20 analysiert.[18] Den theoretischen Ausgangspunkt bildet das Medienkompetenzmodell von Baacke. Zur Operationalisierung des Medienhandelns werden daher die Hauptdimensionen Me-

18 Die Stichprobe der quantitativen Analyse betrug n = 1.662. Leitfadenorientierte Interviews wurden mit mindestens fünf Jugendlichen aus jedem Cluster durchgeführt.

dienkritik, Medienkunde, Mediennutzung und Mediengestaltung inklusive Unterdimensionen zugrunde gelegt. Somit lassen sich inhaltlich voneinander unterscheidbare Teilbereiche von Medienkompetenz rekonstruieren (vgl. Treumann et al. 2003). Insgesamt wurden 32 Hauptkomponenten der jugendlichen Mediennutzung ermittelt. Folgende Cluster repräsentieren typische Formen des Medienhandelns (vgl. Treumann et al. 2003):

- Bildungsorientierte (20,4 %)
- Positionslose (20,3 %)
- Kommunikationsorientierte (ca. 18–19 %)
- Konsumorientierte (ca. 17–18 %)
- Allrounder (12 %)
- Deprivierte (7,8 %)
- Gestalter (ca. 3–4 %)

Die *Bildungsorientierten* machen 20,4 % der Untersuchungsstichprobe aus, dicht gefolgt von den *Positionslosen* mit 20,3 %. Bezeichnend für die *Bildungsorientierten* (20,4 %) ist ihre Präferenz für Printmedien. Die Nutzung audiovisueller Medien liegt vergleichsweise unter dem Durchschnitt. Im Gegensatz zu den anderen Clustern verfügen die Bildungsorientierten über fundiertes literarisches Wissen. Innerhalb der Untersuchungsgruppe sind es vor allem Mädchen mit formal höherem Bildungsniveau, die das Cluster *Bildungsorientierte* repräsentieren.

An zweiter Stelle stehen die *Positionslosen,* die überwiegend audiovisuelle Medien nutzen. Demgegenüber werden Printmedien von ihnen unterdurchschnittlich genutzt. Was die Mediennutzung betrifft, kontrastieren sich daher Bildungsorientierte und Positionslose. In Bezug auf die Dimensionen Medienkunde und Medienkritik zeichnet sich die Gruppe der Positionslosen durch mangelhafte Kenntnisse der informativen Medienkunde und eine unkritische Haltung aus. Die Autoren vermuten hier einen Alterseffekt, da vor allem Jüngere dieses Cluster repräsentieren. Im Vergleich zu den anderen Clustern sind auch häufiger Jugendliche mit formal niedrigerem Bildungsniveau sowie männliche Probanden vertreten.

Die Cluster *Kommunikationsorientierte* (ca. 15–18 %) und *Konsumorientierte* (ca. 15–17 %) differieren in den Dimensionen Mediennutzung, Mediengestaltung und instrumentelle sowie informative Medienkunde. Die meist älteren, weiblichen, formal höher gebildeten Kommunikationsorientierten interessieren sich für Musik und Infotainment und nutzen vermehrt entsprechende Angebote. Im Umgang mit computervermittelten Kommunikationsangeboten spiegelt sich ihre kommunikative Orientierung. Unterdurchschnittliche Kenntnisse weisen sie im Bereich Medienkunde auf. Kommunikationsorientierte eignen sich Wissen (z. B. über das Mediensystem) nicht langfristig an, sondern erschließen es je nach Bedarf über soziale Netzwerke. Zu den *Konsumorientierten* gehören vorwiegend ältere, männliche Jugendliche. Bei ihrer Mediennutzung steht der Unterhaltungsaspekt an erster Stelle, wobei sie sich überwiegend den Neuen Medien zuwenden. Die gesamte Bandbreite an Nutzungsmöglichkeiten schöpfen sie dabei nicht aus. Computer und Internet werden weniger zur Gestaltung oder Informationsrecherche genutzt. Vielmehr steht das Spieleangebot im Vordergrund. Während Konsumorientierte in ihrem literarischen Bildungswissen unter dem Durchschnitt liegen, kennen sie sich mit sachlichen Zusammenhängen des Mediensystems gut aus.

Die größten Gegensätze bestehen bei den Clustern *Allrounder* (12 %) und *Deprivierte (7,8 %)*. Während die Deprivierten in nahezu allen Bereichen des Medienhandelns erhebliche Defizite aufweisen, triumphieren die Allrounder als überdurchschnittliche Mediennutzer. In beiden Gruppen sind männliche Jugendliche in der Überzahl. Allrounder und Deprivierte unterscheiden sich auch kaum bezüglich ihres soziodemographischen Hintergrunds. Die Autoren schlussfolgern, dass es vielfältige Einflussfaktoren auf das Medienhandeln Jugendlicher gibt, die über geschlechtsspezifische und bildungsspezifische Differenzen hinausgehen. Zudem relativieren sie die öffentliche Auffassung, dass Jugendliche per se kompetente, aufgeschlossene Mediennutzer seien. Insgesamt kommen sie zum Ergebnis, dass *„[...] Nutzung Neuer Medien keineswegs heißt, diese in ihrem vielfältigen Angebot zu durchschauen, sich Wissen über Strukturen und Funktionsweisen anzueignen und Medien den eigenen Zwecken gemäß einsetzen zu können.“* (Treumann et al. 2003: 24) Die Analyse der einzelnen Clustertypen zeigt, dass die jugendlichen Probanden innerhalb der Medienkompetenzdimensionen stark differieren, so dass es kaum Sinn macht, von einer Generation jugendlicher Mediennutzer zu sprechen.

8 Recherche zu Projekten geschlechtsspezifischer Medienkompetenzförderung

Die aktive Recherche von geschlechtersensiblen medienpädagogischen Angeboten wurde in zwei Phasen untergliedert: eine Vorrecherche (Abschnitt 8.1) und eine Hauptrecherche (Abschnitt 8.2). Aufbauend auf den Erkenntnissen der Vor- und Hauptrecherche wurde ein verändertes Setting für die Verzahnung von Recherche und Interviewphase mit Expertinnen und Experten medienpädagogischer Praxis entworfen (Abschnitt 9). Auf diese Weise konnte ein angemessenes Bild der konzeptionellen Überlegungen, die hinter der praktischen Arbeit stehen, gewonnen werden, das eine bloße Projektrecherche nicht erreicht hätte.

8.1 Die Vorrecherche

Die Vorrecherche zielte darauf ab, einen schnellen ersten Überblick über das Feld geschlechtersensibler medienpädagogischer Praxis zu gewinnen. Ebenfalls sollte getestet werden, ob die entworfenen Recherchewege und die Art der Erfassung der Projekte und Projektkonzeptionen ein angemessenes Widerspiegeln des Feldes ermöglichen würden oder ob Veränderungen an der Recherche vorgenommen werden müssten.

Die Zielvorgabe für die Vorrecherche war,

- zu 20 bis 30 Medienprojekten Informationsmappen, so genannte „Folder“ vorzulegen, die ein ausgefülltes Formblatt („Titelblatt“), einen partiellen Ausdruck der Internetpräsentation, gültige Kontaktdaten und eine Einschätzung der Bedeutung und der Gender-Aspekte des jeweiligen Projekts enthalten,
- einen Projekt Pool anzulegen,
- mögliche „Knackpunkte“ der Recherche zu identifizieren
- einen ersten Eindruck zum Spektrum der Projektangebote geben zu können, d. h. anzugeben, welche Projektangebote und -strukturen häufig aufzufinden sind.

Recherchiert wurde in einer Art Schneeballsystem, größtenteils mittels Internetsuchmaschinen und bereits bekannter Datenbanken, nach medienpädagogischen Projekten, die in irgendeiner Form eine Bezugnahme auf Geschlechtsspezifik, Gender, Monoedukation oder Genderthemen sowie nach geschlechterspezifi-

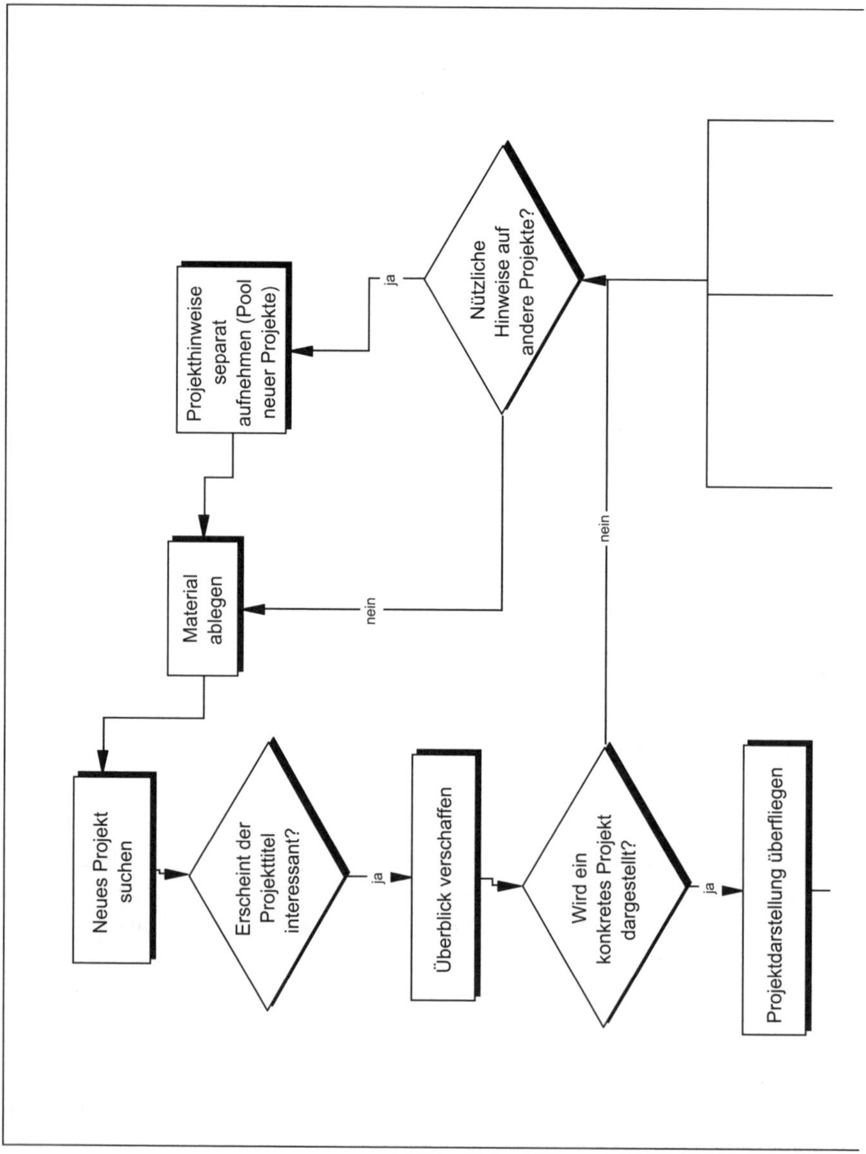

schen Bildungsangeboten, die einen Medieneinsatz erkennen ließen. Ergänzend wurde eigenes Wissen eingebracht und aktiv Kontakt zu Expertinnen und Experten der Thematik gesucht (bspw. auf einschlägigen Tagungen) und den hier vorgebrachten Hinweisen nachgegangen. Sämtliche Hinweise auf Projekte

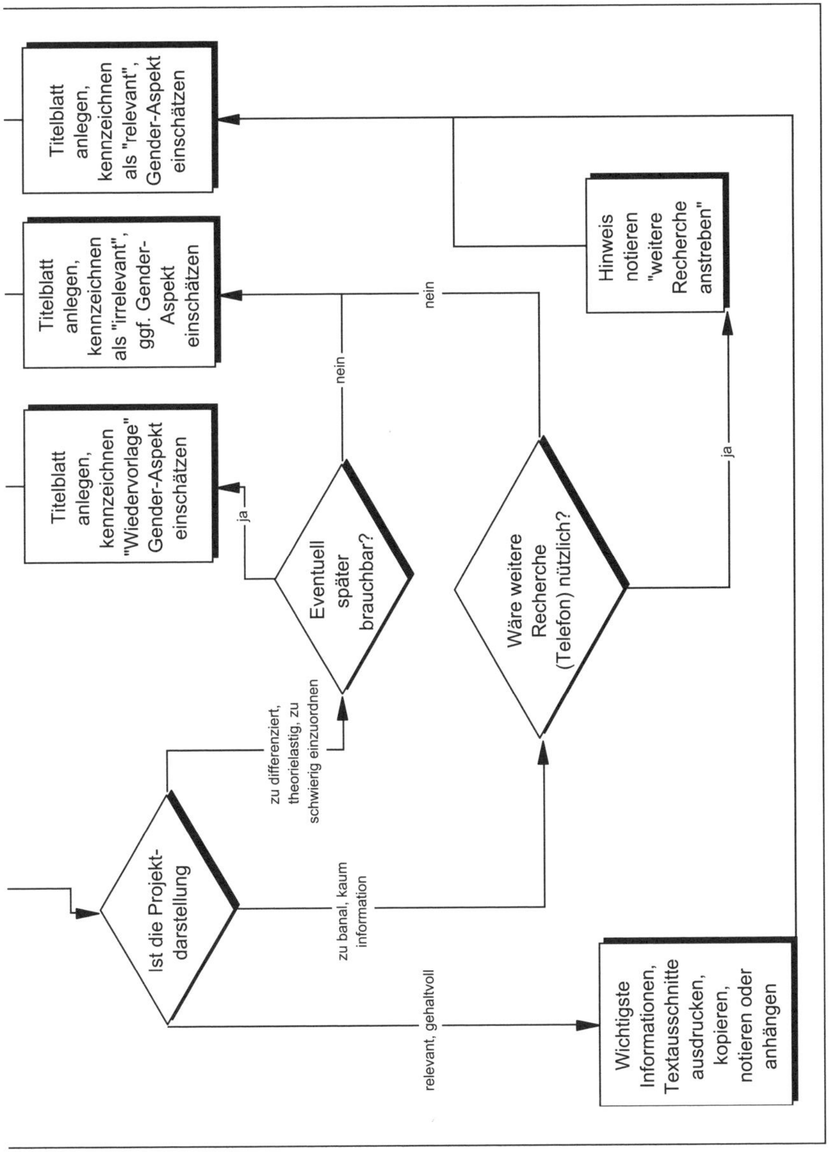

Abbildung 1: Ablaufschema für die erste Recherchephase (20 bis 30 Projekte, keine Datenmaske)

wurden – ohne direkte Prüfung – in einem so genannten „Pool neuer Projekte“ gesammelt.

Zur Handlungsorientierung und zur Vermeidung einer zeitintensiven Analyse in dieser ersten Phase, wurde ein Ablaufschema als ***Flussdiagramm*** (siehe Abb. 1) entwickelt.

Die Aufmerksamkeit wurde in dieser Auswahlphase der Vorrecherche zunächst auf den Projekttitel gerichtet. Die leicht zugänglichen Darstellungen bzw. Beschreibungen der Projekte wurden gesichtet. Projekte, die nach diesem ersten Eindruck in irgendeiner Weise relevant für unsere Thematik schienen, wurden durch die Anlage eines ersten Formblattes, dem so genannten ***„Titelblatt“***, (siehe Anhang) schriftlich registriert.

Festgehalten wurde in diesem „Formblatt“ u. a. ob und an welchem Punkt ein Aspekt der Gender-Sensitivität erkennbar ist: z. B. in der Einschränkung der Zielgruppe durch ein monoedukatives Angebot oder in der Zielsetzung des Projekts (z. B. Geschlechtsstereotype auflösen). Ebenso wurde eingeschätzt wie hoch die Relevanz des Projektes für unsere Recherche ist. Die Güte der herangezogenen Informationsquelle, auf deren Basis diese Entscheidungen getroffen wurden, wurde im Sinne der Transparenz und zur Orientierung bei weiteren Rechercheschritten dokumentiert, ebenso wie die Kontaktdaten geprüft wurden. Wenn die Quelle der Projektdarstellung viele Informationen beinhaltete und das Projekt als relevant eingestuft wurde, wurden bereits während der Vorrecherche genauere Informationen auf einem zweiten Formblatt, dem so genannten ***„Datenblatt“*** (siehe Anhang) festgehalten. Ergänzend wurden Ausdrucke der Internetdarstellungen oder Flyer angeheftet.

Ein drittes Formblatt ***„Genderaspekt im Detail“*** (siehe Anhang) wurde in der Vorrecherchephase nicht systematisch eingesetzt, stattdessen wurden auf dem „Datenblatt“ oder „Titelblatt“ entsprechende Informationen handschriftlich notiert.

Am Ende der Phase Vorrecherche lagen – wie angestrebt – zu 31 Projekten Projektfolder vor. Die Vorrecherche konnte insofern erfolgreich abgeschlossen werden und die Instrumente hatten sich weitgehend bewährt. In dieser Vorrecherche wurden bereits erste Hinweise gewonnen, die durch eine kurze und vorläufige Auswertung der dokumentierten Projekte als Zwischenergebnisse systematisiert und schriftlich festgehalten wurden. Diese Zwischenergebnisse werden hier kurz präsentiert.

Insgesamt wurden von den 31 Projekten der Vorrecherche zwei als „sehr relevant“, neun als „relevant“ und zwölf als „gering/irrelevant“ eingeschätzt. Acht Projekte konnten nicht eingeschätzt werden und erhielten die Notiz „unklar/Wiedervorlage“. Einen „starken“ Genderbezug wiesen 18 der recherchierten 31 Projekte auf, ein Projekt wies „gewisse Aspekte“ auf, elf Projekte keine oder marginale Gender-Aspekte. In einem Fall blieb der Gender-Aspekt unklar.

Am Ende der Vorrecherche konnten wir eine Reihe von Erkenntnissen festhalten. Es fiel auf, dass

- sich der Genderaspekt in den Projektbeschreibungen oft nur auf die Zielgruppeneinschränkung beschränkt, d. h. es gab Angebote „nur für Mädchen“, selten „nur für Jungen“,
- im Internet vorrangig dauerhafte bzw. regelmäßige medienpädagogische Angebote zu finden sind und weniger Projekte (und wir von daher überlegen mussten, ob wir nur zeitbegrenzte Projekte oder auch traditionelle Angebote untersuchen),
- Medienprojekte für Jungen wenig zu finden sind,
- sehr selten solche Projekte dokumentiert sind, die einer kritischen Analyse des Mediums selbst, die einer Analyse von Medieninhalten oder zur Reflexion eines Themas (z. B. Geschlechterhierarchien) dienen,
- das Medium Computer bzw. das Internet vorrangige Themen sind,
- es oft um Berufsvorbereitung geht bzw. darum, bei Mädchen Interesse für technische Berufe zu wecken, was eine gewisse Themeneinseitigkeit mit sich bringt.

Die Vorrecherche hat darüber hinaus verdeutlicht, dass die Anzahl der im Internet dokumentierten medienpädagogischen Angebote – nicht der geschlechtersensiblen medienpädagogischen Angebote – enorm ist und dass es schwierig ist, angesichts der verschiedenen Plattformen, die bereits Projekthinweise sammeln und vernetzen, in begrenzter Zeit einen angemessenen Überblick zu erhalten. Geschlechterspezifische Projekte sind demgegenüber weitaus schwieriger zu recherchieren, es lassen sich aber durchaus Angebote und Anbieter finden.

Als das zentrale Problem stellte sich – neben einer thematischen und medialen Einseitigkeit – heraus, dass sich zwar medienpädagogische Projekte für Mädchen oder Jungen durch die gewählte Rechercheart recherchieren lassen, dass aber die entsprechenden Konzepte, die hinter der konkreten geschlechtersensiblen medienpädagogischen Arbeit stehen, auf diese Weise nicht zugänglich sind. Konzeptionelle Überlegungen waren entweder nicht oder nur sehr marginal öffentlich dokumentiert.

Auf der Basis dieser Erkenntnisse wurde beschlossen, die Hauptrecherche auf eine veränderte Weise durchzuführen. Ebenfalls wurde entschieden, das geplante Ineinandergreifen der Projektrecherche und der Experteninterviews zu überdenken und neu auszurichten.

8.2 Die Hauptrecherche: Gezielte Recherche auf der Basis eines kategorisierenden Rahmens

Das Ziel der Hauptrecherche war es, durch eine stärker fokussierte Vorgehensweise, die Vielzahl unterschiedlicher Projektangebote abzubilden und zu dokumentieren. Die Hauptrecherche sollte dadurch davor „geschützt" werden, immer wieder ähnliche Projektangebote aufzunehmen. Ein orientierendes Raster möglicher medienpädagogischer Angebote wurde erstellt, das hinsichtlich des Medieneinsatzes Bücher, Videofilme, Fotografie, Radio, Computer und Multimedia berücksichtigte aber auch zwischen Funktionalität und Inhaltlichkeit unterschied. Dieses Raster („Tableau") ermöglichte es, gezielt nach „Lücken" im Feld und bislang unberücksichtigten medienpädagogischen Projektangeboten planvoll zu suchen. Vergleichbar ist ein solches Vorgehen mit einem thematischen oder theoretischen Sampling, das um ein breites Abbild des Spektrums bemüht ist. Als Zielgröße galt es, das Raster möglichst umfassend mit 50 verschiedenen Projektangeboten zu füllen. Eine Einschränkung ergab sich aus der Entscheidung, nur Projekte und Projektkonzepte zu berücksichtigen, die in der Zeit vom 1. Januar 2004 bis zum 30. November 2005 realisiert wurden. Die bereits in der Vorrecherche genutzten Formblätter (siehe Anhang) wurden zur Dokumentation der Projekte weiterhin herangezogen.

Raster der Hauptrecherche (Mehrfachnennungen möglich):

Projekte, die oft benannte geschlechtsspezifische Kompetenzdefizite/Nutzungsdefizite kompensieren wollen:
- Leseförderung für Jungen
- Technikförderung für Mädchen
- monoeduaktiver Informatikunterricht/-bildung

Filmprojekte:
- Film-Produktion: Video, DVD
- Kurzfilm mit Kindern, ggf. Festival
- Manipulationstechniken im Film

A: nutzungs- und produktorientierte Computer-Projekte:
- Computer-Nutzung
- Internet-Nutzung
- Internet-Gestaltung: Homepage, Online-Magazin erstellen
- CD-ROM erstellen
- digitale Fotoerstellung und -bearbeitung
- Computerecke im Kindergarten
- Software für Kinder (Vorschul- und Grundschulbereich)

B: sozial- und interaktionsorientierte Computer-Projekte:
- Computerspiele
- Chat- und Selbstdarstellungsräume

Audio-Projekte:
- Musik-Produktion: CD, MP3
- Radio
- Handy-Projekte
- Handy, SMS
- Klingeltöne

Text-Projekte:
- „Papier“: Zeitung, Buch, Druck
- Lesen – Bilderbücher

Schreibprojekte

Thematischer Fokus

Geschlechter: Auseinandersetzung mit „Geschlecht“ (Medieninhalte im Zentrum), sowie dessen Konstruktion in Medien

Manipulationsmöglichkeiten und Perspektivität in Medienprodukten (Filmanalyse, Manipulation/Perspektivität, politische Bildung)

Sonstige

Projekte in Kindergarten oder Vorschule

Grundschulprojekte

Die Hauptrecherche erfasste neben den inhaltlichen Kategorien (siehe Anhang) auch eine Zuordnung der Projekte nach Geschlecht und Alter:
- geschlechtsheterogene Gruppen: 6–9 Jahre, 10–13 Jahre, 14–17 Jahre, 17 Jahre und älter
- geschlechtshomogene Gruppen, nur Jungen: 6–9 Jahre, 10–13 Jahre, 14–17 Jahre, 17 Jahre und älter
- geschlechtshomogene Gruppen, nur Mädchen: 6–9 Jahre, 10–13 Jahre, 14–17 Jahre, 17 Jahre und älter

Innerhalb des Projekttableaus kam es zu Schwerpunktsetzungen, da keineswegs davon auszugehen war, dass sämtliche Felder gefüllt werden können. Später sollte – so war die Entscheidung – aus dem Kategorienraster eine noch engere und begründete Auswahl von Expertinnen und Experten erfolgen, die näher zu dem jeweiligen Projektkonzept befragt würden. Nur dies würde es ermöglichen, wirklich relevante Informationen über die Projektkonzeptionen zu erhalten. Die ursprüngliche Zahl der Expertengespräche wurde dazu mehr als verdoppelt (siehe unten). Um dies zu ermöglichen, ohne den Gesamtarbeitsrahmen auszuweiten, wurde die Hauptrecherche – inklusive der vorrecherchierten Projekte – auf insgesamt 50 Projekte begrenzt.

Die Hauptrecherche zeigte, dass im Einzelfall Schwierigkeiten auftraten, wenn etwa die vorrecherchierten Projekte oder neue Projekte punktgenau im Tableau zugeordnet werden sollten. Es mussten häufig Mehrfachzuordnungen vorgenommen werden. Weiter stellte sich bei der präzisen Recherche heraus, dass eine größere Zahl unklarer Angaben in Projektdarstellungen vorfindbar war oder dass bspw. andere Alterseinteilungen erfolgten, als wir zugrunde gelegt hatten. Diese Probleme waren durch eine flexible Umgangsform handhabbar.

Schwerer wog das Problem, dass gerade die Vielzahl scheinbar relevanter Medienprojekte es erschwerte, die fehlenden geschlechtersensiblen medienpädagogischen Angebote zu finden. Gerade zur inhaltlichen Thematisierung von Geschlechterthematiken in Medien fehlen Angebotsdokumentationen. Andererseits weisen viele interessant und innovativ wirkende medienpädagogische Projekte (z. B. zum Medium „Handy“ und zur alternativen Gestaltung entsprechender Klingeltöne) oftmals keinerlei Geschlechtersensibilität in ihren Darstellungen aus.

In der Hauptrecherche wurden nun verstärkt Informationen aus Tagungsbänden, Forschungszusammenhängen und persönlichen Kontakten herangezogen. Einbezogen wurden auch Projekte aus Österreich, der Schweiz und den Niederlanden. Obwohl zwischenzeitlich bis zu 61 Projekte aufgenommen wurden, konnten nach intensiverer Überprüfung nur 45 Angebote als geschlechtersensible medienpädagogische Projekte in die Datenbank aufgenommen werden. Sie sind im Anhang alphabetisch dokumentiert:

Als Erkenntnisse aus der Hauptrecherche lassen sich übergreifend folgende Trends identifizieren. Tendenziell nicht dokumentiert oder über die gängigen Wege kaum zu recherchieren sind Projekte,

- die sich geschlechtersensibel an die Produktion oder Auswertung von Kurzfilmen mit Kindern wagen,
- die Manipulationstechniken im Film thematisieren (obwohl zu vermuten ist, dass dies indirekter Bestandteil in Filmprojekten ist),
- geschlechtersensible Arbeit am Computer im Kinderalter anbieten, etwa im Bereich Software für Vorschul- und Grundschulbereich,
- die die thematische Frage untersuchen, wie Geschlecht in den Medien konstruiert wird (obwohl zu vermuten ist, dass dies ein indirekter Bestandteil in verschiedenen Medienprojekten ist).

Ebenso sind in den Bereichen schulische und vorschulische Projekte sowie Textprojekte nur sehr wenige Medienprojekte zu finden. Projekte mit geschlechtsspezifischen Aspekten sind noch seltener zu finden. Ähnliches zeigte sich auch bei der Recherche von Handy-Projekten. Es wurden zwar mehrere Angebote gefunden, die aber keinen Bezug auf Geschlecht aufweisen.

Auffällig war darüber hinaus, dass
- es kaum Medienprojekte für Jungen gibt; wenn es welche gibt, dann fast ausschließlich mit den Medien Radio oder Video, z. B. fehlen Projekte zur Technikförderung für Jungen,
- viele Projekte sich vorrangig an Mädchen bzw. Jungen ab 12 Jahren wenden,
- das Internet war zwar anfangs eine ergiebige Quelle darstellte, sich aber immer stärker als beschränkte Möglichkeit der Recherche herausstellte (weshalb dort meist Projekte gefunden werden, die eine Internetpräsenz zum Ziel haben),
- eine inhaltliche Auseinandersetzung mit dem Thema Medien in öffentlich zugänglichen Projektdarstellung kaum vorkommt,
- eher, aber dennoch wenig, eine inhaltliche Ausrichtung der Projekte auf die Auseinandersetzung mit der Kategorie Geschlecht festzustellen ist,
- es an Projekten mangelt, die sich explizit kritisch mit Geschlechterdarstellung in den Medien auseinandersetzen.

Inwieweit entsprechende Ansätze und Aspekte sich implizit in den Angebotsdarstellungen verstecken, aber (unsichtbar) konzeptionell berücksichtigt sind, wird im Rahmen der Interviews mit Expertinnen und Experten überprüft.

9 Ergebnisse der Interviews mit Expertinnen und Experten

von Petra Grell

Um die unüberwindbaren Defizite der bloßen Recherche von Projekten zu kompensieren, gerade was die konzeptionelle Ebene der geschlechtersensiblen medienpädagogischen Angebote betrifft, wurde die Zahl der Expertinnen- und Expertengespräche mehr als verdoppelt. Die ursprüngliche Planung sah – zur Ergänzung der Rechercheergebnisse – sechs bis acht Interviews vor. Die vorliegende Untersuchung dreht die Gewichtung der Anteile um. Die Gespräche mit den Expertinnen und Experten stehen nun im Mittelpunkt, da nur sie Auskunft über die Konzepte zulassen. Um eine hohe Informationsdichte zu gewährleisten, wurde in der neuerlichen Planung angestrebt, 14 bis 16 Interviews zu führen. Dies war realistischer Weise nur durch Telefoninterviews umzusetzen. Die Auswahl der Expertinnen und Experten erfolgte in zwei Wellen anhand des oben erwähnten Tableaus. 17 Interviews wurden geführt und dokumentiert.

Durch die Veränderung der Gewichtung von Projektrecherche und Interviews konnte eine Vielzahl von relevanten Informationen über das Feld geschlechtersensibler medienpädagogischer Angebote gewonnen werden.

Wir haben 17 Interviews mit Expertinnen und Experten geschlechtersensibler medienpädagogischer Arbeit führen dürfen. Unsere Expertinnen und Experten stammen aus unterschiedlichen Bereichen, teils führen sie selbst Projekte durch, teils leiten sie Einrichtungen in denen Projekte durchgeführt werden, teils haben sie Projekte wissenschaftlich begleitet oder ausgewertet. Auch die Projekte, auf die sie sich beziehen, unterscheiden sich erheblich: kleine, zeitlich und regional begrenzte Angebote für einige wenige Kinder oder Jugendliche stehen neben großen, teils bundesweiten Angeboten mit über tausend beteiligten Kindern oder Jugendlichen. Andere Angebote richten sich an die Multiplikatorinnen. Diese Mischung war und ist uns wichtig, denn medienpädagogische Arbeit findet in all diesen Facetten statt. Und in all diesen Erscheinungsformen medienpädagogischer Arbeit werden spezifische Erfahrungen mit Konzepten gesammelt, die als relevant einzuschätzen sind.

Wir haben unsere Expertinnen und Experten gebeten, die ursprünglich erstellten Protokolle der im Durchschnitt halbstündigen Interviews zu autorisieren. Auf der Basis dieser Protokolle haben wir unsere Auswertung vorgenommen. Das heißt, wir haben die Aussagen in spezifischer Weise gebündelt und konzeptionell verdichtet. Die hier präsentierten Darstellungen können also keineswegs einen vollständigen Einblick in die meist weitaus komplexere Arbeit vor Ort geben. Sollten bei der Zusammenfassung inhaltliche Schieflagen entstanden sein, so sind diese uns und nicht den Interviewpartnerinnen und Interviewpartnern anzulasten.

9.1 „Jungs ran an die Bücher." Leseförderung für Jungen[19]

Zu dem Bereich geschlechtersensibler Angebote zur Lesekompetenz, hier konkretisiert als Leseförderung für Jungen, konnten wir ein Interview mit **Ulrike Buchmann** von der Akademie für Leseförderung an der Gottfried Wilhelm Leibniz Bibliothek in Hannover führen. Wir sprachen über das Multiplikatoren-Projekt „Jungs ran an die Bücher". Unser Bemühen in dieser Darstellung ist, die im Interview genannten Erkenntnisse und Erfahrungen pointiert zu bündeln. Dadurch können wir nur einige der vielschichtigen Facetten des Angebots widerspiegeln.

Angeboten werden im Rahmen des Projekts „Jungs ran an die Bücher" Multiplikatorenschulungen in Form von Seminaren und Vorträgen für Lehrkräfte, Erzieherinnen, Eltern, Bibliothekarinnen und Lehramtsstudierende. Ziel ist, eine Sensibilität für geschlechtliche Unterschiede in der Leseentwicklung zu schaffen.

9.1.1 Fokussierung der Ausgangslage: Jungen haben es schwerer, Lesekompetenz zu entwickeln

Es herrscht zu wenig Aufmerksamkeit für die geschlechterspezifischen Differenzen im Leseverhalten. Obwohl es in verschiedenen Schulen oder Kindertagesstätten bereits Bemühungen zur Leseförderung gibt, wird der geschlechtsspezifische Aspekt meistens nicht wahrgenommen. Jungen sind in diesem Fall die Leidtragenden dieser Situation. Ihre Defizite im Lesen lassen sich auf zwei benachteiligende Aspekte zurückführen:

„Einer der Gründe, warum Jungen nicht so gerne lesen, scheint zu sein, dass Jungen hauptsächlich mit weiblichen Erziehungspersonen konfrontiert sind, und diese weib-

19 Projekt Nr. 20, siehe Anhang S. 234

lichen Erziehungspersonen haben natürlich ihren eigenen Geschmack und ihre eigenen Vorstellungen und reflektieren selten, dass kleine Jungen vielleicht ganz andere Interessen haben." (U. B.)

Die „Verweiblichung der Pädagogik", so Ulrike Buchmann, führt – sofern sie nicht von den Pädagoginnen reflektiert wird – dazu, dass Jungen ausgegrenzt werden, indem die sie interessierenden Themen nicht adäquat aufgenommen werden. Lesekompetenz-Defizite hängen darüber hinaus, laut der Erkenntnisse von Frau Buchmann, auch mit den neurobiologischen Voraussetzungen im Gehirn zusammen.

„Es scheint in der Verarbeitung sprachlich vermittelter Informationen tatsächlich Unterschiede zu geben, durch die Jungen benachteiligt sind – auch beim Lesenlernen. Zum anderen unterscheidet sich auch das Leseverhalten sehr deutlich. Deshalb müssen für Jungen und Mädchen unterschiedliche Lese-Angebote gemacht werden." (U. B.)

Jungen treffen mit ihrem Lesebedürfnis also auf verschiedene Schwierigkeiten: es fällt ihnen durch die physiologischen Voraussetzungen schwerer, Lesekompetenz zu erreichen, und sie treffen oft auf Pädagoginnen, die zum einen nicht über die geschlechterspezifischen Differenzen aufgeklärt sind und die sich zum anderen für thematische Interessen der Jungen selten begeistern können.

9.1.2 Der konzeptionelle Ansatz: Aufklärung der Pädagoginnen und Anregung geschlechterdifferenter Angebote

Um Jungen die für viele schulische Bereiche wichtige Lesekompetenz zu vermitteln, bedarf es einer konzertierten Anstrengung. Eine systematische Aufklärung der Pädagoginnen und Pädagogen nimmt dabei eine vorrangige Stellung ein. Im Umgang mit den Jungen ist es darüber hinaus wichtig, stets beide Aspekte, die Lesekompetenz und die Lesemotivation, im Auge zu behalten. Die Verknüpfung von einzelnen Angeboten und Initiativen zu einem pädagogischen Gesamtarrangement ist wichtig.

Aufklärung von Pädagoginnen

Das Nachdenken und Infragestellen des selbstverständlichen, geschlechterunspezifischen pädagogischen Handelns ist ein Dreh- und Angelpunkt der konzeptionellen Arbeit. Den Pädagoginnen müssen keine Handlungsschemata verkauft, sondern substanzielle Kenntnisse vermittelt werden, die es ihnen ermöglichen, die Voraussetzungen und die Praxis von Jungen und Mädchen im Umgang mit dem Lesen differenziert wahrzunehmen, und von dort aus ihren Blick selbstkritisch auf ihre eigene Handlungspraxis zu werfen.

„Es ändert sich im Unterricht und im Umgang mit den Kindern und Jugendlichen nichts, wenn sich nicht Haltungen und Einstellungen ändern. Deswegen muss man erst

Bereitschaft dafür erzeugen, über diese Dinge nachzudenken, und dann kommt der nächste Schritt: die Dinge, die man erkannt hat, in die Tat umzusetzen." (U. B.)

Lehrkräfte machen durchaus die Erfahrung, dass es einen „Leseknick" gibt und dass Jungen sich vom Lesen abwenden, aber warum die Jungen die Lust am Lesen so rapide verlieren, bleibt unverstanden. Ohne ein Verstehen der Zusammenhänge bleibt das pädagogische Handeln aber ineffektiv. Die Pädagoginnen und Pädagogen werden über die Hintergründe aufgeklärt und ihnen wird eine Verstehensfolie angeboten, die das Handeln der Jungen verstehbar macht. Durch diese Erkenntnisse, dass die Bedürfnisse der Jungen durch die derzeitige Praxis ignoriert werden, kann die Grundlage für eine neue, geschlechtersensible Praxis entstehen.

Unterstützende Materialien anbieten

Unterstützt wird diese Aufklärungsarbeit von Multiplikatorinnen durch verschiedene Handlungshilfen. Zum einen gibt es Materialien und Vorschläge, welche Art von Lektüre von Jungen geschätzt wird – zum Beispiel in Form von Literaturlisten mit Leseempfehlungen. Zum anderen gibt es konkrete Anregungen und Materialien, um Aktionen zur Förderung der Lesemotivation für Jungen durchzuführen.

Zur Verknüpfung von Kompetenz und Motivation

Für die direkte Arbeit mit Jungen ist es wichtig, dass Lesekompetenz und Lesemotivation zusammen betrachtet werden. Kinder, deren Lesekompetenz gering ist, lesen auch nicht gerne. Folglich besteht die Gefahr, dass sie eigenständig ihre Lesekompetenz nicht verbessern werden. Insofern sei es gerade für diese Kinder wichtig, Leseangebote zu schaffen, die ihr Interesse am Lesen wecken.

„Man muss zusehen, dass die leseschwachen Jungen Möglichkeiten erhalten, ihre Lesekompetenz so zu steigern, dass es ihnen irgendwann Spaß macht zu lesen. Dafür ist eine sehr differenzierte Diagnostik erforderlich, und es sind auch spezielle Fördermaßnahmen nötig. Es gibt immer diese beiden Aspekte zu fördern, einerseits die Lesekompetenz, denn wer nicht gut liest, liest auch nicht gern, und andererseits die Lesemotivation, denn wer kein Interesse hat zu lesen, der wird es auch nicht gern lernen wollen." (U. B.)

Gelingt es, das Interesse der Jungen zu wecken, so lässt sich auch deren Lesekompetenz entwickeln.

„Das ist der positive Aspekt: Wenn man die Lesemotivation der Jungen nachhaltig fördern kann, dann kann man auch ihre Leseleistung deutlich steigern." (U. B.)

Das Eingehen auf die Lust am zu lesenden Inhalt ist so wichtig, weil Lesekompetenz nur durch Lesen, also durch regelmäßiges Üben erlangt werden kann. Das Interesse am Gegenstand und nicht Druck oder eine abstrakte Verheißung, später vielleicht einmal gut lesen zu können, kann zur Motivation für die Jungen werden, ihre schwierigere Ausgangssituation zu bewältigen.

Systematisierung von Angeboten

Die Systematisierung der Leseförderung für Jungen ist eine groß angelegte Aufgabe. Entsprechend müssen gravierende Eingriffe in das schulische Bildungssystem erfolgen. Dieses Zukunftsziel ist derzeit noch nicht erreicht, entspricht aber dem Ansatz der Arbeit.

„Es hat keinen Zweck, wenn man nur vereinzelte Events oder Aktionen macht, sondern man muss Leseförderung systematisch machen. Und nach unserer Meinung geht das nur, wenn man im Schulprogramm ein Lesecurriculum verankert und das immer wieder in der Art eines Spiralcurriculums durch alle Jahrgänge laufen lässt." (U. B.)

Angestrebt wird ein universelles Gesamtkonzept und Gesamtcurriculum für alle Schulen, alle Jahrgänge und alle Fächer, das die geschlechtsspezifischen Aspekte entscheidend berücksichtigt. Entsprechend zielt die Arbeit weitergehend darauf ab, die bestehenden Angebote und Konzepte stärker miteinander zu vernetzen. Der beschriebene Idealzustand sieht wie folgt aus:

„Wir möchten, dass das Kind von der Wiege bis zur Bahre sozusagen von einem Lesekonzept begleitet wird. Das heißt, dass man versucht, alle Institutionen dafür zu begeistern, etwas für die Leseförderung zu tun. Im Bereich der Schulen wäre es dieses Lesecurriculum, aber es müssten genauso Kindertagesstätten und Bibliotheken ein schlüssiges, systematisches Konzept entwickeln und dieses Konzept müsste mit den Konzepten der übrigen Einrichtungen verzahnt sein. Das wäre der Idealzustand." (U. B.)

9.1.3 Positive Erfahrungen und Grenzen: Aha-Effekte

Der Aha-Effekt bei den Multiplikatorinnen

Erfahrungen wurden mit dem Konzept der Lesekompetenzförderung für Jungen in verschiedener Hinsicht gemacht. Zum einen ist festzustellen, dass in der pädagogischen Praxis noch wenig Sensibilität für die geschlechterspezifischen Differenzen vorherrscht. Dadurch kommt es zu teilweise bizarr anmutenden Positionen. In einem Beispiel wird geschildert, wie auf eine ganz massive Weise die thematischen und inhaltlichen Interessen von Jungen entwertet werden:

„Ich habe in Schulungen von Grundschullehrerinnen gehört: ‚Das tue ich mir nicht an, dass ich mir die Sachen ansehe, die kleine Jungen sich in ihrer Freizeit ansehen oder womit die sich beschäftigen. Denn das interessiert mich nun wirklich nicht'. Worauf ich geantwortet habe: ‚Das sollte Sie aber interessieren, wenn Sie möchten, dass diese kleinen Jungen anfangen zu lesen. Denn sie werden nur dann gerne etwas lesen, wenn sie sich dafür interessieren. Und dafür brauchen Sie Kenntnisse darüber, womit die Jungen sich beschäftigen.'" (U. B.)

Andererseits ist deutlich wahrzunehmen, dass eine Reihe von Pädagoginnen sehr wohl in der Lage und willens ist, die Problematik der gegenwärtigen Situation zu erfassen und entsprechendes Veränderungspotenzial zu entfalten. Neben dem individuellen Handlungspotenzial werden dann auch institutionelle Vorgaben kritisch reflektiert.

„Ich habe auf den Fortbildungen vielfach festgestellt, dass vor allem die weiblichen Lehrkräfte plötzlich angefangen haben darüber nachzudenken, dass sie diesen Aspekt bisher noch nicht beachtet haben. Und es gab gewisse Aha-Erlebnisse, auch in Bezug auf die Frage, ob der Literaturunterricht in der Grundschule nicht ganz anders gestaltet sein müsste, um Jungen anzusprechen und zum Lesen zu bringen.“ (U. B.)

Es gelingt durch die Aufklärungsarbeit, Pädagoginnen für die bestehende Problematik zu sensibilisieren. Der Prozess über den Aha-Effekt hinaus braucht Zeit, gerade weil er auf Reflexion und selbstkritische Betrachtung der eigenen Handlungspraxis der Pädagoginnen setzt. Langfristige Erfolge verspricht dieses Konzept aber gerade, weil es auf die Sensibilisierung und Qualifizierung des Personals setzt.

Rückgespiegelte Praxiserfahrungen

Lehrerinnen spiegeln wiederholt zurück, dass der Einsatz jungenrelevanter Themen und die Arbeit im Medienverbund mit unterschiedlichen Textsorten geeignet sind, um Jungen für das Lesen zu gewinnen. Der Widerwillen gegen das Lesen verschwinde und die Jungen beschäftigten sich um der Sache willen mit Texten. Hier zeigt sich, dass das Konzept vorteilhaft in die pädagogische Praxis hineinwirkt.

Föderalismus behindert Systematisierung

Die Vorstellung eines Lese-Gesamtcurriculums scheitert notwendigerweise an der unumgänglichen Kulturhoheit der Länder. Dies wird als wenig vorteilhaft eingeschätzt; die Neu-Entwicklung von Konzepten in jedem Bundesland erscheint als Verschwendung von Ressourcen. Daran könne man aber wohl nicht vorbei.

„Es ist ja nun leider nicht so wie in Österreich, dass ein Erlass geschrieben wird und alle Lehrkräfte bestimmte Dinge zur Leseförderung tun und nachweisen müssen, sondern wir haben den Föderalismus und die Kulturhoheit der Länder. Das heißt, jedes Land macht im Moment auf seine Art Leseförderung, ohne dass ein Gesamtkonzept vorliegt.“ (U. B.)

So muss man wohl akzeptieren, dass die Entwicklung eines bundeseinheitlichen Konzepts der Leseförderung von Jungen in naher Zukunft nicht zu realisieren ist.

9.1.4 *Spezifikum*

Zu beachten ist die grundlegende Bedeutung der Lesekompetenz. Lesekompetenz ist für alle Bereiche wichtig. Gerade im schulischen Bereich ist sie unabdingbar. Eine Vernachlässigung der Lesekompetenz führt zu gravierenden weiteren Problemen. Auch aus diesem Grund sollten alle Fächer für die Lesekompetenz in die Pflicht genommen werden.

„Das Leseverständnis ist für die Qualität des Unterrichts ganz entscheidend. Wenn die Kinder verstehen, welche Aufgaben sie lösen sollen und wie sie die lösen sollen, dann haben die Lehrkräfte schon große Schwierigkeiten der Unterrichtsgestaltung überwunden und brauchen an anderer Stelle nicht mehr so viel Zeit und Energie zu investieren – wenn die Leseleistung stimmt." (U. B.)

Dabei geht es beim Thema Lesekompetenz keineswegs nur um eine Förderung des Lesens schöngeistiger Texte. Lesekompetenz ist eine Grundqualifikation, die weit über das Medium Buch hinausweise.

„Ich möchte ganz deutlich machen, dass es nicht nur um das Lesen belletristischer Literatur geht, sondern dass die Lesekompetenz für alle Medien von entscheidender Bedeutung ist, weil durch das Lesen bestimmte neuronale Strukturen gebildet werden, die für alle Lernprozesse von großer Bedeutung sind. Nachgewiesenermaßen sind gute Leser auch bessere Internet- und Fernsehnutzer." (U. B.)

Das Erlangen von Lesekompetenz stellt aus der Sicht von Frau Buchmann quasi die Weichen für die Möglichkeit, eine hohe Kompetenz im Umgang mit einer Vielzahl von Medien entwickeln zu können.

9.2 Medienprojekt Wuppertal. Reflexive Filmarbeit[20]

Zu dem Bereich geschlechtersensible Angebote zur Filmarbeit konnten wir ein Interview mit **Andreas von Hören** vom Medienprojekt Wuppertal e. V. führen. Wir sprachen über kein konkretes Einzelprojekt, sondern über den grundsätzlichen Ansatz der Filmarbeit. Unser Bemühen in dieser Darstellung ist, die im Interview genannten Erkenntnisse und Erfahrungen pointiert zu bündeln. Dadurch können wir nur einige der vielschichtigen Facetten des Angebots widerspiegeln.

Im Rahmen des „Medienprojekts" werden junge Leute im Alter von vierzehn bis Mitte zwanzig bei ihren Videoproduktionen und deren öffentlicher Präsentation (Kino bis Vertrieb) unterstützt. Etwa tausend Jugendliche sind pro Jahr in die Videoproduktionen involviert, und es entstehen etwa hundert Filme. Ziel ist, die Artikulation von jungen Menschen per Video zu fördern.

---

20 Projekt Nr. 32, siehe Anhang S. 246

9.2.1 *Fokussierung der Ausgangslage: Jugendliche wollen sich ausdrücken und eine kritische Reflexion der Geschlechterverhältnisse in der Medienpädagogik*

Jugendliche haben ein Interesse an Artikulation

Jugendliche jeden Geschlechts haben ein Interesse daran, ihre Meinungen und ihre Einschätzungen zu relevanten Themen im öffentlichen Raum zu präsentieren. Das Medium ist dabei eher ein Mittel zum Zweck.

> „Die Motivation ist meistens, irgendeine Art von Mitteilung zu geben, und nicht, ein Filmemacher oder eine Filmemacherin zu sein. Der kleinere Teil ergreift das Medium, um Filmemacher zu sein und in die Kunst oder in die Kultur einzusteigen. Der größere Teil will mittels des Mediums eine Geschichte, einen Inhalt oder irgendeine künstlerische Mitteilung liefern, und damit sind sie de facto Filmemacher in dem Augenblick. Die benutzen das eher als Mittel zum Zweck." (A.v.H.)

Um diese Artikulation zu ermöglichen, braucht es Vertrauen. Obwohl sich das Medienprojekt auch an Schulklassen und Jugendzentren richtet, nehmen doch mittlerweile überwiegend Privatpersonen teil. Jugendliche – Mädchen wie Jungen – haben etwas zu sagen. Wenn sie realisieren, dass ihre inhaltlichen und künstlerischen Positionen respektiert werden, nehmen sie das verlässlich erscheinende Angebot an.

> „Es braucht eine Vertrauensebene, dass man sieht, dass man sich hier künstlerisch und inhaltlich frei artikulieren kann und dass man auch ein großes Publikum erreicht. Das ist erst in den Jahren gekommen. Die Breite der Themen war von Anfang an da." (A.v.H.)

Eine Differenz zwischen Jungen und Mädchen in dem grundsätzlichen Interesse, sich auszudrücken, ist nicht vorhanden.

Pädagogisch Tätige haben ein Interesse, reflexive und mündige Personen hervorzubringen

Pädagoginnen und Pädagogen treten an, um Jugendliche in ihren Bildungsprozessen zu unterstützen. Eine reflexive Auseinandersetzung mit sich selbst und den Bedingungen des eigenen Aufwachsens oder Daseins ist mittels des Mediums Films möglich. Dies ist bewusst zu forcieren. Ein bloßes filmisches Rollenspiel bleibt oberflächlich und ermöglicht keine tiefgreifenden Erfahrungen. Insofern ist die Auseinandersetzung mit Inhalten, mit gesellschaftspolitischen Themen und insbesondere den großen Jugendthemen Gewalt, Liebe, Sexualität unumgänglich.

Geschlechterverhältnisse in der Medienpädagogik

In der Vergangenheit war in der medienpädagogischen Arbeit eine Männerdominanz wahrzunehmen. Ein solches Ungleichgewicht auf Seiten der professionellen Akteure kann durchaus problematisch in das Handlungsfeld hineinwirken.

„Insgesamt in den Medien, in den professionellen Medien aber auch in der pädagogischen Medienarbeit, gibt es ein Ungleichgewicht von Männern und Frauen und von Mädchen und Jungen. Das hat mit der Macht dieser Medien zu tun und mit der Bedeutung von bestimmten künstlerischen Produktionen innerhalb eines Films, die immer gerne von Männern ausgeführt wurden. Es hat auch damit zu tun, dass manches vielleicht zu technisch angegangen wurde und dass Männer auch in der Medienpädagogik dominiert haben. Vielleicht ist man nicht in der richtigen Weise vorgegangen, nicht demokratisch genug." (A. v. H.)

Damit wird ein Problem angesprochen, das sich zum einen auf die Medienpädagoginnen und Medienpädagogen selbst bezieht, zum anderen aber auch verdeutlicht, dass Jugendliche auch in der Medienpädagogik einem bestimmten an das Geschlecht gebundenen hierarchischen Gefüge begegnen, das möglicherweise unreflektiert bleibt.

9.2.2 Der konzeptionelle Ansatz: Politische Bildungsarbeit als reflexive Filmarbeit

Ein Experimentierfeld zur Selbstreflexion und zur Reflexion lebensweltnaher Themen

Im Zentrum der Arbeit des Medienprojekts Wuppertal steht, Jugendliche dabei zu unterstützen, Filme über sich selbst zu erstellen. Angeboten wird ein Experimentierfeld, in dem Reflexion erfolgen kann.

„Unser Ansatz ist eine reflexive Filmarbeit. Wir versuchen die Jugendlichen dabei zu unterstützen, Filme über sich selbst zu machen, sich selbst drin vorkommen zu lassen und damit eine Alternative zu Fernsehen und Kino zu sein, wo Drittthemen von Filmemachern recherchiert und gezeigt werden. Diese Dynamik und dieses Wissen, das aus einer Reflexion über sich selbst her kommt, macht die Güte dieser Filme aus."
A. v. H.)

Der Ansatz reflexiver Filmarbeit setzt sich bewusst ab von den Inszenierungen artifizieller Rollenspiele. Der filmische Gegenstand, der durchaus ein Spielfilm sein kann, soll dicht an der Lebenswelt der Protagonisten angesiedelt sein, um Authentizität zu gewährleisten. Argumentiert wird mit Qualität des späteren Produktes.

„Es hat keinen Sinn, wenn Jugendliche sich eine Mütze aufsetzen und sagen, sie sind ein Polizist, und dann wickeln sie sich ein Tuch um und sagen, sie sind eine Oma. Das ist Rollenspiel. [...] Es ist wichtig, sie selber in den Vordergrund zu rücken, ihr Leben und ihre Szenerien als Drehorte zu nehmen, weil das die Illusion eines Films für den Zuschauer tatsächlich aufbauen kann. Dann haben sie auch die besten Möglichkeiten, eine Geschichte zu erzählen, die funktioniert." (A. v. H.)

Ernst genommen wird in diesem Ansatz folglich sowohl dic Person, die die Möglichkeit zur reflexiven Auseinandersetzung mit sich und der Welt erhält, als auch das filmische Produkt, das hohe Authentizität und Qualität ausstrahlen soll.

Sinn und Zweck geschlechtshomogener Gruppen

Geschlechtshomogene Gruppen werden im Rahmen des reflexiven Konzepts bewusst angeregt und forciert, allerdings nur dort, wo der Sinn und Zweck einer Homogenität inhaltlich begründet ist. Bei Themen aus dem Spektrum der Sexualität ist nachvollziehbar, dass der geschützte Produktionsraum zu authentischeren Produkten führt. Diese und andere Themen werden von Pädagoginnen und Pädagogen bewusst voran gebracht.

„Wenn wir zum Thema ‚Mädchen im Knast' einen Film machen wollen, dann kommen ja nicht die Mädchen aus dem Knast auf uns zu, sondern wir sagen, das ist ein gutes Thema, wir recherchieren diese Mädchen. Wenn wir zum Thema ‚Mädchensexualität' oder ‚Jungensexualität' arbeiten wollen, dann führt der Weg von uns zu den Zielgruppen. Insofern forcieren wir das. Genauso ist es bei den Themen ‚Moslems' oder ‚Gewalt an der Schule'. Wir forcieren das, weil wir wollen, dass authentische Filme gemacht werden, die wirkliche Mitteilungen bringen. Und ein Teil der Thematisierungen hat seinen Vorteil in dem Geschlechtsspezifischen." (A. v. H.)

Der inhaltliche Gegenstand bestimmt die homogene oder heterogene Gruppenform und nicht andersherum. Einer abstrakten, nicht an einen Gegenstand gekoppelten Förderung einer spezifischen Geschlechtsgruppe steht man skeptisch gegenüber, aber nur weil die Förderung Benachteiligter durch die Aufnahme ihrer inhaltlichen Interessen relevanter und auch effektiver erscheint. Wichtig ist, nicht an den Interessen der Akteure vorbei zu arbeiten.

„Natürlich haben wir immer das Ziel ‚gegen Diskriminierung' und Schwache stark zu machen, aber wir hatten kein explizites Ziel: Wir müssen Mädchen stärken. Man stärkt Mädchen und Jungen in jedem Fall durch Filmemachen, weil das Filmen artikulativ ist. Und bei manchen Filmen ist es nicht schlecht und von Mädchen und Jungen auch gewollt, in ihrer intimen Gruppe zu arbeiten – ohne dass ihnen das ein großer Pädagoge nahe legt –, und manchmal ist es nicht gewollt." (A. v. H.)

Bewusst werden auch Angebote für Mädchen und für Jungen „reflektiert geschlechtsspezifisch" gemacht.

„Wir wollen reflektiert geschlechtsspezifisch arbeiten. Wir wollen Frauen, Mitarbeiterinnen zu Mädchen bringen. […] Wir wollten eine autonome Artikulation hinkriegen. Es war immer klar, es geht nicht nur darum: Wir sind Mädchen und machen einen Mädchenfilm […] einen Film, wie Jungen das auch können, sondern wir wollen mädchenspezifische Thematisierungen haben." (A. v. H.)

Der Blick auf die Geschlechter und ihre Möglichkeiten, sich zu relevanten Themen zu artikulieren, ist unvoreingenommen und entsprechend wurden auch schon früh ungewöhnliche Projekte von den Pädagogen angeboten. Die Wahrnehmung, dass Jungen kaum Möglichkeiten haben, sich mit ihrer Sexualität eigenständig auseinander zu setzen, führte zu jungenspezifischen thematischen Angeboten.

9.2.3 Positive Erfahrungen und Grenzen: Mutige Produkte und eigene Ansprüche

Die Erfahrungen mit dieser Art von reflexiver Filmarbeit sind sehr ermutigend. Die Jugendlichen kommen zu filmischen Artikulationen, die den Rahmen des Üblichen sprengen, die eigenständige Auseinandersetzungen und einzigartige Produkte darstellen, und die durch diese besondere Ausdruckskraft auch für andere Personen interessant sind.

„Das Medium trägt die Mitteilung von diesem ‚inner circle' im Schutzraum hinaus in die Kälte der Öffentlichkeit. Das ist ein Unterschied zu anderer geschlechtsspezifischer Arbeit außerhalb von Medienarbeit. Wenn normalerweise eine Mädchengruppe an ihrem Mädchentag etwas macht, bleibt es untereinander. [...] Das ist bei Filmarbeit anders, da wird etwas erstellt. Die Prozesse bleiben in dem Zirkel, aber das Produkt ist auch ein Teil des Prozesses und spiegelt das auch wider. Es kommen intime Aussagen zum anderen Geschlecht, zu einer anderen Altersgruppe, zu Eltern, zu Leuten, wo es eng werden könnte. Das setzt Mut voraus. Wenn sie nicht geschlechtsspezifisch arbeiten würden, hätten sie diese Fremdsicht stärker bei der Produktion mit drin und müssten sich stärker damit auseinandersetzen. Insofern sind zum Beispiel Filme zum Thema Selbstbefriedigung, wenn Jungen oder Mädchen das beschreiben, bei wirklich sehr Spezifischem für das Geschlecht, wo man sich ungern in die Karten gucken lässt, oder zum Thema sexualisierte Gewalt oder andere Sachen, sehr mutig. Das ist schon sehr mutig, das dem anderen Geschlecht mitzuteilen. Und es ist dadurch auch einzigartig in der Mitteilung selber, von dem Lerneffekt oder, von mir aus, auch für den Unterhaltungseffekt der gegengeschlechtlichen Zuschauer. Insofern sind unsere Erfahrungen da sehr, sehr positiv." (A. v. H.)

Die Herausforderung dieser Arbeit liegt darin, sich als Pädagoge nicht mit dem Gegebenen abzufinden, sondern stets auf der Suche nach neuen, jugendrelevanten, auch unbequemen Themen zu sein und sich mit Unbekanntem auseinander zu setzen.

Schwierigkeiten treten in der medienpädagogischen Arbeit auf, wenn mit Einrichtungen kooperiert wird, die einen anderen Ansatz geschlechterspezifischer Arbeit bevorzugen.

„Dort arbeiten zum Teil Kolleginnen und Kollegen, deren Ansatz eher aus der feministischen Zeit der siebziger, achtziger Jahre stammt, nicht durch ihr Alter bestimmt, sondern von dem theoretischen Hintergrund oder der Gesellschaftsanalyse her. Ich hab den Eindruck, dass das bei den Jugendlichen – so von außen aufgesetzt – nicht funktioniert." (A. v. H.)

Andreas von Hören lehnt feministische Positionen inhaltlich nicht ab, seine Erfahrung zeigt nur, dass eine Vielzahl der Jugendlichen die dort identifizierten Unterdrückungsmechanismen nicht wahrnimmt oder sich für diese Perspcktive schlicht nicht interessiert. Die Verschiebung des Schwerpunkts auf „Artikulation" bedeutet, die Perspektive der Jugendlichen auf ihre Welt zu akzeptieren; dies ist mit feministischer Bildungsarbeit kaum zu vereinbaren.

Der hohe Anspruch und die hohe Qualität bringen durchaus Schwierigkeiten. Auch der pädagogische Prozess nimmt mit der persönlichen Artikulation an Dichte zu. Hiermit auf eine angemessene Weise umzugehen, fordert die Pädagoginnen und Pädagogen heraus.

„Dadurch, dass immer mehr dazukommt und dass wir einen hohen Erfahrungsschatz haben, wird die inhaltliche Dichte der Filme, die wir forcieren können, stärker. In dem man pointierter wird, wird es auch dichter im pädagogischen Prozess. Die Schwierigkeiten liegen darin, dass man immer enger, immer persönlicher wird und immer größere Werke damit schafft. Das sind Sachen, mit denen man umgehen muss." (A. v. H.)

9.2.4 Spezifikum

Die öffentliche Präsentation der filmischen Produkte bildet einen wesentlichen Bestandteil der medienpädagogischen Arbeit. Die Jugendlichen wissen, dass die von ihnen investierte Arbeit eine nicht-künstliche öffentliche Anerkennung erfahren wird. Das Produkt ist kein Selbstzweck, sondern wird den pädagogischen Schonraum verlassen. Das schafft eine Ernsthaftigkeit. Gleichzeitig schafft die Präsentation einen Anlass für andere Jugendliche, sich mit den filmischen Statements ihrer Peers reflexiv auseinander zu setzen.

9.3 Mädchen Medien Projekt. Fotobearbeitung am Computer für Mädchen[21]

Zu dem Bereich geschlechtersensible Angebote zur Computernutzung, hier konkretisiert als Fotobearbeitung, konnten wir ein Interview mit **Nicole Tritschler** vom Jugendbildungswerk Freiburg e. V. führen. Wir sprachen über das „Mädchen Medien Projekt", das in den Sommer- und Winterferien stattfindet. Unser Bemühen in dieser Darstellung ist, die im Interview genannten Erkenntnisse und Erfahrungen pointiert zu bündeln. Dadurch können wir nur einige der vielschichtigen Facetten des Angebots widerspiegeln.

21 Projekt Nr. 28, siehe Anhang S. 242

Angeboten werden im Rahmen des „MädchenMedienprojekts“ dreitägige Ferienangebote für je eine Gruppe von Mädchen ab zwölf Jahren. Ziel ist, den Mädchen einen angstfreien Zugang zum Computer und zur Technik zu ermöglichen.

9.3.1 Fokussierung der Ausgangslage: Mythos Computerferne von Mädchen

In verschiedenen Kontexten, auch dem schulischen Kontext, begegnen Mädchen Formen eines Erwartungsdrucks, der einen unbefangenen Umgang mit dem Medium Computer erschwert. Gerade im Bereich Technik sind sie zudem damit konfrontiert, dass ihnen als Angehörigen einer Geschlechtsgruppe wenig Kompetenz zugeschrieben wird. Daraus kann sich Angst und Unsicherheit entwickeln.

9.3.2 Der konzeptionelle Ansatz: Unbefangener Umgang und Vorbildfunktion von Fachfrauen

Der Ansatz zielt darauf ab, Mädchen einen Zugang zum Medium zu schaffen und ihnen erste Erfahrungen im Umgang mit diesem, frei von jeglichem Leistungsdruck, zu ermöglichen.

> „Der wichtigste Aspekt ist, dass wir den Mädchen das Medium Computer näher bringen und dass sie da recht unbefangen herangehen können, also nicht mit Leistungsdruck [...], oder mit einer Angst: ‚Oh je, ich kann das nicht, da kann ich was kaputt machen.‘ Dass einfach klar ist, man kann ausprobieren, es passiert einem nichts und das Schlimmste, was passieren kann, ist, dass man etwas Tolles gemacht hat und vergessen hat zu speichern, und dann ist es halt weg. Aber man kann am Computer nichts kaputt machen, eigentlich auch nichts falsch machen, es gibt immer mehrere Möglichkeiten.“ (N. T.)

Inhaltlich wird jeweils an einem von den Pädagoginnen entwickelten Leitthema – zum Beispiel „Königin“ – gearbeitet. Das Thema wird aber durchaus den Bedürfnissen der Zielgruppe angepasst, um authentisch und dicht an der Lebenswelt der Mädchen zu bleiben. Wichtig ist, dass die Mädchen im Rahmen dieser Arbeit Produkte (zum Beispiel Briefpapier, CD-Labels oder Aufdrucke für T-Shirts) erstellen, die sie vorzeigen und mit nach Hause nehmen können.

Durch den Einsatz von Fachfrauen, die – entgegen der üblichen Einschätzung – Ahnung von den Softwareprogrammen und der Technik haben, wird Mädchen eine wichtige Vorbilderfahrung ermöglicht. Darüber hinaus nimmt das Vermitteln von Kenntnissen untereinander ebenfalls einen wichtigen Raum ein, so dass nicht nur die Fachfrauen erklären, sondern auch die erfahreneren Mädchen den weniger erfahrenen Mädchen Kenntnisse vermitteln. Aus diesem Grund sitzen die Mädchen immer zu zweit vor einem PC.

9.3.3 Positive Erfahrungen und Grenzen: Transfer in den Alltag

Bewährt hat es sich, bei der Auswahl der Fotobearbeitungs-Software darauf zu achten, dass es auch privat angeschafft werden kann. Dies ermöglicht den Mädchen, ihre Kompetenzen eigenständig weiter einzuüben und sich neue Bereiche zu erschließen.

„Wir arbeiten extra mit einem Fotobearbeitungsprogramm, das man sich auch privat leisten kann, so dass die Eltern es kaufen können und dass die Mädchen es auch zuhause noch weiter haben und nutzen. Wir hatten es jetzt schön öfters, dass die Mädchen kamen: Ja, klar, sie machen das zuhause weiter und sie können jetzt das schon und jenes. Die bleiben dann dran." (N. T.)

Die Rückmeldung, dass die Mädchen im Anschluss an ein dreitägiges Angebot „dran bleiben", verweist auf die Erfolge auch überschaubarer medienpädagogischer Projekte, sofern sie auf Nachhaltigkeit angelegt sind.

9.4 Radio für Jungen[22]

Zu dem Bereich geschlechtersensibler Angebote zum Medium Radio, hier konkretisiert als Jungenradio-Projekt, konnten wir ein Interview mit **Sascha Denzel** führen, der in Kooperation mit dem Offenen Kanal Westküste entsprechende Angebote realisiert. Wir sprachen über eine Reihe von fünf Projekten, die sich unter dem Stichwort „Jungs machen Radio" bündeln lassen. Unser Bemühen in dieser Darstellung ist, die im Interview genannten Erkenntnisse und Erfahrungen pointiert zu bündeln. Dadurch können wir nur einige der vielschichtigen Facetten des Angebots widerspiegeln.

Angeboten werden jeweils Wochenendseminare für eine Gruppe von Jungen im Alter von zehn bis vierzehn Jahren. Ziel ist, Jungen einen konkurrenzfreien Raum anzubieten, in dem sie sich mit ihrem Junge-Sein reflexiv auseinandersetzen können.

9.4.1 Fokussierung der Ausgangslage: Problematische Zuschreibungen

Jungen begegnen im Alltag problematischen Zuschreibungen und Erwartungen an ihre Geschlechtsgruppe. Zum einen herrscht oft Konkurrenz unter ihnen, zum anderen erfahren sie Gewalt als einen legitimen Modus der Auseinandersetzung untereinander.

22 Projekt Nr. 19, siehe Anhang S. 233

9.4.2 *Der konzeptionelle Ansatz: geschlechterinterne Reflexion im konkurrenzfreien Raum*

Konkurrenzfreier Raum

Jungen lernen sich untereinander in einem Rahmen kennen, in dem es nicht um Konkurrenz geht, sondern in dem jeder mit seinen spezifischen Fähigkeiten etwas zum Gelingen eines gemeinsamen Projektes beitragen kann.

„Das ist ein ganz wichtiger Aspekt. Die Erfahrung, die die Jungen machen können: mit andern Jungen an einem Projekt zu arbeiten, ohne Konkurrenz und ohne diese männertypischen, jungstypischen Strukturen.“ (S. D.)

Die Jungen erleben sich in diesem Rahmen, der andere, neue Erfahrungen der Zusammenarbeit mit einem erwachsenen Mann ermöglicht. Hierbei übernimmt der Erwachsene keine Bewertungsfunktion, sondern trägt gemeinsam mit den Jungen zum Gelingen des Projekts und des Produkts bei. Dieser Erfahrungs- und Handlungsraum für Jungen mit erwachsenen Männern ist wichtig, um neben den bestehenden Stereotypien auch alternative Handlungsweisen zu erleben.

Geschlechterinterne Reflexion „Junge sein“

Die Reflexion des eigenen Junge-Seins erfolgt anhand von individuellen Erfahrungen, dem Vergleich dieser mit den Erfahrungen anderer, Älterer und Gleichaltriger, und den medialen Bildern des Junge-Seins. Der Pädagoge regt diese Reflexion auf verschiedene Weise an.

„Zu überlegen, was macht mich eigentlich als Junge aus. Und das für andere Jungs hörbar zu machen, es auch nach außen zu transportieren und daraus etwas zu machen, was für andere Jungs spannend klingt. […] Für andere Jungen, die sich das anhören und sich dann selbst mit ihrem eigenen Junge-Sein auseinandersetzen können […]. Der dritte Punkt ist die Auseinandersetzung mit Medienbildern von Jungen. Wie werden Jungen eigentlich dargestellt? Es geht auch um die Reflektion: Bin ich wirklich als Junge so, wie wir in den Medien dargestellt werden? Oder sind wir ganz anders?“ (S. D.)

Die Präsentation dieser Reflexion als Radiosendung ermöglicht es anderen Geschlechtsgenossen, sich ebenfalls mit diesen Gedanken auseinander zu setzen und eigene Ideen zu entwickeln.

9.4.3 *Positive Erfahrungen und Grenzen: Orientierungsbedarf für jüngere Jungen und die Frage der Anerkennung*

Dass Jungen diesen Erfahrungsraum mit einem Mann zur Reflexion ihrer eigenen Geschlechtsrolle nutzen und suchen, zeigt sich unter anderem daran, dass ein Teil der Jungen des ersten Projektangebots die folgenden Angebote ebenfalls besucht hat, so dass sich ein „fester Kern“ gebildet hat. Die Überführung in ein selbstständiges Jungen-Radio (ohne Begleiter) war dagegen nicht erfolgreich. Offensichtlich ist in der Altersgruppe die Orientierung an einem Älteren von großer Bedeutsamkeit.

Schwierigkeiten tauchten an den Stellen auf, wo die Jungen sich mit eigenen Gefühlen auseinandersetzen mussten, die ihnen unangenehm sind.

„Wenn es darum ging, über sich selbst zu reden oder selbst zu reflektieren. Das war nicht ganz so leicht. Wo sie über ihr eigenes Erleben sprechen, z. B. über Angst. In den ersten Sitzungen, immer mal wieder, war das Thema: Was ist mit Angst und Trauer und Wut. Das war auch etwas, was wir in der Arbeit thematisiert hatten – was so nebenbei gelaufen ist. [...] Das war immer nicht ganz so leicht. Es hat eine Zeitlang gedauert, bis sie sich getraut haben, das untereinander zu besprechen.“ (S. D.)

Eine verlässliche Vertrauensbasis ist notwendig, um solche Gespräche zu ermöglichen.

Problematisch war, dass die Jungen oftmals wenig eigene Themen einbringen mochten. Beim Thema „Krieg“, das die Jungen – auch aufgrund der Tagespolitik – sehr stark interessiert hat, war dies anders. Hier wurden viele Ideen eingebracht.

Grundsätzlich für bedenklich hält Sascha Denzel den Sachverhalt, dass dem Medium Radio auch in der medienpädagogischen Arbeit viel weniger Aufmerksamkeit geschenkt wird, als es verdient. Videoprojekte gelten oftmals als höherwertig. Dies behindere die Arbeit.

9.5 … aus Mädchensicht. Film für Mädchen[23]

Zu dem Bereich geschlechtersensibler Angebote zur medienpädagogischen Filmarbeit, hier konkretisiert als Filmprojekt für Mädchen, konnten wir ein Interview mit **Uli Hiller** vom Frauenzentrum Ludwigsburg führen. Wir sprachen über das Projekt „Aus Mädchensicht“. Unser Bemühen in dieser Darstellung ist, die im Interview genannten Erkenntnisse und Erfahrungen pointiert zu bündeln. Dadurch können wir nur einige der vielschichtigen Facetten des Angebots widerspiegeln.

Das Projekt „Aus Mädchensicht“ ist ein Angebot zur Filmerstellung für eine Gruppe von Mädchen im Alter von zwölf bis vierzehn bzw. vierzehn bis sechzehn Jahren. Ziel ist, durch die Medienhandhabung in der gleichgeschlechtlichen Gruppe den Umgang mit Technik kennen zu lernen, sich selbst und Themen auszudrücken und langfristig zur Gleichstellung von Frauen beizutragen.

---

23 Projekt Nr. 1, siehe Anhang S. 215

9.5.1 Fokussierung der Ausgangslage: Zurückhaltung von Mädchen

In gemischtgeschlechtlichen Gruppen verhalten sich Mädchen oft zurückhaltend und verstehen sich nicht als Bestimmende in der Situation. Hierdurch entsteht eine Benachteiligungssituation.

9.5.2 Der konzeptionelle Ansatz: Handhabung und Ausdruck, Vorbildfunktion

Handhabung und Ausdruck

Mädchen erleben einen Raum, in dem ihr Umgang mit Technik als selbstverständlicher Bestandteil eines Projekts erfolgt. In diesem Raum können sie die Handhabung und den Umgang mit Technik erfahren und ihre Fähigkeiten verbessern. Der Umgang mit Filmtechnik steht in einem inhaltlichen Kontext.

„Zum einen geht es um den Umgang mit der Technik und darum, alles mitzuerleben: von der Geschichte bis zum Schnitt. Es geht darum, die Fähigkeiten zu erlangen. Und generell geht es bei jedem Projekt, das wir machen, darum, dass die Mädchen verschiedene Ausdrucksformen kennen lernen, um sich selber und ihre Themen auszudrücken – sei es jetzt durch Theater oder Film oder anderes. Wir haben auch eine Online-Zeitung.“ (U. H.)

Der inhaltliche Kontext ist bedeutsam, denn die Mädchen sollen die Medien – und da erfolgt keine grundsätzliche Festlegung auf das Medium Film – als eine Möglichkeit erfahren, sich selbst und die ihnen relevant erscheinenden Themen auszudrücken. Diese Erfahrung, dass die Inhalte und das Produkt den Mädchen wichtig sind, spielt eine wichtige Rolle.

Vorbildfunktion

Wichtig ist außerdem, dass die Projekte von Fachfrauen begleitet werden, so dass den Mädchen auch in diesem Bereich ältere Geschlechtsgenossinnen als Vorbild dienen. Der Umgang mit den Medien muss als selbstverständlich erfahren werden. Die homogene Gruppe hilft dabei. Zunehmend können die jüngeren Mädchen dann auch Leitungsfunktionen übernehmen.

„Das Team ist jetzt eher durchmischt, aber es ist für die Mädchen klar, wer die eigentliche Crew ist. Und die Mädchen sind dann auch die Bestimmerinnen im Team. Es ist sicherlich etwas Neues, dass die Mädchen auch Erwachsenen Anweisungen geben. Das ist unser geschlechterspezifischer Ansatz, dass es normal ist.“ (U. H.)

Die Mädchen können sich auf diese Weise als bestimmende Personen erfahren. Die Zugehörigkeit zu einem Geschlecht bietet dann ganz selbstverständlich keinen Grund mehr, sich in gemischtgeschlechtlichen Gruppen inhaltlich oder strukturell zurückzuhalten.

9.5.3 *Positive Erfahrungen und Grenzen: Stolz*

Die Erfahrung ist, dass die Mädchen Stolz auf ihr Produkt und ihre eigenen Fähigkeiten entwickeln. Die Fortführung des ersten Projekts in einem zweiten zeigte bereits eine große Selbstverständlichkeit und auch Selbstbewusstsein im Umgang mit den verschiedenen Produktionsanteilen.

„Es ist schon so, dass sie ‚mehr dastehen', also selbstbewusster werden." (U. H.)

9.5.4 *Spezifikum: Jungen als Darsteller*

Obwohl das Angebot an sich ein „reines Mädchenprojekt" war, werden mittlerweile auch Jungen als männliche Darsteller im Film zugelassen. Im zweiten Projekt – auf Wunsch der Mädchen: einem Liebesfilm – wird ein Junge als männliche Hauptperson benötigt. Film-bestimmende Personen sind weiterhin die Mädchen.

9.6 Girls go Movie. Videofilmwettbewerb für Mädchen[24]

Zu dem Bereich geschlechtersensibler Angebote zur medienpädagogischen Filmarbeit, hier konkretisiert als Videofilm-Wettbewerb, konnten wir ein Interview mit **Karin Heinelt** vom Jugendkulturzentrum FORUM, Stadtjugendring Mannheim e. V. führen. Wir sprachen über das Projekt „Girls go Movie". Unser Bemühen in dieser Darstellung ist, die im Interview genannten Erkenntnisse und Erfahrungen pointiert zu bündeln. Dadurch können wir nur einige der vielschichtigen Facetten des Angebots widerspiegeln.

Angeboten werden im Rahmen des Projekts „Girls go Movie" verschiedene Bestandteile. Der Videofilm-Wettbewerb fungiert als Dach, innerhalb dessen Technikausleihe, Workshops und Beratung für institutionell organisierte Mädchengruppen oder selbstorganisierte Mädchen und Frauen angeboten und durchgeführt werden. Ziel ist, die Geschichten und die Sichtweisen von Mädchen in der Öffentlichkeit darzustellen und so ein fester Programmpunkt im kulturellen Leben der Region zu sein.

9.6.1 *Fokussierung der Ausgangslage: Eigene Wege der Technikaneignung*

Mädchen und Frauen bevorzugen bei der Aneignung von technischen Kenntnissen durchaus andere Wege als von systematisch geplanten Fortbildungen oder Anleitungen vorgesehen sind.

---

24 Projekt Nr. 11, siehe Anhang S. 225

„Gebrauchsanleitungen sind bei den Mädchen ein eher sehr selten gefragtes Werkzeug, um sich Technik anzunähern.“ (K. H.)

Diese mädchenspezifische Herangehensweise an Technik wird zumeist weder wahr- noch aufgenommen.

9.6.2 *Der konzeptionelle Ansatz: Individuelle Beratung, eigene Sichtweisen erarbeiten und öffentlich machen*

Individuelle Beratung

Es geht darum, Mädchen – einzelnen wie bestehenden Gruppen –, die mit eigenen filmischen Ideen kommen, bei der Umsetzung der Idee beratend und technisch zu unterstützen. Wichtig ist dabei, ihrer spezifischen Herangehensweise an Technik gerecht zu werden.

„Wir bieten eben nicht allgemeine Fortbildungen an, die am grünen Tisch geplant sind. Wir gehen individuell auf die Bedürfnisse der Mädchen ein. Dadurch kann die Heranführung an Technik individuell laufen.“ (K. H.)

Um eine möglichst professionelle fachliche Beratung zu ermöglichen, werden Kooperationspartner einbezogen. So vermittelt eine Videoproduktionsfirma mit professionellem Equipment vielfältige Möglichkeiten der Kameratechnik, eine Videokünstlerin betreut den Gesamtverlauf fachlich und künstlerisch, zu Dramaturgie und Filmschnitt können – wenn die Mädchen und Frauen es wollen – qualifizierte Personen in dann konzipierten Workshops unterstützend wirken. Die Angebote werden individuell und flexibel auf die Bedürfnisse zugeschnitten.

Eigene Themen in einem verlässlichen Rahmen erstellen und öffentlich präsentieren

Eine thematische Idee müssen die Mädchen mitbringen. In dem geschlechterhomogenen Rahmen können sie dann inhaltlich und in Auseinandersetzung mit den medialen Möglichkeiten arbeiten.

„Wir erleben, dass die Mädchen sich zusammen tun. Es ist ein Bedürfnis da. Ich denke, die Mädchen, die sich dafür entscheiden, schätzen jenen Raum, sich unter Mädchen einem Thema zu nähern. Das letzte Mal war das Thema ‚Außer mir sind alle anders‘, das war schon wirklich ein sehr selbstreflexives Thema. Insofern ist es immer zweierlei, auf der einen Seite die thematische Reflexion und auf der anderen Seite die Möglichkeit, sich mit einem ganz neuen Medium zu beschäftigen.“ (K. H.)

Ziel ist es, die Sichtweisen und Geschichten von Mädchen und jungen Frauen zu ihnen wichtig erscheinenden Themen in den öffentlichen Raum zu tragen.

9.6.3 Positive Erfahrungen und Grenzen: Qualitätsverbesserung

Mädchen schätzen den Raum, sich in einer geschlechtshomogenen Gruppe mit Themen reflexiv auseinander zu setzen. Sie schätzen es ebenso, wenn diese Produkte den geschützten Raum verlassen und im Kino öffentlich präsentiert werden. Diese Erfahrung, dass die eigene Geschichte in den öffentlichen Raum hineinwirkt, hat eine enorm positive Wirkung auf die Gruppe, die den Film erstellt hat.

Die intensive Beratung hat zu einer erheblichen Qualitätsverbesserung der Filme beigetragen. Auch die Herabsetzung der maximalen Filmlänge für den Wettbewerb von 15 auf zehn Minuten hat sich positiv ausgewirkt. Sie hat den Wettbewerb auch für Neueinsteigerinnen bewältigbar gemacht, ohne für junge Studentinnen dadurch unattraktiv zu werden.

Die Mädchen und Frauen, die in Filmproduktionen involviert waren, entwickeln durchaus Interessen, diesen Bereich selbstständig und vielleicht sogar beruflich weiter zu verfolgen. Einige Mädchen sind inzwischen regelmäßige Nutzerinnen der Schnittplätze des Offenen Kanals geworden und fragen Praktikumsplätze nach.

9.7 SiN – Mädchencomputerclub. Multimedia am Computer[25]

Zu dem Bereich geschlechtersensibler Angebote zu Multimedia am Computer konnten wir ein Interview mit **Hans-Jürgen Palme** vom Studio im Netz e. V. in München führen. Wir sprachen insgesamt über das „SiN-Studio im Netz“ und den Bestandteil „Mädchencomputerclub“. Unser Bemühen in dieser Darstellung ist, die im Interview genannten Erkenntnisse und Erfahrungen pointiert zu bündeln. Dadurch können wir nur einige der vielschichtigen Facetten des Angebots widerspiegeln.

Angeboten werden im Rahmen des „Studios im Netz“ drei verschiedene Clubs, die sich einmal in der Woche treffen, in denen Jungen und Mädchen Mitglied werden können. Der Mädchencomputerclub richtet sich an Mädchen im Alter von zehn bis zwölf Jahren. Ziel ist, dass Jungen und Mädchen als Mitglied eines verlässlichen Clubs den aktiven Umgang mit und Einsatz von digitalen Medien und Software ganz selbstverständlich lernen.

25 Projekt Nr. 43, siehe Anhang S. 257

9.7.1 Fokussierung der Ausgangslage

In einem bestimmten Alter haben Mädchen ein Bedürfnis, ausschließlich unter Mädchen zu sein und in einer Mädchengruppe Dinge auszuprobieren. Sie fühlen sich von Jungen, die oft eine andere Umgangsweise mit dem Computer zeigen, dann durchaus gestört. In einer geschlechtshomogenen Gruppe können sie sich besser entfalten und haben mehr Spaß.

In gemischtgeschlechtlichen Gruppen wie dem Jugendcomputerclub zeigt sich oft eine klassische Geschlechtsrollenverteilung: Die Mädchen vermeiden bestimmte technisch konnotierte Bereiche und schicken – mit der Ansage, sie könnten das nicht – ihre männlichen Clubkollegen vor. Dies lässt sich, ohne dass die fachliche Kompetenz der Akteure bedeutsam wird, als spezifisches Interaktionsspiel begreifen.

Im Bereich Nutzung von Computerspielen zeigt sich sehr deutlich, dass Mädchen und Jungen sich für völlig unterschiedliche Spiele interessieren. Auch wenn Mädchen unter sich sind, zeigen sie im Spielbereich völlig andere Interessen als gleichaltrige Jungen.

9.7.2 Der konzeptionelle Ansatz: Club-Zugehörigkeit, Verantwortung und Spaß

Mitglied in einem aktiven Club

Die Arbeit mit Medien erfolgt im Rahmen eines Clubs, in dem man Mitglied werden muss. Es ist kein offenes Angebot, wo die Kinder hin und wieder hingehen, sondern es wird regelmäßige und pünktliche Anwesenheit der Mitglieder zu den wöchentlichen Clubtreffen erwartet. Die Kinder und Jugendlichen müssen den Club und den Clubgedanken ernst nehmen. Der Club ist auch kein „getarnter Kurs", sondern eine Gemeinschaft, die über die Aufnahme neuer Mitglieder auch entscheiden kann. Sie lernen sich untereinander kennen, haben Spaß miteinander und stellen sich gemeinsam verschiedenen Aufgaben, die sie teils selbst entwickeln, die teils auch angeregt werden. Das Lernen des Computerumgangs erfolgt im Club „automatisch":

> „Das Wichtigste ist der Club-Gedanke. Oft fragen Mütter und Väter bei uns an und meinen, man lernt Word oder Ähnliches. Wir erklären dann: Das lernt man bei uns automatisch. Wir machen keinen Kurs in Word. Sie lernen aber Word automatisch, weil sie natürlich diverse Sachen aufschreiben müssen; dadurch lernen sie es. Das finde ich den wichtigsten Aspekt bei dem Ganzen, dass es keine speziellen Kurse gibt, sondern dass der Club sich bestimmte Aufgaben stellt. Und man dabei dann das Ganze lernt."
>
> (H.-J. P.)

Der Club stellt sich Aufgaben, die auch durch das Gesamtarrangement an ihn herangetragen werden. Beispielsweise übernimmt jeder Club Verantwortung für thematische Bereiche des herausgegebenen Kinder-Newsletters. Der Mädchencomputerclub ist dann etwa gefordert, einen Teil beizusteuern, der für Mädchen relevant ist. Das kann beispielsweise eine „In & Out“-Liste nur für Mädchen sein. Auch die Nutzung unterschiedlicher Medien wie Foto oder Video ist so nie bloß reiner Selbstzweck, sondern ist eingebunden in ein Thema und mit anderen Medien verknüpft.

„Im Mittelpunkt steht immer Multimedia. Wenn das Fotos sind, dann werden die eingebunden in eine Powerpoint-Präsentation. Wir machen kein reines Videoprojekt oder Fotoprojekt. Die Bilder dienen immer dazu, dass man eine Geschichte damit macht und die dann präsentiert oder Ähnliches.“ (H.-J. P.)

Jeder der drei Clubs, auch der Mädchencomputerclub, hat insofern einen spezifischen Stellenwert in einem Gesamtgefüge, dessen sich die Mitglieder auch bewusst sind. Die Mitglieder sind aktiv und übernehmen freiwillig Aufgaben, die über das bloße „Spaß-Haben“ mit Medien hinausgehen.

Verantwortung und Spaß

Der Club arbeitet mit einer Mischung aus Arbeit und Spaß. Die Clubzeit von zwei Stunden wird hälftig geteilt: Die eine Hälfte ist gemeinsame Arbeitszeit, die andere frei zu beliebiger individueller Nutzung.

„Zur Hälfte machen wir etwas gemeinsam und zur Hälfte darf man dann auch chatten, eine Mail schicken oder ein Spiel spielen, die Sachen also einfach nutzen. Die Hälfte von der Arbeitszeit. Es ist nicht immer so, dass sie da nur selber aussuchen können, es gibt schon auch Aufgaben.“ (H.-J. P.)

Die freie Zeit wird gerne für Computerspiele genutzt. Für die gemeinsame „Arbeitszeit“ werden Impulse gegeben, teils läuft dies auch selbstständig. Das Eingebunden-Sein in einen Club schafft für die Akteure eine Ernsthaftigkeit und Verbindlichkeit gemeinsamer Arbeit.

9.7.3 Positive Erfahrungen und Grenzen

Eltern begreifen das Prinzip des Clubs nicht sofort. Sie fragen oft nach Kursen, weil die Vorstellung von „Lernen“ oft nur mit mehr oder weniger schulisch organisierten Formen verbunden ist.

„Das ist manchmal schwierig nach außen zu kommunizieren, weil die Eltern immer wollen, dass ihre Kinder dies oder das lernen.“ (H.-J. P.)

Dass die Kinder in diesem Club durchaus lernen, mit den verschiedenen Medien und Programmen umzugehen, muss ausführlicher erläutert werden.

Eine Grenze des Angebots liegt darin, dass es lokal gebunden ist. Es ist zu aufwändig, aus entfernteren Stadtteilen zum zweistündigen Club zu fahren. Insofern rekrutieren sich die Teilnehmenden aus dem lokalen Umfeld. Das mädchenspezifische Angebot wird positiv angenommen. So bringen die weiblichen Mitglieder Freundinnen mit, die dann auch dabeibleiben. Dass Mädchen die Wahl haben, entweder in den Mädchencomputerclub oder den Jugendcomputerclub zu gehen, grenzt nicht diejenigen aus, die gern in einer gemischtgeschlechtlichen Gruppe tätig sein wollen. Dies wird positiv wahrgenommen.

9.7.4 Spezifikum

Der Mädchencomputerclub wurde nicht aus einer Gender-Perspektive heraus geplant oder angelegt, sondern er hat sich dynamisch entwickelt. Mädchen aus dem Kindercomputerclub wurden älter. Einige Mädchen signalisierten ein Bedürfnis, in ihrem Alter unter sich sein zu wollen und nicht einfach in den Jugendcomputerclub überzuwechseln. Deshalb wurde die Gründung eines Mädchencomputerclubs ausprobiert, der sich mittlerweile bewährt hat. Einige Mädchen der gleichen Altersgruppe möchten aber – gerade weil dort auch Jungen sind – in den Jugendcomputerclub. Bedarf für einen separaten Jungenclub kann nicht ausgemacht werden, so dass es zwei geschlechterheterogene Clubs gibt: den Kindercomputerclub und den Jugendcomputerclub, und einen geschlechterhomogenen Club, den Mädchencomputerclub.

9.8 „Mädchen in Bremen, aber sicher." Videofilmwettbewerb für Mädchen[26]

Zu dem Bereich geschlechtersensibler Angebote zur medienpädagogischen Filmarbeit, hier konkretisiert als Videofilm-Wettbewerb, konnten wir weiterhin ein Interview mit **Ruken Aytas** vom Mädchentreff Gewitterziegen in Bremen führen. Wir sprachen über das Projekt „Mädchen in Bremen ‚aber sicher'". Unser Bemühen in dieser Darstellung ist, die im Interview genannten Erkenntnisse und Erfahrungen pointiert zu bündeln. Dadurch können wir nur einige der vielschichtigen Facetten des Angebots widerspiegeln.

Angeboten werden im Rahmen des Projekts verschiedene Bestandteile. Der Videofilm-Wettbewerb fungiert als Dach und Koordinierungsplattform, den Gruppen und Kolleginnen wird technische und inhaltliche Unterstützung angeboten. Ebenso wird in der Einrichtung selbst ein Film produziert. Ziel ist, die thematische Auseinandersetzung und die Entwicklung von Medienkompetenz zu fördern.

26 Projekt Nr. 27, siehe Anhang S. 241

9.8.1 *Fokussierung der Ausgangslage*

Mädchen können weitaus konzentrierter an einer thematisch relevanten Auseinandersetzung arbeiten, wenn sie unter sich sind. Wenn Jungen dominant auftreten, ziehen Mädchen sich oft zurück.

„Wir sehen auch heute immer wieder, dass das männliche Geschlecht bei gemischtgeschlechtlichen Projekten in den Vordergrund tritt. Weil sie laut sind, weil sie sich besser durchsetzen oder weil sie ihr Selbstbewusstsein so auf die Palme bringt, dass die Mädchen einen Schritt zurück treten. In Projekten, die nur für Mädchen oder auch nur für Jungen sind, läuft es ohne Hemmungen ab. Das heißt, sie machen das, was sie eigentlich machen sollen, ohne sich Gedanken zu machen: ‚Wie sieht das Mädchen mich?', wenn es um ein Jungenprojekt geht, oder bei den Mädchen: ‚Wenn ich dies oder das mache, dann finden mich die Jungen doof!'" (R. A.)

In geschlechterhomogenen Gruppen finden Mädchen entspanntere Handlungsspielräume. Ohne Jungen und Männer und ohne die ständige Kontrolle, wie ihr Handeln auf Jungen und Männer wirken möge, können sie sich auf das Wesentliche ihres Tuns konzentrieren. Zudem gibt es deutlich weniger Konkurrenz unter den Mädchen selbst, wenn keine Jungen anwesend sind.

9.8.2 *Der konzeptionelle Ansatz: Themen ernstnehmen, Kompetenzen entwickeln, Geschlecht reflektieren*

Aufnahme eines relevanten Themas

Im Rahmen einer Postkartenaktion der „Aktion zur Mädchenbeteiligung" schickten viele Mädchen ihre Wünsche und Forderungen an die Bremer Bürgerschaft. Eines der wichtigsten benannten Themen war „Sicherheit". Die Wünsche und Forderungen der Mädchen insgesamt wurden in der Bürgerschaft präsentiert. Darüber hinausgehend ist es wichtig, die benannten Themen aufzunehmen.

„An dieser Aktion haben sich wirklich viele Mädchen in Bremen beteiligt. Sie haben die Postkarten mit ihren Forderungen und ihren Wünschen gefüllt und an die Bürgerschaft geschickt. Wie gesagt, einer der wichtigsten Aspekte, der immer wieder in den Vordergrund trat, war ‚Sicherheit'. Aus diesem Grund haben wir diese Forderung zum Anlass genommen, dazu etwas zu machen. Wenn das ein Thema für sie ist, dann muss das aufgenommen und mit Mädchen bearbeitet werden. So ist das Projekt entstanden."
(R. A.)

Die Initiierung und inhaltliche Ausgestaltung des Projekts ist eine direkte Reaktion auf ein von Mädchen in die öffentliche Diskussion eingebrachten Themas.

Verknüpfung: Thema und Kompetenz

Die Verknüpfung einer thematischen Auseinandersetzung mit dem Erwerb von Medienkompetenzen ist der Kern der konzeptionellen Arbeit. Mädchen und junge Frauen sollen die Möglichkeit nutzen können, sich inhaltlich mit einem relevanten Thema auseinander zu setzen, und gleichermaßen dabei wichtige, auch beruflich möglicherweise relevante Kompetenzen zu erlangen.

„Einerseits ist es wichtig, sich mit Themen auseinander zu setzen. [...] Andererseits haben wir auch bemerkt, dass Mädchen und junge Frauen dadurch ihre Qualifikation im Umgang mit Medien erwerben und erweitern. Und ihre Medienkompetenzen entwickeln und erweitern können. Das ist das Wichtigste. Einerseits sich mit dem Thema auseinander zu setzen und andererseits Kompetenzen im Umgang mit Technik zu erwerben, aber auch in Bereichen, die nicht typisch weiblich sind.“ (R. A.)

Der Umgang mit Medien ist nicht Übung oder Selbstzweck, sondern dient der Auseinandersetzung mit einem Thema.

Den „männlichen Blick“ erproben und reflektieren

In der Arbeit ist es wichtig, sich mit den geschlechtlich geprägten Perspektiven auseinander zu setzen. Dies gelingt durch die erprobende Aneignung eines „männlichen Blicks“ und die Reflexion der Erfahrung damit. Eine solche Herangehensweise erfordert, dass die Mädchen sich sicher sind, in einem geschützten Rahmen zu agieren.

„Die Auseinandersetzung mit ‚Geschlecht‘ tritt eher in den Vordergrund, wenn die Mädchen unter sich sind. Wenn sie z. B. eine männliche Rolle übernehmen. Das ist etwas ganz anderes, als wenn es ein koedukatives Angebot wäre. Da würden die Jungs die Männerrolle übernehmen und die Mädchen die Frauenrolle. Aber hier haben sie die Möglichkeit, dem männlichen Blick und auch ihren Vorstellungen dazu nachzugehen und sich damit auseinander zu setzen. Dass es nicht nur unter diesem Blick bleibt, sondern sie sich wirklich gedanklich damit auseinander setzen, z. B. wie benimmt sich ein Mann, wenn er auf der Straße geht. In so einem Projekt ist es sehr sinnvoll, dass sie sich auch den männlichen Blick verschaffen und erfahren, wie sie Männer dann sehen. Wir haben festgestellt, dass dieser Blick auch sehr negativ ist. Das hat oft auch seinen Grund. Deshalb ist es wichtig, sich in der Medienpädagogik damit auseinander zu setzen. Es geht nicht darum, dass wir ein negatives Bild vom männlichen Geschlecht hervorheben, sondern wir wollen, dass sie ihren eigenen Blick in den Vordergrund holen und sich damit auseinandersetzen.“ (R. A.)

Eine Anwesenheit von Jungen würde diese Übernahme einer Männerposition unmöglich machen, das Fehlen von Jungen erzwingt sie geradezu. Dadurch ist die Möglichkeit gegeben, sich kritisch mit geschlechterrollenkonformen Handlungsweisen und Stereotypen auseinander zu setzen, sie mit ihren (offenen oder verborgenen) Bewertungsmustern wahrzunehmen, sie zu hinterfragen und sich eine reflektierte Position zu erarbeiten.

9.8.3 *Positive Erfahrungen und Grenzen: Persönliche Ansprache und Fortbildungsproblematik*

Eine wichtige Erfahrung ist, dass die Mädchen sich nicht einfach trauen, bei dem Projekt und Wettbewerb mitzumachen. Eine direkte Ansprache durch eine vertraute Person ist notwendig und hilfreich.

Man kann nicht voraussetzen, dass alle beteiligten Frauen aus mädchenspezifischen Bildungseinrichtungen selbstverständlich umfangreiche Kompetenzen im Umgang mit den neuen Medien vorweisen können. Fortbildung ist hier notwendig. Auch wenn Interesse an einer medienpädagogischen Fortbildung vorhanden ist, stellt die Finanzierung dieser oft ein Problem dar.

„Diese Qualifikationsmaßnahmen kosten normalerweise unheimlich viel, wenn man sie z. B. an der Volkshochschule macht. Ich glaube, es liegt auch daran, dass viele Kolleginnen sich das nicht leisten können, eine weitere Qualifikation auf sich zu nehmen. Auch die Einrichtungen haben nicht genug Geld dafür. Ich denke, ein wichtiger Aspekt ist, dass die Kolleginnen sich damit auseinandersetzen und dann auch entsprechend fortgebildet werden.“ (R. A.)

Auch langfristig muss überlegt werden, wie die medienpädagogische Qualifikation aller im Bildungsbereich Tätigen gefördert werden kann.

9.9 Frauenmusikzentrum. Musikproduktion für Mädchen[27]

Zu dem Bereich geschlechtersensibler Angebote zu Musik und Musikmedien konnten wir ein Interview mit **Steph Klinkenborg** vom Frauenmusikzentrum in Hamburg führen. Wir sprachen über das Kooperationsprojekt „sistars go school“ und teilweise über die Gesamtkonzeption. Unser Bemühen in dieser Darstellung ist, die im Interview genannten Erkenntnisse und Erfahrungen pointiert zu bündeln. Dadurch können wir nur einige der vielschichtigen Facetten des Angebots widerspiegeln.

Angeboten werden im Rahmen des Modellprojekts „sistars go school“ in Kooperation mit einer Hamburger Schule Arbeitsgruppen für Mädchenbands. Ziel ist, im Sinne eines lebensweltlichen Ansatzes, Mädchen das Musikmachen als eine durchaus professionelle Ausdrucksform nahezubringen.

9.9.1 *Fokussierung der Ausgangslage: Mainstream ist Male-stream*

Die Musikbranche, die einen gesellschaftlich und ökonomisch wichtigen Bereich darstellt, ist stark männlich dominiert. „Mainstream“ ist hier „male-stream“ und zementiert kontinuierlich traditionelle Geschlechterrollen. Es fehlt an posi-

27 Projekt Nr. 7, siehe Anhang S. 221

tiven Rollenvorbildern für Frauen und Mädchen. Auch die Tatsache, dass Frauen zwischen 40 und 50 Jahren als aktive Musikerinnen im Bereich der Popmusik quasi nicht sichtbar sind, macht es für nachwachsende weibliche Musikerinnen nicht einfach. Ein weiterer problematischer Aspekt ist, dass Musikerinnen nahezu ausschließlich als Sängerinnen und nur sehr selten als Instrumentalistinnen, Komponistinnen oder Produzentinnen auftreten. Mädchen und Frauen tauchen in diesem sozialisatorisch bedeutsamen Feld nur als Randfiguren auf.

Diese allgemein gesellschaftlichen Phänomene spiegeln sich sehr konkret auf der Handlungsebene und werden für Mädchen zu Stolpersteinen. Mädchen in jugendlichem Alter, die ein Instrument erlernen, eine Band gründen wollen und um Unterstützung bei der Anschaffung eines Instruments bitten, werden von ihren Eltern öfter blockiert als männliche Jugendliche. Geht es um das Instrument Schlagzeug müssen Mädchen häufiger regelrecht darum kämpfen.

9.9.2 Der konzeptionelle Ansatz: Machen und Vorbilder schaffen

Wichtig ist es, positive Rollenvorbilder zu schaffen. So entsteht eine neue Selbstverständlichkeit, als Mädchen im gesamten Bereich der Musikproduktion tätig zu sein. Das Fördern von Musikerinnen in der Außendarstellung als eine Form der Befreiung aus einer bedauernswerten Opferrolle zu verhandeln, erscheint wenig hilfreich.

Mädchen sollen den Musikbereich frühzeitig als Form des eigenen Ausdrucks erfahren. Dass sie an Instrumente gehen, soll selbstverständlich und normal sein.

> „Positive ‚role-models‘ sind wichtig, sich an Instrumentalistinnen zu orientieren, den Dozentinnen, oder sich auch bei der Stückauswahl auf Frauen zu beziehen. Wir haben eine Erhebung gemacht, und die zeigte, dass 95 % der MusikerInnen männlich sind. Und von den 5 % Musikerinnen sind 80 % Sängerin. Es gibt also ganz wenig Instrumentalistinnen, Komponistinnen und Produzentinnen. Deshalb ist es uns unglaublich wichtig, dass die Mädchen früh an die Instrumente gehen und das mit einer relativen Selbstverständlichkeit machen.“ (S. K.)

Ein altersmäßig frühes, auf Freiwilligkeit basierendes Heranführen an Musikinstrumente und das lustvolle Erfahren, dass Instrumente geeignet sind, um sich selbst und etwas auszudrücken, sind wesentliche Faktoren des konzeptionellen Ansatzes.

Da Mädchen und Jungen sich in der Altersgruppe der 7. bis 9. Klasse sowieso häufig ein Stück separat bewegen, ist es selten erforderlich, die Geschlechtshomogenität zu begründen (dies ist bei älteren Jugendlichen und jungen Frauen eher der Fall). Ein musikalischer Raum, in dem Frauen – in allen Funktionen – eindeutig dominieren, trägt zur Schaffung einer Selbstverständlichkeit bei. Wichtig ist, dass die musikalischen Artikulationen den ausschließlich weiblichen Raum verlassen und dass die Bandauftritte auch von männlichem Publikum wahrgenommen werden können.

9.9.3 *Positive Erfahrungen und Grenzen: Impulse fruchten*

Für Mädchen ist es oftmals schwieriger ihre Instrumentenwünsche durchzusetzen, aber es gelingt durchaus. Auch nach einer relativ kurzen Zeitspanne von etwa einem halben Jahr Anleitung kann es, obwohl es schwierig ist, gelungen sein, dass Mädchenbands sich selbst eine verlässliche Struktur geschaffen haben, die es ihnen ermöglicht, selbstständig weiterzuarbeiten.

Die Kooperation mit der Institution Schule im Musikbereich ist herausfordernd wie ertragreich. Lehrerinnen erfahren eine ihnen oftmals unbekannte Seite ihrer Schülerinnen; sie entdecken Kompetenzen, die sie den Mädchen nicht zutrauten. Allerdings kann die Anwesenheit einer Lehrerin im Einzelfall den Prozess durchaus blockieren. Insgesamt werden die Herausforderungen, die in einer solchen Kooperation liegen, oft unterschätzt, da es sich um Handlungsfelder mit verschiedenartigen Interaktionskulturen und Perspektiven handelt.

9.9.4 *Spezifikum*

Der Ansatz des Frauenmusikzentrums ist umfassender und grundsätzlicher als das Projekt „sistars go school“ vermuten lässt, er umfasst neben dem Musik-Machen auch die Ebene der Analyse der Geschlechter. Unter anderem finden Vorträge statt.

„Wir haben nicht nur diesen bipolaren Ansatz. Wir sagen, es gibt mehr als nur zwei Geschlechter. Es gibt eine Veranstaltungsreihe, die heißt ‚Come queer – my gender is music‘. […] Das findet mal mehr, mal weniger Niederschlag. Aber im Prinzip ist es das, was unsere Projekte immer wieder durchzieht. Wir überschreiten da auch gern mal eine Grenze. Wir sind offen für alles, was irgendwie Verwirrung stiftet.“ (S. K.)

9.10 Mediennächte in der Schule[28]

Zu dem Bereich geschlechtersensibler Angebote zur Computernutzung im schulischen Bereich konnten wir ein Interview mit **Marco Fileccia** führen. Wir sprachen über eine Reihe von (mädchenspezifischen) Projekten, die er bereits als Lehrer am Bert-Brecht-Gymnasium in Dortmund durchgeführt hat und über die (nicht mehr mädchenspezifschen) „Mediennächte“, die er derzeit als Lehrer am Elsa-Brändström-Gymnasium in Oberhausen anbietet. Unser

28 Projekt Nr. 31, siehe Anhang S. 245

Bemühen in dieser Darstellung ist, die im Interview genannten Erkenntnisse und Erfahrungen pointiert zu bündeln. Dadurch können wir nur einige der vielschichtigen Facetten des Wandels der Angebote widerspiegeln.

Angeboten werden im Rahmen der „Mediennächte" vielfältige Medieninteraktionen, die den für die Mediennacht angemeldeten Jungen und Mädchen ab der 9. Klasse zur Benutzung offen stehen. Ziel ist, miteinander im Umgang mit den Computerspielen und anderen Medien Spaß zu haben, ein Stück Medienkompetenz zu entwickeln und als Lehrkraft den bestehenden Medienkonsum der Jugendlichen als „critical friend" zu begleiten.

9.10.1 Fokussierung der Ausgangslage: Die Mediennutzung gleicht sich an, die Medieninhalte nehmen nur Teilinteressen auf

Als der Computer und das Internet vor fünf bis sechs Jahren an die Schulen kamen, sprach dies überwiegend die Technikinteressierten an – schwerpunktmäßig Jungen. Zu dieser Zeit gab es bei den pädagogisch Tätigen das Gefühl, man müsse den Mädchen etwas mehr helfen als den Jungen. Mittlerweile ist eine Veränderung eingetreten.

> „Das würde ich als heute nicht mehr notwendig einschätzen. Man ist immer schnell versucht zu sagen, die Jungen können das besser, weil sie damit *anders* umgehen. Ich weiß nicht, ob das nicht manchmal auch ein Trugschluss ist." (M. F.)

Zum einen ist die technische Seite ausgereifter, so dass die Geräte und die Softwareanwendungen verlässlich funktionieren, wenn man sie anschaltet bzw. startet. Ein technisches Verständnis ist zur Nutzung nicht mehr zwingend erforderlich. Zum anderen greifen, verhältnismäßig gesehen, Mädchen und Jungen vergleichbar auf die Computer und digitale Medien zu, wenn es um Nutzung oder Anwendungen geht.

> „Die Unterschiede in der Mediennutzung sind viel geringer geworden. Wenn ich mir z. B. anschaue, wie selbstverständlich MP3-Player oder Ähnliches von Jungen und Mädchen genutzt werden oder wie sie Internetrecherchen machen und vieles anderes. Die Frage ist dann, wie sie Inhalte auswählen. Die Herangehensweise ist manchmal eine andere." (M. F.)

Eine spezielle Förderung für eine Geschlechtsgruppe unter einer Defizitperspektive ist jedenfalls obsolet geworden.

Problematisch ist, dass Jugendliche bei ihren Erfahrungen mit Medien und Medieninhalten selten von Älteren begleitet werden. Eltern sind den Jugendlichen keine Ansprechpartner, weil sie zumeist wenig über die Medien(inhalte) – etwa die genutzten Computerspiele – Bescheid wissen. Darüber hinaus gibt es auf dem Markt kaum ansprechende Computerspiele, die Interessen von Mädchen aufnehmen und mit denen Mädchen gerne spielen. Ein unkritisches und unreflektiertes Einsetzen nur eines, wenn auch dominanten, medialen

„Materials“ wie Strategie-Computerspiele es sind, grenzt Mädchen durch Nichtaufnahme ihrer Themen aus.

9.10.2 Der konzeptionelle Ansatz: Aufmerksamkeit für Differenzen, Spaß und ein kritischer Freund

Aufmerksamkeit für Differenzen ohne Festschreibung derselben

Die Mediennächte sind so konzipiert, dass sie Jungen und Mädchen ansprechen. Klassische Mediennächte sind oft in Form von „LAN-Partys“ gestaltet. Diese sprechen fast ausschließlich die Computerspielinteressen von Jungen an. Da an einem LAN-Turnier nur selten Mädchen teilnehmen, wird bewusst auf ein breites Spektrum von Angeboten geachtet, so dass alle Beteiligten in der Mediennacht Spaß haben.

„Wenn man normale LAN-Partys veranstaltet, dann sind dort 90 % Jungen [...] Das hängt auch damit zusammen, dass es wenig richtig schöne, adäquate Computerspiele gibt, mit denen sich Mädchen identifizieren und die sie gerne spielen. [...] Wir versuchen ein Konzept zu entwickeln, mit dem wir auch die Mädchen erreichen. Das sieht dann so aus: Auf der einen Seite machen wir eine normale LAN-Party mit einem Turnier, an dem immer wieder vereinzelt Mädchen teilnehmen. Wir bieten ein Kino an, was beide Geschlechter gleichermaßen anspricht, so ist mein Eindruck. Es gibt ein Internetcafé, in dem viele Mädchen sind und wo wir auch einen Chat anbieten. Und wir veranstalten einen ‚Singstar-Contest‘ mit ‚Playstation‘, zum Singen und Mitmachen. Da sind viele Mädchen gerne dabei. Abgesehen davon, dass es ohnehin ein großer Spaß ist, die Nacht mit solchen Dingen und mit Freunden in der Schule zu verbringen.“ (M. F.)

Die gezielte Aufnahme der thematischen Interessen aller ermöglicht es, dass Jungen und Mädchen die Mediennächte gleichermaßen annehmen. Die ebenfalls ursprünglich eingeführte Idee, dass sich Jungen und Mädchen paarweise anmelden müssen, um eine ausgeglichene Teilnahme zu gewährleisten, ist mittlerweile überflüssig geworden. Die Regelung wurde aufgehoben.

Grundsätzlich sollen die Angebote auf die Persönlichkeit der Jugendlichen ausgerichtet sein und nicht auf ihre Geschlechtszugehörigkeit.

„Ideal wäre es, wenn man das gar nicht mehr erwähnen müsste. Wenn man sich selbst in der Hinsicht überflüssig macht und es einfach eine Mediennutzung von Jugendlichen ist. Aber ich denke, es gibt einen Unterschied zwischen Jungen und Mädchen in der Mediennutzung. Das ist zumindest meine Erfahrung. Ich finde es wichtig und richtig darauf zu reagieren. Die Mädchen müssen jetzt nicht unbedingt Computerspiele spielen oder die Jungen in den Chat-Raum. Das sollen sie so machen, wie es ihnen entspricht, aber das persönlichkeitsbezogen und nicht geschlechterbezogen. Von daher wäre das Beste, wenn man nicht mehr auf einen Geschlechterunterschied reagieren müsste.“ (M. F.)

Es geht darum, die Differenzen – und ggf. verborgenen Ausgrenzungsmechanismen – zu identifizieren, aber die Differenzen nicht als Geschlechterdifferenzen zu zementieren. Jede Person soll ein möglichst umfangreiches Tableau an Entwicklungs- und Erprobungsmöglichkeiten nutzen und nach eigenen Interessen auswählen können, ohne dabei Rollenklischees bedienen zu müssen.

Gemeinsam Spaß haben und vom kritischen Freund begleitet werden

Der Spaß, eine Nacht in der Schule gemeinsam mit anderen zu verbringen und dabei einer Vielzahl von ganz unschulischen Tätigkeiten nachzugehen, ist ein wesentlicher Aspekt der Mediennächte. Er ist aber nicht der einzige.

„Der wichtigste Aspekt ist vielleicht, dass die Mediennächte nicht zu sehr pädagogisiert sind und dass im Vordergrund steht, miteinander Spaß zu haben. Dort wirklich etwas zu tun, was große Freude bereitet. Die Intention ist, dass sie ein Stück Medienkompetenz mitnehmen. Ich lasse nur Original-CDs zu, also ich kontrolliere, ob die Spiele und Filme Originale sind. Sie sollen dadurch ein stückweit über Dinge wie Urheberrecht und Raubkopien nachdenken. Ein weiterer Aspekt ist, dass sie erleben sollen, wie man miteinander Spaß haben kann ohne brutale Ego-Shooter und Ballerspiele. Einige Jungs wollen immer auch ‚Counter-Strike' spielen, aber dieses Spiel ist ab 16 und ich würde es ohnehin nicht als Schulspiel zulassen. Ich muss zwar mit einigen Schülern diskutieren, aber sie verstehen das relativ schnell. Wir suchen dann halt ein Spiel ab 12, dies ist im Augenblick ‚Warcraft III'. Dann erleben sie, dass man auch mit einem solchen Spiel ab 12 Jahren schön stundenlang miteinander spielen kann." (M. F.)

Die Balance von Gemeinschaftserleben, Spaß-Haben und (inhaltlich begründeter) Regulation durch den Pädagogen wird gehalten und nicht zugunsten einer Richtung aufgelöst. Der Pädagoge tritt den Schülerinnen und Schülern gegenüber als jemand auf, der durchaus an relevanten Regeln (keine Raubkopien, keine Ego-Shooter) festhält und diese auch gegen ihre Wünsche durchsetzt, der aber gleichermaßen daran interessiert ist, dass Unterhaltung und Spaß aller im Zentrum stehen. Durch die Kenntnis der von ihm zugelassenen und der von ihm begründet abgelehnten Produkte wird er von den Jugendlichen akzeptiert und agiert in der Rolle eines „critical friend", eines kritischen Begleiters der Mediennutzung.

9.10.3 Positive Erfahrungen und Grenzen

Die Mediennächte werden von den Schülerinnen und Schülern so gut angenommen, dass es mittlerweile nicht mehr erforderlich ist, viel Werbung dafür zu machen; eine Ankündigung reicht aus, um bis zu hundert Teilnehmerinnen und Teilnehmer zu gewinnen. Durch die Zusammenstellung der Angebote können Mädchen und Jungen gleichermaßen angesprochen werden, es waren zuletzt etwas mehr Mädchen als Jungen anwesend.

Eine Erfahrung aus einer reinen Mädchen-LAN-Party aus früheren Jahren zeigte, dass die Mädchen durchaus Spaß am Spielen hatten. Die vorgeschobene Technik-Einheit, um das für die Party notwendige Netzwerk von Computern zu ermöglichen (Einbau der Netzwerkkarten, Einrichten des Netzwerkes) stieß jedoch auf erheblichen Widerstand. Hierzu hatten die Mädchen keine Lust und mussten nahezu gezwungen werden.

Eine positive Erfahrung ist, dass der Lehrer durch die Interaktion in den Mediennächten für die Schülerinnen und Schüler zu einem – oft vermissten – respektierten Ansprechpartner der eigenen Mediennutzung wird.

„Ein Nebeneffekt ist, dass die Schülerinnen und Schüler mir Dinge anvertrauen, auch außerhalb der Mediennächte, die sie sonst vielleicht niemandem erzählen würden. Also ich gelte nun als Ansprechpartner für ihre weitere Mediennutzung. Sie erzählen mir detailliert von ihrem Spielverhalten (in welchem Level sie sind, wie lange sie spielen, etc). Ich bin mit ihnen im Gespräch und so kann ich auch das ein oder andere Mal kritisch nachfragen, zum Beispiel: ‚Meinst du nicht, du spielst ein bisschen zu viel?'. Dann bin ich natürlich in einer ganz anderen Rolle, nämlich als akzeptierter Partner." (M. F.)

Die Organisation der Mediennächte wird größtenteils von Schülern übernommen, die sich freiwillig dazu bereiterklärt haben. Bislang sind in dem Organisationsteam nur Schüler und keine Schülerinnen. Um die Geräte aufzubauen, bedarf es technischen Know-hows. Vermutlich ist dies wenig attraktiv für Mädchen, sich in diese Jungen-Domäne vorzuwagen. Um hier ein ausgewogenes Verhältnis von Jungen und Mädchen zu erreichen, ist eine persönliche Ansprache einer Mädchengruppe (nicht Einzelner) wohl erforderlich. Herr Fileccia will das in Angriff nehmen.

9.11 MONA LiesA. Reflexion der Inszenierung von Geschlechtsrollen mit Medien[29]

Zu dem Bereich geschlechtersensibler Angebote zur thematischen Auseinandersetzung mit Geschlechterrollen, hier konkretisiert als offener Mädchentreff mit thematischen Angeboten, konnten wir ein Interview mit **Katja Demnitz** von MONAliesA e. V. in Leipzig führen. Wir sprachen über die Gesamtkonzeption und verschiedene kleinere Projekte, bei denen Medien – vorrangig Fotografie, Lesen, Schreiben und Radiotechnik – eingesetzt werden. Unser Bemühen in dieser Darstellung ist, die im Interview genannten Erkenntnisse und Erfahrungen pointiert zu bündeln. Dadurch können wir nur einige der vielschichtigen Facetten des Angebots widerspiegeln.

Angeboten werden im Rahmen von MONAliesA eine Mädchenbibliothek, offene Mädchentreffen mit wechselndem Veranstaltungsprogramm und thematische Workshops mit Medieneinsatz. Die Angebote richten sich schwerpunkt-

29 Projekt Nr. 34, siehe Anhang S. 248

mäßig an 14- und 15-Jährige Mädchen. Ziel ist, eine Selbstbestimmtheit bei der Ausbildung einer weiblichen Identität zu erreichen.

9.11.1 Fokussierung der Ausgangslage: Begrenzung durch rigide Rollendefinitionen

Mädchen werden im Aufwachsen mit normativen geschlechtsspezifischen Rollenerwartungen konfrontiert. Massenmedien bedienen diese klischeehaft und prägen so zum Teil unrealistische Vorstellungen von Weiblichkeit. Mädchen brauchen Freiräume, um diese kritisch zu reflektieren und sich jenseits von einengenden Identitätskonzepten nach ihren eigenen Bedürfnissen und Wünschen zu entwickeln.

9.11.2 Der konzeptionelle Ansatz: emanzipatorische Bildungsarbeit mittels Medien

Die Arbeit mit Medien ist Teil eines umfangreichen geschlechterreflexiven pädagogischen Angebots und eingebunden in das emanzipatorisch-feministische Konzept von MONAliesA.

Ziel ist dabei eine selbstreflexive Auseinandersetzung mit Geschlechtsidentität und Geschlechterrollen zu erreichen und die Mädchen bei diesem Bildungsprozess kritisch zu begleiten. Um dies zu erreichen, haben die Angebote immer einen konkreten inhaltlichen Schwerpunkt.

„Es steht immer im Mittelpunkt, dass die Mädchen angeregt werden sollen, eine selbstbestimmte weibliche Identität zu entwickeln. Das klingt immer so theoretisch, aber letztendlich geht es immer darum, sich von Begrenzungen zu lösen und das Eigene zu finden und durchzusetzen, auch jenseits von klassischen Rollen.“ (K. D.)

Wichtig ist dafür die Rolle der Pädagogin, die durch reflektiertes Vermitteln ihrer eigenen Identität als Frau einen Gegenentwurf darstellen kann. Dies soll nicht im Sinne einer manipulativen Einflussnahme geschehen, sondern zu Grenzüberschreitungen anregen und einen freien, emanzipierten Selbstentwurf ermöglichen.

„Mir ist das selbstständige Denken wichtig. Dafür braucht man gerade bei dem Thema ein bisschen Auseinandersetzung. Also ein Angebot, sich selbst eine Meinung dazu bilden zu können. Und vor allem die Zeit und den Raum, um erkennen zu können: Wer bin ich als Mädchen? Oder wie will ich als Frau sein? Was für Bilder gibt es oder welche Rollen werden erwartet?“ (K. D.)

Medien wie Lesen, Schreiben, Fotografie und Radiotechnik (Interviews) werden dabei als Mittel zur Thematisierung dieser Probleme genutzt, für die Vermittlung der Techniknutzung werden externe Fachfrauen herangezogen. Die Auswahl der Methoden und inhaltlichen Bezüge bei den Veranstaltungen, die immer Input, Arbeitsphase mit den Medien und Auswertung beinhalten, orientiert sich an der Lebenswelt der Mädchen.

9.11.3 Positive Erfahrungen und Grenzen

Obwohl Kontinuität in der offenen Mädchenarbeit, wie in der offenen Jugendarbeit allgemein, ein Problem darstellt, nehmen die Mädchen mit großem Interesse an den Angeboten teil. Sich mit Geschlechterrollen auseinander zu setzen, trifft den Kern der Identität und ruft teilweise Ängste hervor, dennoch weckt die Arbeit viel Interesse und die Mädchen wünschen oft eine Weiterführung oder ein anderweitiges Aufgreifen der Projekte. Eine schwierige Erfahrung ist, dass die eigenen hohen pädagogischen Ansprüche an inhaltliche Auseinandersetzung in der praktischen Arbeit mit den Mädchen nicht immer einzulösen sind.

„[In einem Projekt] kamen ganz viele klassische Träume und Wünsche hervor, wie ‚ich möchte Starfrisör von Daniel Küblböck werden' oder ‚Modellkarriere'. Diese Wünsche stehen manchmal so fest, dass wenig Auseinandersetzung darüber möglich ist. Das muss man dann aushalten, das so stehen zu lassen." (K. D.)

Für Katja Denmitz ist es wichtig, reflektiert mit den eigenen feministischen Ansprüchen umzugehen, um dem Selbstbestimmungsrecht der Mädchen Rechnung zu tragen.

9.11.4 Spezifikum

Weitere Bemühungen von MONAliesA betreffen die Zusammenarbeit mit dem Netzwerk Jungenarbeit in Leipzig. Im Hinblick auf Multiplikatorinnenarbeit ist eine Kooperation mit der Fachhochschule Leipzig im Gespräch, um dort Seminare zur Geschlechterthematik anzubieten. Politisches Ziel ist es, geschlechtsspezifische Arbeit grundlegend als Querschnittsaufgabe in der Jugendarbeit zu verankern.

9.12 MiM – Mädchen in Medienberufen. Medienberufe und Medientechnik[30]

Zu dem Bereich geschlechtersensibler Angebote zu Berufsorientierung im Medienbereich, hier konkretisiert als Praxisworkshops für Mädchen, konnten wir ein Interview mit **Eva Pieper** von der Landesarbeitsgemeinschaft Lokale Medienarbeit NRW führen. Wir sprachen über das Modellprojekt „Mädchen in

30 Projekt Nr. 33, siehe Anhang S. 247

Medienberufe MiM“. Unser Bemühen in dieser Darstellung ist, die im Interview genannten Erkenntnisse und Erfahrungen pointiert zu bündeln. Dadurch können wir nur einige der vielschichtigen Facetten des Angebots widerspiegeln.

Angeboten werden im Rahmen des Projekts Workshops im Praxisfeld – vorrangig im Bereich Fernsehen, Radio und Computer – für Mädchen zwischen 14 und 21 Jahren. Ziel ist, Mädchen in Kontakt mit professionell tätigen Frauen der Medienbranche zu bringen. Des Weiteren werden zugleich Multiplikatorinnen als Vermittler von Medienkompetenz geschult.

9.12.1 Fokussierung der Ausgangslage: Behinderungen in der Orientierung hin zu Medienberufen

Zu wenige Mädchen erwägen, ernsthaft einen Beruf im Medienbereich zu ergreifen. Für dieses Problem werden mehrere zusammenhängende Ursachen ausgemacht: Mädchen sind im Umgang mit Medientechnik benachteiligt, da sie von Jungen zurückgedrängt werden und so nicht die Gelegenheit haben, Berührungsängste auf ihre eigene, mädchenspezifische Herangehensweise zu überwinden.

> „Die Jungen wollen grundsätzlich zuerst an die Technik. Die Mädchen sind viel zögerlicher sich zu melden und trauen sich nicht so schnell. Sie haben auch eine ganz andere Herangehensweise. Zuerst fragen sie und hören genauer hin. Die Jungen machen einfach drauflos. Wenn sie feststellen, dass es falsch war, machen sie es einfach noch einmal, während die Mädchen in dieser Hinsicht mehr Zeit brauchen. [...] Sie müssen erst eine Scheu überwinden.“ (E. P.)

Das gängige Vorurteil der Technikferne von Frauen und die geringe Zahl von Frauen in Medienberufen, die als Vorbilder dienen könnten, verstärken die Hemmschwelle für Mädchen, sich an dieses Berufsfeld heranzuwagen.

9.12.2 Der konzeptionelle Ansatz: Ungestörte Annäherung und Vorbilder

In geschlechtshomogenen Gruppen erleben die Mädchen ihre eigene Kompetenz im Umgang mit Medien und Technik, da sie sich dort ungestört annähern können. Praxis- und produktorientiertes Arbeiten mit anschließender öffentlicher Präsentation ermöglicht ihnen darüber hinaus, sich selbst als bestimmende Person wahrzunehmen.

> „Die Mädchen haben nur dadurch die Chance, an die Technik heranzukommen und auf ihre Art darauf einzugehen, dass sie das Projekt getrennt von den Jungen durchführen. Das ist das eine. Das zweite ist, dass sie von Frauen geschult werden. Wenn es geht, sind es Frauen, die die Medienarbeit vorstellen und die Berufsbilder und das Medienwissen vermitteln.“ (E. P.)

Die Einbindung von Fachfrauen – zum einen aus Medienberufen, zum anderen aus den Gleichstellungsstellen – zielt ganz bewusst auf die Vorbildfunktion und erzeugt eine Selbstverständlichkeit, sich selbst als Mädchen/Frau in diesen Berufsbildern zu denken. Das hat als Kontrast zur Erfahrung von Medien als Männerdomäne eine wichtige Signalwirkung.

Des Weiteren ist die Schulung von Multiplikatorinnen innerhalb des Projekts ein wichtiger Aspekt vor dem Hintergrund, dass alle beteiligten Stellen aus lokalen Zusammenhängen stammen. So soll eine Weiterbetreuung der Mädchen nach Projektende einerseits und andererseits die Etablierung der Projektidee in der pädagogischen Landschaft gewährleistet werden.

„Einmal ist es die lokale Eingebundenheit, dass verschiedene Stellen in den Orten beteiligt sind: Medienfachleute, die Gleichstellungsstelle und eine Gruppe von Mädchen und Multiplikatorinnen, die diese Mädchen weiter betreuen können. Und das Zweite ist, dass während des Projektes gleichzeitig die Multiplikatorinnen geschult werden. Weil sie die Mädchen betreuen und die Arbeit mitbekommen, können sie die Arbeit dann weiterführen. Wir fahren zweigleisig.“ (E. P.)

9.12.3 Positive Erfahrungen und Grenzen

Dass Mädchen sehr wohl Interesse an Medienberufen haben und bei der Orientierung dahin spezifische Angebote brauchen, zeigt sich an der unerwartet großen Resonanz auf das Projekt. Einige Mädchen haben sich im Anschluss daran tatsächlich für einen entsprechenden beruflichen Weg entschieden. Erfolgserlebnisse gab es auch im Zusammenhang mit der öffentlichen Präsentation der Ergebnisse:

„Das heißt, alle Projekte sind Praxisprojekte und werden in einer Premiere mit einer kleinen Feier der Presse, der Öffentlichkeit oder den Eltern präsentiert. Das Ganze, also die gesamte Form der Vorstellung mit Presse usw. schult enorm das Selbstbewusstsein. Sie haben wirklich etwas geleistet.“ (E. P.)

Die für die Mädchen so ermutigende Geschlechtshomogenität des Projekts macht Eva Pieper gleichzeitig auch als Grenze aus, die es in der Zukunft zu überwinden gilt: Im Sinne des Gender Mainstreaming müssten auch Jungen eine geschlechterspezifische Schulung erhalten.

9.12.4 Spezifikum

Das Modellprojekt „Mädchen in Medienberufe MiM“ ist als solches bereits abgeschlossen, es soll aber in Form einer Beratungsstelle der Landesarbeitsgemeinschaft Lokale Medienarbeit weitergeführt werden.

9.13 Lizzynet. Internetportal/virtuelle Gemeinschaft[31]

Zu dem Bereich geschlechtersensibler Internetplattformen/virtuelle Gemeinschaften konnten wir ein Interview mit **Ulrike Schmidt** von Schulen ans Netz e. V. führen. Wir sprachen über das Projekt „Lizzynet.de“. Unser Bemühen in dieser Darstellung ist, die im Interview genannten Erkenntnisse und Erfahrungen pointiert zu bündeln. Dadurch können wir nur einige der vielschichtigen Facetten des Angebots widerspiegeln.

Angeboten wird im Rahmen von „Lizzynet“ eine Plattform im Internet, die Clubs, Chats, Online-Kurse und vieles andere umfasst, die von erwachsenen Redakteurinnen betreut wird, auf der die teilnehmenden Mädchen aber ebenfalls vielfältige, gestaltende Funktionen übernehmen können. Ziel ist eine virtuelle Gemeinschaft („Community“) für Mädchen zu schaffen und einen virtuellen Ort, an dem mädchenspezifische Sichtweisen und Fragestellungen im Mittelpunkt stehen.

9.13.1 Fokussierung der Ausgangslage: Keine virtuellen Orte für Mädchen

Im Internet gibt es wenig Orte, an denen mädchenspezifische Sichtweisen im Mittelpunkt stehen und an denen Mädchen Spielräume für Handlungen erhalten. Dadurch fehlen virtuelle Lern- und Erfahrungsräume für Mädchen, in denen sie sich auch in überregionalen Kontexten mit Fragen verschiedenster Art auseinandersetzen können. Infolgedessen wird auch immer wieder festgestellt, dass Mädchen sich an bundesweiten Wettbewerben wenig beteiligen.

Auf gemischtgeschlechtlichen Internetplattformen sind Mädchen ständig mit dem „Balzfaktor“ konfrontiert und müssen sich entsprechend den Erwartungen an ihre Geschlechtsrolle verhalten, was Lernprozesse behindert. Längerfristig gesehen wird dadurch die Berufswahlorientierung von Mädchen und Frauen eingeschränkt.

9.13.2 Der konzeptionelle Ansatz: Handlungsspielräume, Kommunikation und Gemeinschaft

Im Internet wird ein Ort geschaffen, an dem mädchenspezifische Sichtweisen im Mittelpunkt stehen und an dem konsequent aus dieser Perspektive gearbeitet wird. Dadurch entstehen neue Lernräume und neue Möglichkeiten für Mädchen, sich darzustellen und Themen zu bearbeiten.

31 Projekt Nr. 26, siehe Anhang S. 245

Medienpädagogisch geschützte, überregionale Handlungsspielräume

Die Internetplattform ist ein Ort und eine virtuelle Gemeinschaft, die sich nur für Mädchen öffnet. Dies benötigt eine bestimmte Form der Absicherung. Innerhalb dieses pädagogisch geschützten Experimentierfeldes entstehen für die Mädchen Räume, um Fragen zu stellen, um zu lernen, um sich darzustellen und inhaltlich auf ganz verschiedene Weisen in das Gemeinschaftsgeschehen einzubringen.

„Keine Frage ist zu dumm, nichts ist peinlich. Sie können über alles reden und alles zum Thema machen. Wichtig ist auch, dass sie sich selbst darstellen können, in ihren Homepages, und Themen selbst bearbeiten können, zum Beispiel im ‚Club Religion‘: Was die Mädchen dort für Fragen aufwerfen [...]. Insgesamt ist es ein anregendes Lernumfeld. Dadurch, dass es konsequent die geschlechtsspezifischen Sichtweisen gibt, wird es auch sehr gut genutzt.“ (U. S.)

Die Sicherheit besteht, nur unter (bei der Plattform angemeldeten) Mädchen zu sein und im Zweifelsfall auf die Kompetenz der Redakteurinnen zurückgreifen zu können.

„Ganz wichtig ist, dass es medienpädagogisch betreut wird. Fragen werden beantwortet und wenn es irgendwo hakt, dann haben die Mädchen immer einen Ansprechpartner.“ (U. S.)

Die Möglichkeiten der Gestaltung und Nutzung dieser Handlungsspielräume auf der virtuellen Plattform sind enorm vielschichtig. Die Mädchen können, unterstützt durch einen Homepage-Generator, eine eigene Internetseite erstellen, können sich schreibend einbringen, können eigene Clubs gründen und moderieren oder Onlinekurse erstellen und nutzen.

Ganzheitlicher Ansatz: Kommunikation und Personenorientierung

Betont wird insbesondere der Aspekt der Kommunikation. Die Plattform soll kein erweiterter Schulraum sein, sondern ein Ort der Begegnung und des Austausches. Er soll auch Lernerfahrungen ermöglichen und bietet dafür auch Informationen und Werkzeug, wichtig ist aber die Ganzheitlichkeit, die die Mädchen als Personen ernst nimmt.

„Es ist eine virtuelle Gemeinschaft nur für Mädchen. Wir legen sehr viel Wert darauf, dass die mädchenspezifischen Sichtweisen und Fragestellungen im Mittelpunkt stehen. Das ist mit das Wichtigste. Wichtig ist auch, dass wir ein ganzheitliches Konzept haben. Wir sagen nicht, dass die Mädchen hier nur lernen oder nur Informationen finden, sondern wir setzen mit der Kommunikation an, mit dem ‚Community‘-Bereich. Wir geben Informationen und es gibt auch die Möglichkeit zu lernen. Dies alles in seiner Gesamtheit.“ (U. S.)

Auf diese kommunikative Weise können eine Reihe vielschichtiger Lernprozesse ablaufen, auch indem die Mädchen wechselseitig voneinander lernen.

9.13.3 Positive Erfahrungen und Grenzen: Stärkungen und Hemmschwellen

Positive Erfahrungen sind, dass die Mädchen Stolz und zunehmende Selbstsicherheit entwickeln, wenn sie für die Plattform arbeiten. Mit der Verantwortung, einen Club zu moderieren oder einen bestimmten Kurs zu einer Programmiersprache zu schreiben, werden wichtige, sie stärkende Erfahrungen gesammelt. Diese Erfahrungen nehmen auch Einfluss auf die Möglichkeit zukünftiger Berufsorientierung.

„Wir haben die ersten Mädchen, die im Bereich Medienproduktion studieren und so ihren beruflichen Werdegang machen.“ (U. S.)

Dass das Konzept gut angenommen wird, ist daraus ersichtlich, dass ein Großteil der Mädchen den Zugang zu „Lizzynet“ über eine Freundin findet. Das Portal wird kontinuierlich weiterempfohlen.

Grenzen der Plattform macht Ulrike Schmidt im Bereich der Ansprache der so genannten Bildungsbenachteiligten aus. Hauptschülerinnen ohne privaten Internetanschluss finden den Weg zu „Lizzynet“ nicht. Diese Gruppen werden bislang nicht erreicht. Hier ist es notwendig, vor Ort zu gehen. Auch die Textlastigkeit des Portals mag auf leseungewohnte Mädchen abschreckend wirken.

9.14 Hardliner. Computer-Gewalt-Spiele[32]

Zu dem Bereich geschlechtersensible Angebote zu Computerspielen, hier konkretisiert in Form von Computer-Gewalt-Spielen, konnten wir ein Interview mit **Jens Wiemken** von „die pädagogen“ führen. Wir sprachen über das Projekt „Hardliner“. Unser Bemühen in dieser Darstellung ist, die im Interview genannten Erkenntnisse und Erfahrungen pointiert zu bündeln. Dadurch können wir nur einige der vielschichtigen Facetten des Angebots widerspiegeln.

Angeboten werden im Rahmen des Projekts „hardliner“ mehrtägige Veranstaltungen in Innenräumen und Außenräumen für männliche Jugendliche, gemischtgeschlechtliche Schulklassen und auch ältere Jugendgruppenleiter zwischen zwanzig und dreißig Jahren. Ziel ist, die Interessen der Jugendlichen an Gewaltspielen ernst zu nehmen und pädagogisch aufzunehmen, ihnen die Differenz zwischen Virtualität und Realität zu verdeutlichen, damit sie den realistischen Blick nicht verlieren und sich auf angemessene Weise in der realen Welt positionieren können.

32 Projekt Nr. 14, siehe Anhang S. 228

9.14.1 Fokussierung der Ausgangslage: Virtualität vs. Realität

Bislang werde dem Phänomen jugendlicher Computer-Gewalt-Spieler, nach Aussage von Jens Wiemken, entweder ignorierend oder bewahrpädagogisch begegnet. Beides reiche nicht hin.

Jungen vermissen Authentizität. Sie sind mit ihren Bedürfnissen und Fragen oftmals gezwungen, auf Medienerfahrungen zurückzugreifen. Dazu nutzen sie auch Gewalt-Computer-Spiele. Aber

> „... die Realität ist kein Computerspiel. [...] ich kann hier in der Realität nicht auf ‚reset' drücken oder das Spiel vom letzten Speicherstand nochmal starten." (J. W.)

Computerspiele suggerieren einerseits Klarheit und klare Konsequenzen im Umgang mit feindlichen und gewalttätigen Konfrontationen, bilden aber nur einen ganz bestimmten Teil dieser „Erfahrungen" ab. Dieser Sachverhalt bleibt oft unreflektiert. Alleingestellt können diese Teilerfahrungen dazu verleiten, den Blick auf die Realität zu verlieren.

> „Es haben schon viele Medienpädagogen gesagt, auch zum Fernsehen, dass gerade Jungen gefährdet sind, Realität und Virtualität zu vermischen und dass sie in Gefahr sind, den realistischen Blick zu verlieren. Das ist der Punkt, wo wir gezielt ansetzen und versuchen, sie klar in die Realität zurückzuholen." (J. W.)

9.14.2 Der konzeptionelle Ansatz: Inszenierung und Reflexion

Ursprünglich konzipiert wurde ein reines Jungenangebot, es richtete sich an Jungen, die an Gewaltspielen interessiert oder von diesen fasziniert sind. Die pädagogische Maxime lautet schlicht: die Kinder und Jugendlichen dort abzuholen, wo sie sind.

Inszenierung eines Experimentierfelds,
das Computerszenarien in die Realität umsetzt

Die Jungen werden mit dem Unterschied zwischen der virtuellen Welt und der Realität ganz konkret und ganz direkt, körpernah konfrontiert.

> „Der erste Schritt ist die Umsetzung der Computerbilder in die Realität, und dazu muss eben auch gekämpft werden. Denn es muss erst mal erfahren werden, was Kämpfen überhaupt ist. Wie funktioniere ich überhaupt beim Kämpfen. Beim Computerspiel erlebe ich mich die ganze Zeit als ‚der Sieger' und ‚der Coole'. Und wie sieht das aus beim wirklichen Kämpfen?" (J. W.)

Diese realen Kämpfe sollen keinerlei Verletzungen hervorrufen, sie erfolgen nach sehr klaren Regeln, aber sie konfrontieren die Jugendlichen mit dem ganzen Erleben. Die begrenzte virtuelle Erfahrung wird in die Realität mit all ihren Aspekten überführt. In der Realität ist Handeln von Emotionen begleitet, und es führt zu Konsequenzen; ein Neustart der Situation ist nicht möglich.

Die direkte Eins-zu-eins-Kampfsituation wird in ein komplettes Gruppenszenario in einem größeren Gebiet (Schulgebäude oder freies Gelände) mit zu erfüllenden Aufgaben überführt. Dies entspricht den üblichen Szenarien von gewalthaltigen Computerspielen. Die Jungen bilden Teams und werden mit spezifischen Waffen ausgerüstet. Damit entsteht ein komplexes Experimentierfeld, das durch eindeutige und klare Regelabsprachen definiert wird, und ein pädagogisch abgesicherter Interaktionsraum, der komplexe und extreme Erfahrungen im Umgang mit einem schwierigen Thema ermöglicht.

Die Pädagogen, die dieses extreme Experimentierfeld begleiten und sichern, werden in ihrer fachlichen, persönlichen und sozialen Kompetenz stark herausgefordert. In einer höchst anspruchsvollen Weise übernehmen sie die Verantwortung für ein ungewöhnliches Setting:

> „Wir machen das halt auch bei Nachtfrost draußen. Diese Kälte und diese Feuchtigkeit usw. sind einfach Extreme, mit denen sie [die Jungen] vorher gar nicht gerechnet haben. Diese äußeren Bedingungen tauchen in den Computerspielen gar nicht auf. Das heißt, es kommen noch Elemente dazu, die unberechenbar sind, denen sie aber ausgesetzt sind. Sie müssen damit klar kommen. Sie erwarten dann auch teilweise […]. Das ist eine spannende Rolle, die wir einnehmen. Uns wird da sehr oft so eine Vaterrolle zugesprochen, die wir dann aber ablehnen. Wir geben das wieder an sie zurück und sagen: ‚Sieh zu, wie Du damit klar kommst'. Das ist ein spannendes Rollengefälle, in dem wir uns immer befinden. Teilweise sind wir die besten Kumpels, weil wir mit ihnen Netzwerkspiele spielen. Dann sind wir die Götter, wenn wir die Waffen verteilen. Und dann sind wir auch – sag ich mal flapsig – die großen Arschlöcher, wenn wir ihnen Hilfe verweigern in so einem Moment oder wenn wir ein Spiel abbrechen, weil da eine Auseinandersetzung oder ein Konflikt ist, der dringend geklärt werden muss und den wir nicht laufen lassen können." (J. W.)

Die Jugendlichen erfahren sich in diesen extremen Situationen selbst im Tun. Die Anlässe der Pädagogen, das Geschehen zu unterbrechen, führen zum nächsten Punkt.

Reflexion

Das gesamte Experimentierfeld läuft nie ohne Kontrolle. Es ist in ein umfangreiches Konzept eingebunden, das hier nicht annähernd vorgestellt werden kann. Einen zentralen Punkt bildet unter anderem die Reflexion des Geschehens. Die Pädagogen greifen an verschiedenen Stellen ein, um bereits im Spiel-Geschehen Konflikte zu klären. In den Reflexionsphasen findet eine Verknüpfung der extremen Spielerfahrungen vor Ort mit grundlegenden (Gewalt-)Erfahrungen und aktuellen Schwierigkeiten der Gruppe statt.

> „Wenn wir einige Tage mit den Gruppen arbeiten und es auch so extrem abläuft, auch das Beziehungsgefälle uns gegenüber, dann kommt man einfach auf den Punkt. Dann kommt man auf die Problematik der Gruppe, die vorherrscht. Auf diese Problematik

richten wir die Reflektion aus. Da kommt dann das Problem der Gruppe auf den Tisch.“ (J. W.)

Die Reflexion bleibt nicht auf das Medium Computer begrenzt, sondern die Gespräche reichen weit über das konkrete Geschehen hinaus. Das Mediale wird zum Katalysator für relevante Probleme und Schwierigkeiten des Alltags.

9.14.3 Positive Erfahrungen und Grenzen: Intensive Erfahrungen und ein Potenzial, das zu oft ignoriert wird

Ein deutlicher Vorteil ist, dass durch den Zugang sehr schnell eine Beziehung zu den Jugendlichen aufgebaut werden kann. Die Jugendlichen erwarten keine Erklärungen, sondern sind bei der Aussage „Wir machen was mit Computerspielen“ sofort dabei. Dies ist besonders für ein Kurzzeitprojekt bedeutsam.

Die Jugendlichen machen wichtige Erfahrungen. Gerade die extremen Erfahrungen ermöglichen ihnen, ihre Emotionalität auf eine neue Weise zu integrieren.

„Diese extremen Erfahrungen, die Jungen in diesem Projekt haben, sind unheimlich wichtig für die Jungen. Weil sie gerade in diesen Extremerfahrungen sich erleben und im Tun etwas erfahren. Und dabei erfahren sie auch, dass sie emotional sind, aber gleichzeitig auch cool, dass sich das nicht aufhebt, sondern dass das nebeneinander existieren kann. Wir können nicht erwarten, dass wir den Jungen innerhalb von vier oder fünf Tagen zeigen, dass es noch einen anderen Weg als den coolen gibt. Das geht nicht, denn sie sind damit aufgewachsen, cool zu sein, und sie brauchen das auch als Panzer. Auf der anderen Seite können wir schon zeigen, dass es Momente gibt, da kann man schon mal emotional sein ohne gleich diesen Panzer zu verlieren und aufgeben zu müssen.“ (J. W.)

Hierdurch ergeben sich Chancen, auch schwierige Erlebnisse der Jungen partiell aufzuarbeiten oder zumindest kommunikativ verfügbar zu machen.

„Weitere positive Aspekte sind die Gespräche, die wir führen. Wir hätten vorher nie gedacht, dass wir solche intensiven Gewalterfahrungsgespräche mit Jungen führen könnten. Wir waren teilweise selbst überrascht und erschrocken, wie offen die Jungen in der Umsetzungsphase waren und ihre Erlebnisse mit rein gebracht haben. Auf was für einer Ebene man sich plötzlich mit ihnen befand. Das ist ein Aspekt, den wir als so positiv ansehen, dass wir diese Maßnahmen immer noch weiter machen.“ (J. W.)

Wenn diese wichtigen Erfahrungen und Momente in Extremsituationen von den pädagogischen Begleitern verschenkt werden, weil diese sich aus der Interaktionsdynamik herausziehen, ist das besonders bedauerlich. Dies passiert aber durchaus. Dabei besteht die Möglichkeit innerhalb dieses Kurzzeitprojekts sehr viele „Anker“ zu setzen, auf die man später zurückgreifen kann.

„Wir können in diesen vier oder fünf Tagen keine Verhaltensänderung herbeiführen. Das einzige, was wir machen können, ist, Anker zu setzen. Wenn diese Anker dann irgendwo liegen bleiben, ohne erkannt zu werden, ohne genutzt zu werden, dann ist das schon sehr traurig. Gerade auch für die teilnehmenden Jugendlichen ist das sehr traurig, weil es wirklich Erfahrungen sind, die ganz tief in ihnen wurzeln. Wenn ich vier oder fünf Monate später mit ihnen etwas tue und einer verhält sich soundso und ich dann sage ‚Stopp mal, genauso hast Du Dich da draußen vor vier oder fünf Monaten verhalten, weißt Du noch, was wir da abgesprochen haben?' Also das aufzugreifen." (J. W.)

Negativ bewertet Jens Wiemken das geringe Interesse von Eltern an den Erfahrungen ihrer Kinder. Auch um klarzustellen, dass sie keine Wehrsportgruppe sind, die die Jugendlichen ballernd durch den Wald schicken, veranstalten sie Elternabende. Die geringe Resonanz darauf erschreckt immer wieder.

In gemischtgeschlechtlichen Gruppen entfaltet das Spiel und die Reflexion eine gänzlich andere Dynamik als in reinen Jungengruppen. Häufig werden hier Geschlechterrollen in der Reflexion zum Thema.

9.14.4 Spezifikum

Ein Problem der Arbeit mit Gewalt-Computer-Spielen sind Begrenzungen durch die rechtlichen Vorgaben. Es besteht bislang keine Möglichkeit, in einem pädagogisch geschützten Setting diejenigen Spiele, die die Jugendlichen real zu Hause spielen – die aber keineswegs ihrer Altersfreigabe entsprechen – einzubinden.

Die Ansprüche an die Pädagogen, ein solch extremes „Experiment" zu kontrollieren, sind enorm. Auch Jens Wiemken und sein Kollege fahren oft noch mit dem Gefühl einer gewissen Unsicherheit zu so einem „Event". Denn jedes Projekt entwickelt stets eine Eigendynamik, die auch zugelassen werden muss. Das ist das Spannende und gleichzeitig das Anstrengende daran.

9.15 Multiline. Virtuelle Plattform und Multiplikatorinnen-Netz[33]

Zu dem Bereich geschlechtersensibler Angebote zum Internet und virtuellen Plattformen, hier konkretisiert als Multiplikatorinnen-Plattform, konnten wir ein Interview mit **Karin Eble** vom Wissenschaftlichen Institut des Jugendhilfswerks Freiburg e. V. führen. Wir sprachen über das Projekt „multiline". Unser Bemühen in dieser Darstellung ist, die im Interview genannten Erkenntnisse und Erfahrungen pointiert zu bündeln. Dadurch können wir nur einige der vielschichtigen Facetten des Angebots widerspiegeln.

33 Projekt Nr. 35, siehe Anhang S. 249

Angeboten wird im Rahmen des Projekts „multiline“ eine Internetplattform und ein virtuelles Netzwerk für in der außerschulischen medienpädagogischen Arbeit tätige Frauen. Ziel ist, durch die Vernetzung von medienpädagogisch tätigen Multiplikatorinnen Chancengleichheit für Mädchen zu schaffen und ihnen einen selbstverständlichen Umgang mit Medien und Technik zu vermitteln.

9.15.1 Fokussierung der Ausgangslage: Medien und Technik sind nicht der Schwerpunkt im Arbeitsalltag von Pädagoginnen

Jungen werden in unserer Gesellschaft techniknäher sozialisiert als Mädchen. Da alle Personen in ihrer Sozialisation dieser männlichen Konnotation von Technik begegnen, geschieht es auch im Alltag aufgeklärter Frauen, dass – von den Protagonisten oft unbemerkt – technische Aufgaben und Herausforderungen an anwesende Männer delegiert werden. Damit werden von Frauen wiederkehrend Chancen verschenkt, sich im technischen Bereich weiterzuqualifizieren.

Wenn im Bildungsbereich tätige Frauen in technischen Bereichen geringer qualifiziert sind als Männer, wird sich die Ungleichheit der Chancen von Mädchen und Jungen festschreiben.

9.15.2 Der konzeptionelle Ansatz: Schlüsselpersonen sichtbar machen und vernetzen

Um Chancengleichheit von Mädchen im technischen Bereich zu erreichen, ist es notwendig, die mit ihnen im Bildungsbereich arbeitenden Frauen zu erreichen und diese entsprechend zu qualifizieren.

> „Der Auftrag für das Netzwerk ist, Multiplikatorinnen zu erreichen, weil wir davon ausgehen, dass dies die Schlüsselpersonen in der außerschulischen Bildungsarbeit sind, die Zugang zu Mädchen, unter Umständen auch zu bildungsfernen Mädchen haben.“
>
> (K. E.)

Die medienpädagogischen Aktivitäten der angesprochenen im Bildungsbereich tätigen Frauen stellen nur einen Aspekt ihrer Arbeit dar. Die Vorstellung, die Frauen könnten mehrmals und an langfristigen Fortbildungen in diesem einen Bereich ihrer Arbeit teilnehmen, ist entsprechend unrealistisch. Hilfreich ist, die bestehenden Kompetenzen zu bündeln. Es geht darum, die im Alltag stattfindende medienpädagogische Arbeit von Frauen sichtbar zu machen und die Pädagoginnen zu vernetzen, so dass sie eine sich wechselseitig voranbringende Gemeinschaft bilden.

> „Wir arbeiten damit, dass die Ergebnisse, die Erfahrungen, die Menschen selbst hinkommen, dass sie Foren nutzen, Chats initiieren, ihre Beispiele darstellen. Damit wollen

wir die Arbeit sichtbar machen und einen doppelten Effekt erzielen: dass die Gruppen vor Ort und auch die Pädagogin, die immer auch eine Schlüsselposition inne hat, die Medienarbeit in ihre Einrichtung und ihre Arbeit einbezieht und dadurch Vernetzung mit anderen schafft." (K. E.)

Durch diese Arbeit entwickelt sich die Medienkompetenz der Beteiligten in einem selbstorganisierten Lernprozess, der stets Bezüge zur alltäglichen Arbeit hat.

9.15.3 Positive Erfahrungen und Grenzen: „Einfach so" geht es nicht

Eine Förderung der Medienkompetenz findet statt. Die Frauen entwickeln bspw. Internetdarstellungen für ihren Träger, was wieder eine positive Rückwirkung auf die Anerkennung ihrer Arbeit hat.

Wissen muss man, dass Plattformen und Foren nicht „einfach so" angenommen und genutzt werden. Vorarbeiten und das Schaffen von Bezügen zur alltäglichen Arbeit haben geholfen, die Plattform bei den Multiplikatorinnen zu implementieren. Es ist viel Arbeit für die Betreuenden, einen hohen Beteiligungsgrad zu erreichen, aber es funktioniert.

„Wir haben gute Erfahrungen und schöne Ergebnisse, dass zum Beispiel Frauen, die sich vorher gar nicht kannten, die aus einem Ort kamen, dann gemeinsam eine medienpädagogische Aktion vor Ort gemacht haben. Es sind immer kleine Schritte, aber in den Foren sieht man, dass es gelingt und dass es wächst und wächst." (K. E.)

Um die bestehenden Barrieren der Multiplikatorinnen gegen eine Plattformteilnahme abzubauen, war es entgegen der ursprünglichen Planung notwendig, Angebote für Mädchen einzubeziehen. So können die Multiplikatorinnen auch etwas „für ihre Mädchen" tun und nicht nur eine scheinbar individuelle Fortbildung für sich machen.

9.16 Roberta. Konstruieren und Programmieren von Computertechnik[34]

Zu dem Bereich geschlechtersensibler Angebote zur Computer- und Technikförderung, hier konkretisiert als Projekt zur Konstruktion von Robotern, konnten wir ein Interview mit **Prof. Dr. Heidi Schelhowe** von der Forschungsgruppe „Digitale Medien in der Bildung" der Universität Bremen führen, die die wissenschaftliche Begleitung des Projekts „Roberta – Mädchen erobern Roboter" der Fraunhofer Gesellschaft, Autonome Intelligente Systeme durch-

34 Projekt Nr. 40, siehe Anhang S. 254

geführt hat. Unser Bemühen in dieser Darstellung ist, die im Interview genannten Erkenntnisse und Erfahrungen pointiert zu bündeln. Dadurch können wir nur einige der vielschichtigen Facetten widerspiegeln.

Angeboten werden im Rahmen des bundesweiten Projekts „Roberta" (es gibt elf „Regio-Zentren") Schulungen für Kursleiterinnen, die dann einen ganztägigen Roberta-Kurs mit Mädchengruppen oder gemischtgeschlechtlichen Schulklassen durchführen können. Ziel ist, Mädchen für Technik zu begeistern und damit eine Offenheit für Ingenieurberufe zu schaffen.

9.16.1 Fokussierung der Ausgangslage: Symbolische Besetzung der Technik

Die Nutzung von Medien und Technik durch Jungen und Mädchen hat sich weitgehend angeglichen. Wenig Veränderung gibt es im Bereich der Konstruktion der Technik.

> „Die Trennlinie zwischen den Geschlechtern verläuft zwischen Nutzung und Konstruktion. [...] In der Techniknutzung sehen wir ja in den letzten Jahren, dass sich das Nutzungsverhalten weitgehend angleicht, das ist häufig eine Frage von Neuheit oder nicht. Bei der Frage nach der Konstruktion der Technik tut sich in den letzten Jahren hingegen wenig. Das scheint mir die zentrale Geschlechterlinie zu sein. Das baut sich, meines Erachtens, sehr stark über die Frage von Community-Bildung auf. Mädchen äußern sich – in meiner Generation war es üblich zu sagen ‚davon verstehe ich nichts' – stärker dahingehend, dass sie sagen: ‚das ist unattraktiv', ‚das ist nicht interessant', ‚das ist langweilig'. Das definiert sich zum Teil über Communities, die Technik-Communities, die sie als eher abstoßend und zu eng empfinden, als nicht attraktiv." (H. S.)

Die Argumente der Ablehnung von Technik-Konstruktion haben sich verschoben. Mädchen äußern nicht, dass sie es nicht könnten, sie definieren den Bereich als für sie uninteressant und unattraktiv. Diese Unattraktivität von Technikkonstruktion für Mädchen und Frauen wird auch damit begründet, dass der Diskurs über Technik in einem Umfeld geführt wird, das als wenig attraktiv eingeschätzt wird.

Technik ist symbolisch besetzt und deutlich männlich konnotiert. Jungen erleben den Technikbereich als ihre Domäne, aus der sie Mädchen auch tunlichst fernhalten müssen. Insgesamt wird Technik oft als etwas Abgeschlossenes begriffen, das man angucken, benutzen oder bewundern kann, das aber keine Eingriffe durch Menschen mehr zulässt. Diese Sichtweise ist unzureichend.

9.16.2 Der konzeptionelle Ansatz: Mädchen erobern Technik

Bislang gibt es kaum von Mädchen geprägte Technik-Communities, dabei würden diese erheblich dazu beitragen, dass Mädchen den Technikbereich für sich und ihre Interessen erobern.

„Wir wissen, dass Lernen dadurch gefördert wird und gut stattfindet, wenn man zu einer Community gehört. Wenn man sich mit einer Gruppe identifiziert und dazu gehören will, fängt man an, Kenntnisse zu erwerben und lernt über dieses Gebiet." (H. S.)

Es ist wichtig die Bildung von Gemeinschaften und Gruppen, in denen Mädchen sich lustvoll mit Technikkonstruktion beschäftigen, anzuregen und zu fördern.

Mit Roberta wird speziell erstelltes Material angeboten, das den zuvor geschulten Lehrerinnen ermöglicht, Mädchen innerhalb eines Kurstages Grundkenntnisse der Konstruktion von Robotern bis hin zu deren Programmierung zu vermitteln. Es wird in Kleingruppen ein Roboter gebaut und die Software entsprechend der gewünschten Funktionalität programmiert. Zum Abschluss wird ein Zertifikat über den Roberta-Kursbesuch ausgegeben.

Über die Kurse und die Schulungen der Kursleiterinnen hinaus gibt es verschiedene Wettbewerbe, an denen sich die Mädchen mit ihren Robotern beteiligen können.

9.16.3 Positive Erfahrungen und Grenzen: Auflösung und Festschreibung der symbolischen Besetzung in Interaktionen

Eine positive Erfahrung ist, dass die Mädchen sich im Anschluss an das Projekt durchaus in einem technischen Beruf sehen können.

„In einer Vorher-Nachher-Befragung haben wir die Mädchen gefragt, ob sie sich vorstellen könnten Computerexpertin zu werden. Nach dem Kurs haben signifikant mehr Mädchen positiv geantwortet." (H. S.)

Mädchen schaffen es, durch die positiven und lustvollen Erfahrungen im Projekt das „Denkverbot" zu überwinden, als Frau einen technischen Beruf zu ergreifen. Sie hatten Spaß beim Erstellen ihres Roboters und erlebten durchaus eine Faszination.

Die gesellschaftlich vermittelte, symbolische Besetzung von Technik und ihre Festschreibung als männliche Domäne kann auch im Rahmen eines Projekts nicht sofort vollständig überwunden werden, sie spiegelt sich auf verschiedenen Ebenen wider: in der Interaktion zwischen Lehrkräften und Schülerinnen und Schülern sowie in der Interaktion der Schülerinnen und Schüler untereinander. Auf beiden Ebenen wird versucht (ohne dass dies bewusst sein muss), die symbolische Zuordnung von Geschlecht im Umgang mit Technik in ihrer traditionellen Ausgestaltung zu zementieren.

„Uns fielen manche Sachen ins Auge, die man noch stärker bei den Projekten berücksichtigen muss. Wir haben versucht dies wiederum in den Gender-Seminaren stärker zu betonen, zum Beispiel, dass Mädchen mehr für ihr fleißiges Verhalten gelobt bzw. bestätigt werden und nicht für ihre sachlichen Erfolge. Oder sogar dafür gelobt werden, dass sie nett sind. Diese Ebene haben wir häufig festgestellt. In den Interaktionen in den gemischten Kursen haben wir festgestellt, dass für Jungen Technik ein Medium und Mittel ist, um Mädchen abzuwerten. Das ist ein ganz zentrales Thema, auch ohne dass die Geschlechterfrage von uns oder anderen thematisiert worden wäre. Sofort wird das von den Jungen als Geschlechterthema thematisiert. Über das Mittel Technik wird zwischen Mädchen und Jungen über Geschlecht gesprochen. Seitens der Jungen findet dann eine Abwertung der Mädchen statt. Jungen empfinden es als ihre Domäne, die sie sich nicht wegnehmen lassen wollen.“ (H. S.)

Die Jungen, die offensichtlich erhebliche Sorgen haben, dass ihnen ihre „gesellschaftlich zugesicherte“ Domäne weggenommen wird, schicken teilweise sogar in Präsentationen die von ihnen gebauten Roboter gegen die Roboter der Mädchen in die Offensive. Auf symbolische Weise wird verdeutlicht, wie bedeutsam die Macht über Technik ist und wie bedrohlich es für Jungen erscheint, wenn Mädchen sich anschicken, auf diesem Feld zu agieren.

Lehrerinnen wiederum interagieren mit Schülerinnen anders als mit Schülern und schreiben so ebenfalls an der Geschlechterzuordnung mit. Selbst unzureichend funktionierende Produkte von Jungen werden von Lehrkräften überschätzt und gelobt, Produkte von Mädchen werden verschiedentlich subtil entwertet. Bereits im Erstellungsprozess greifen Lehrkräfte bei Mädchen eher in die Tastatur. Dadurch, dass Mädchen für ihren Fleiß, ihr nettes Verhalten usw. gelobt werden, ihnen aber für ihre sachlich-funktionalen Erfolge die Anerkennung verweigert wird, wird ihnen subtil vermittelt, dass ihre Aneignung des Technik-Bereichs nicht mit den Erwartungen an eine weibliche Geschlechtsrolle konform geht.

Auch das im Projekt eingesetzte Material kann die Intention des Projekts begrenzen. Es muss analysiert und entsprechend modifiziert werden. Das Material selbst und seine Begleitinformationen bringen eine spezifische Ausrichtung mit, welche Geschlechterstereotypien verstärken und die symbolische Zuordnung von Technik und Technikinteresse zementieren kann.

„Die im Projekt benutzten ‚Robots lego mindstorms‘, so wie sie ausgeliefert werden, legen nahe, Autos und Panzer zu bauen. Das ist auch die erste Idee, die die Kinder haben, vor allem die Jungs, und das ist etwas, dass auch die Jungen zunächst sehr viel stärker anspricht. Das Interessante in von uns beobachteten Roberta-Kursen war, dass Jungen in dem Moment, wo von den Lehrerinnen andere Fantasien angeregt wurden, etwa Käfer, Tiere, Lebewesen zu bauen, meist sehr rasch von ihren Auto-Vorstellungen abließen, die durch das ursprüngliche Material geweckt worden waren, und es ebenso wie die Mädchen viel spannender fanden, diese zu bauen. Andererseits haben wir bei Mädchen von vornherein eher eine negative Haltung zum Auto-Bauen beobachtet. Alles, die Bauanleitung etwa, ist aber auf Autos angelegt. [...] In den Roberta-Kursen muss eine sehr bewusste didaktische Intervention stattfinden, zum Beispiel indem gesagt wird, es darf kein Auto gebaut werden. Man muss das Material direkt umgehen in der Didaktik. Man muss das, was das Material von sich aus anregt, direkt umgehen und didaktische Eingriffe vornehmen.“ (H. S.)

Die Erfahrungen zeigen, dass durch begründetes Gegensteuern Jungen wie Mädchen neue Erfahrungswege und Entfaltungsmöglichkeiten eröffnet werden können. Es fehlt aber nach wie vor an Material, das kein Gegensteuern notwendig macht, sondern gendersensitiven Unterricht geradezu anregt.

9.16.4 Spezifikum

Die Arbeitsgruppe „Digitale Medien in der Bildung" versteht Technikförderung als Bereich der notwendigen Allgemeinbildung. Der heutige Technikstand und insbesondere die in Technik eingesetzte Software ist nicht bloß Mittel, sondern nimmt bereits Einfluss auf die Generierung von Inhalten. Ein umfassendes Verständnis von Technik, ihrer Entstehungsgeschichte und ihrer Offenheit für Eingriffe ist wichtig, um Welt und Handlungszusammenhänge angemessen verstehen zu können.

9.17 Reflexion von Medienerlebnissen im Kindergarten

Zu dem Bereich geschlechtersensibler Medienkompetenzförderung im Kindergarten konnten wir ein Interview mit **Dr. Norbert Neuß** führen. Wir sprachen über die Möglichkeiten „geschlechtsreflektierender Medienarbeit" und die Erfahrungen, die Norbert Neuß durch die Begleitung verschiedener Projekte machen konnte. Unser Bemühen in dieser Darstellung ist, die im Interview genannten Erkenntnisse und Erfahrungen pointiert zu bündeln. Dadurch können wir nur einige der vielschichtigen Facetten widerspiegeln.

Medienarbeit im Kindergarten bezieht sich auf Kinder bis zum Alter von sechs Jahren, die in ihrem Alltag einer Vielzahl von geschlechterspezifischen Zuschreibungen in Medien begegnen. Ziel ist, den Kindern eine Plattform zur Reflexion ihrer Medienerlebnisse zu bieten und beengende geschlechtsspezifische Zuschreibungen und Polarisierungen zugunsten breiterer Handlungsspielräume aufzulösen.

9.17.1 Fokussierung der Ausgangslage: Distanz der Erzieherinnen und polarisierte Geschlechtsrollenbilder

Medienkompetenzförderung ist derzeit kein etabliertes Kernelement der pädagogischen Arbeit im Kindergarten.

„Die Distanz des Kindergartens zu den neuen technischen Medien (Fernsehen und Computer) ist relativ groß. Das hängt mit traditionellen Aspekten der medientechnischen Zurückhaltung von Erzieherinnen zusammen. Sie haben traditionelle Vorstellungen von Kindheitsentwicklung und sehen medienpädagogische Angebote als etwas, was nicht in die frühe Kindheit gehört. Ich will damit ausdrücken, dass der Bereich der geschlechtsspezifischen Medienkompetenzförderung im Kindergarten insgesamt sehr wenig verbreitet sein dürfte. Ich denke, das liegt auch daran, dass nicht ganz klar ist, worum es dort gehen könnte.“ (N. N.)

Einerseits stehen Erzieherinnen neuen Medien in der pädagogischen Arbeit durchaus skeptisch gegenüber. Andererseits gibt es wenig Konzepte, die einen sinnvollen Einsatz von Computer oder Fernsehen anregen.

Die derzeit auf dem Markt befindlichen Produkte für Kinder sind stark geschlechtsrollen-polarisierend. Dies betrifft die Angebote im Fernsehen ebenso wie die auf den Vorschul- und Grundschulbereich ausgerichtete Computersoftware.

„Es gibt eine Sesamstraßen-Software ‚Spielen mit Elmo‘, die unter dem geschlechtsspezifischen Aspekt sehr interessant ist, denn Elmo sagt immer: ‚Mensch Junge, das hast du aber toll gemacht‘. Mädchen kommen in der Anrede überhaupt nicht vor. Kinder merken das sofort. [...] Im Softwarebereich gibt es starke geschlechtsspezifische Zuschreibungen, vielleicht noch krasser als im Fernsehen. Auch die Einordnung in ‚Software für Mädchen‘ und ‚Software für Jungen‘ ist ziemlich stark. Ich denke da z. B. an ‚Barbie Schönheitsstudio‘. Diese Software ist für die Vor- und Grundschule. Insgesamt geht es darum, eine Barbiepuppe zu frisieren, zu schminken, anzukleiden und auf das Rendezvous mit dem Liebhaber vorzubereiten. Der Handlungsspielraum für die Mädchen, der ihnen von der Software gegeben wird, ist sehr stark eingegrenzt. [...] ‚Spielen mit Elmo‘ übersieht Mädchen auf der sprachlichen Ebene. Und im „Barbie Schönheitsstudio“ werden im Prinzip nur krasse geschlechtsstereotype Handlungsmuster bedient.“ (N. N.)

Diese starken Polarisierungen durch Medieninhalte sind besonders problematisch, weil Kinder dieser Altersgruppe sowieso zu Geschlechterpolarisierungen neigen. Sie sind diesbezüglich sehr aufmerksam und vergewissern sich – auch mittels der medialen Angebote – was ein „richtiger Junge“ oder ein „richtiges Mädchen“ ist. Mediale Figuren, wie etwa „Wickie“, die nicht durch starke geschlechtsspezifische Zuordnungen eingeschränkt sind und deshalb Mädchen wie Jungen zur Identifikation dienen, sind selten zu finden.

9.17.2 Der konzeptionelle Ansatz: Medien nutzen und symbolisch unterstützte Reflexion von Geschlechterrollen

Medien nutzen

Medien lassen sich sinnvoll im Kindergarten einsetzen. Eine kritische Auswahl der benutzten Programme ist allerdings notwendig. Auch hier lässt sich aber die Kompetenz von Kindern sinnvoll einbeziehen.

„In einem Kindergarten ging es z. B. vorrangig um die Bewertung von Lern- und Spielsoftware. Wir haben die Kinder in die Rolle der Experten versetzt und sie die Software aus ihrer Sicht z. B. nach den Kriterien der Akustik oder optischer Aufmachung bewerten lassen.“ (N. N.)

Unterstützte Reflexion von Geschlechterrollen

Geschlechtsreflektierende Medienarbeit mit Kindern kann nicht im abstrakten Raum erfolgen. Das Konzept umfasst zwei Schritte, die durch den Einbezug symbolischer Darstellungen unterstützt wird.

„Die geschlechtsreflektierende Medienarbeit richtet sich eher auf die Medienerlebnisse von Kindern. Es ist nicht technisch ausgerichtet, sondern man versucht über Impulse, Kindern ihre tollste Medienfigur oder Ähnliches in Erinnerung zu rufen. [...]. Wenn dem dann genauer nachgegangen wird, kommt man darauf, dass für die Kinder die Auseinandersetzung mit der eigenen Geschlechtlichkeit ein wichtiges Thema ist. Medienangebote sind offensichtlich ein wichtiger Bestandteil sich zu vergewissern." (N. N.)

Wichtig ist bei dieser Reflexion, dass Kinder dabei unterstützt werden, sich auszudrücken. Anders als bei Erwachsenen reicht die Reduzierung des Ausdrucks auf Sprache nicht aus, um hinreichende Tiefe zu erreichen. Möglich ist, mit Zeichnungen oder anderen symbolischen Objektivationen zu arbeiten. Kinder haben hierbei mehr Zeit und eine konkrete Handlungsplattform, um ihre Erfahrungen und Erlebnisse zu sortieren. Zeichnungen, Rollenspiele oder das Arrangieren einer Landschaft mit Plastikfiguren sind Möglichkeiten.

„Der entscheidende Punkt ist, dass man sich mit Hilfe einer symbolischen Darstellung etwas vor Augen führt. Also auch Kinder führen sich durch die symbolische Darstellung etwas vor Augen. Diese symbolischen Darstellungen sind also ein Hilfsmittel für die kognitive Bearbeitung. Neben dem, dass in Zeichnungen auch emotional viel ausgedrückt wird, kann man von außen als Erzieherin bestimmte Dinge erkennen. [...] Über dieses Äußere ergeben sich Kommunikationsmöglichkeiten." (N. N.)

Über die symbolische Inszenierung können dann auch gemeinsam sprachlich Überlegungen vorgenommen werden, etwa ob Wikingerfrauen auch auf Reise gehen. Wichtig ist, dass stets die innere Beteiligung der Kinder angesprochen wird. So kann bei Kindern ein Nachdenken über geschlechterspezifische Zuschreibungen angeregt werden.

9.17.3 Positive Erfahrungen und Grenzen

Geschlechterreflektierende Medienarbeit im Kindergarten ist möglich, führt allerdings ein gewisses Schattendasein, da oftmals in der Praxis keine Notwendigkeit dafür gesehen wird.

„Für mich ist die Bedarfslage derjenigen, an die man sich richtet, immer entscheidend. Also nicht einen Bedarf wecken zu wollen, von dem ich glaube, dass es sinnvoll ist und er aber vor Ort nicht so empfunden wird. Medienpädagogische Arbeit bewegt sich immer in dieser Schwierigkeit, z. B. an Kindergärten etwas heranzutragen, was sie selbst nicht als Notwendigkeit erkennen." (N. N.)

Die freie Nutzung von Computern im Kindergarten kann zu Effekten führen, die eine Gegensteuerung erforderlich machen.

„In einem Projekt haben wir z. B. bemerkt, dass am Anfang mehr Mädchen im Projektraum waren und sich aus dem freien Spielangebot dann mehr und mehr zurückzogen. Oder auch von den Jungen, die etwas lautstärker waren, in den Hintergrund gedrängt wurden. Daraufhin haben wir den vierten Tag der Projektwoche als Mädchentag deklariert. Das hieß, dass der Computerraum nur für die Mädchen zur Verfügung stand. Wir haben dann festgestellt, dass es sich bewährt. Die Jungen waren anfangs etwas irritiert und wollten ebenfalls einen Jungentag haben.“ (N. N.)

Eine behutsame Gegensteuerung kann ausgleichend wirken. Die Gefahr besteht aber, dass die Spezifik des Mädchen- oder Jungentages von den Kindern als Geschlechterpolarisierung verstanden wird.

9.18 Zusammenfassende Ergebnisse der Untersuchung geschlechtersensibler medienpädagogischer Praxis

Eine theoretisch fundierte Recherche geschlechtersensibler medienpädagogischer Praxis ist von einer Reihe von Hindernissen begleitet. Es gibt eine nahezu unüberschaubare Vielzahl medienpädagogischer Angebote, die auch über das Internet präsentiert werden. Ob diese einen geschlechtersensiblen Ansatz aufweisen oder nicht, ist angesichts der gängigen Darstellungspraxis selten erkennbar. **Eine Suche nach „Angeboten für Mädchen“ und „Angeboten für Jungen“ kann lediglich solche geschlechtersensiblen Angebote identifizieren, die auf Geschlechtertrennung setzen.** Projekte, die ohne Geschlechtertrennung aber durchaus geschlechtersensibel arbeiten, sind auf diese Weise nicht zu finden. Besonders schwierig ist es, Projekte zu recherchieren, die ihren Bildungs- und Arbeitsschwerpunkt in der inhaltlichen Auseinandersetzung mit Sozialisation und Geschlecht und Geschlechtsrollen/Stereotypen sehen, und die dabei die Jugendlichen (ganz selbstverständlich) anregen, Medien aktiv zur Artikulation zu nutzen. Hier wird Medienkompetenz vermittelt, ohne dass die Pädagoginnen und Pädagogen ein entsprechendes medienpädagogisches Selbstverständnis haben. Handelt es sich zudem um Ansätze, welche die traditionellen Bahnen der „Zweigeschlechtlichkeit“ längst verlassen haben, sind kaum Möglichkeiten gegeben, diese als geschlechtersensible medienpädagogische Projekte zu identifizieren. Diese Projekte waren nur durch komplexe Suchstrategien und direkte Gespräche zu finden, die auf der Vorannahme basierten, dass es solche Projekte vernünftigerweise geben müsse. **Die Bildungsanstrengungen der pädagogischen Akteure, die Angebote zu den Themenfeldern „Geschlecht/geschlechtliche Sozialisation“ oder „Medienpädagogik“ konzipieren, laufen weitgehend wechselseitig unbeachtet nebeneinander her.**

Wir können auf der Basis unserer zielgerichteten Recherche keinerlei Aussagen über Häufigkeiten von Angeboten machen. Es lassen sich aber eine Reihe von Trends identifizieren:

Traditionell gibt es eine Reihe von Angeboten, die einer Geschlechtsgruppe (zumeist Mädchen) ein Defizit zuschreiben, und die an der Überwindung dieser Defizite arbeiten. Hierunter fallen etwa Angebote, die sich um die **technische Kompetenz von Mädchen und Frauen** kümmern. Die derzeitige Fokussierung der beruflichen Perspektive (Mädchen in technische Berufe) bringt – im Gesamtbild betrachtet – eine **gewisse Themeneinseitigkeit** hervor, da **die verschiedenen Aspekte der geschlechterspezifischen Sozialisation in und durch Medien demgegenüber zu wenig Berücksichtigung finden**. Defizitorientierte medienpädagogische Arbeit mit Jungen findet sich im Bereich der Entwicklung der Lesekompetenz.

Wenig verwunderlich – aber durchaus kritisch zu reflektieren – ist der gehäufte Einsatz der so genannten neuen Medien. Die Nutzung des Computers und der aktive Zugriff auf das Internet mit seinen multimedialen Angeboten (Text, Bild, Ton, Film, Simulation etc.) und den vergleichsweise unkomplizierten Partizipationsmöglichkeiten (eigene Homepage, Chat, Diskussionsforen etc.) prägt auch die medienpädagogische Landschaft. Einzig das Medium (Video-)Film scheint dieser medialen Attraktivität noch standhalten zu können. Andere im Alltag durchaus noch genutzte Medien wie Buch, Zeitung, Tonband / Kassette, CD oder Radio und Fernsehen drohen demgegenüber in Vergessenheit zu geraten. **Auch vergleichsweise neue Medien wie Mobiltelefon, Spielkonsole, MP3-Player werden nicht entsprechend ihrer Nutzungsbedeutung medienpädagogisch aufgenommen.** (Einige interessant und innovativ wirkende medienpädagogische Projekte z. B. zum Medium „Handy" und zur Gestaltung von Klingeltönen wiesen keinerlei Geschlechtersensibilität in ihren Darstellungen aus.) **Insgesamt erscheint die Engführung der pädagogischen Angebote auf bestimmte Medien perspektivisch unzureichend.**

Ausgesprochen selten stehen die bereits fabrizierten medialen Inhalte im Vordergrund der pädagogischen Arbeit. Kurz gesagt lässt sich formulieren: **Die Nutzungskompetenz wird überbewertet, es fehlt an Konzepten zur Förderung der Medienkritik.** Wir konnten kaum solche Projekte dokumentieren, die eine kritische Analyse des Mediums an sich anstreben oder sich der Analyse von Medieninhalten widmen. Gerade zur inhaltlichen Thematisierung von Geschlechterthematiken in Medien fehlen Angebotsdokumentationen. Es kann wiederkehrend nur vermutet werden, dass die thematische Frage, wie Geschlecht in den Medien konstruiert wird, ein indirekter Bestandteil in den verschiedenen Medienprojekten ist. Belege hierfür finden sich kaum.

Jugendlichen eine Möglichkeit zu geben, mittels Medien ihre Meinungen, Wünsche und Perspektiven in den öffentlichen Raum zu tragen, ist erfreulicherweise ein mehrfach gefundener konzeptioneller Ansatz. Diese Möglichkeit zur **jugendspezifischen Auseinandersetzung und Reflexion eines Themas, wird überwiegend anhand des Mediums „Films" umgesetzt**. Hier liegen – auch hinsichtlich der Einbeziehung und Begründung von Geschlechtersensibilität –

unterschiedliche Ansätze vor, die jeweils eigene und wichtige Facetten der medialen Sozialisation und medialen Selbstinszenierung in der Bildungsarbeit aufnehmen.

Während im Jugendbereich durchaus Angebote vorliegen, bleiben geschlechtersensible medienpädagogische Projekte, die sich an Kinder bis zum Alter von elf, zwölf Jahren richten, in der Minderzahl. Obwohl „Geschlecht“ ein Thema ist, das Kinder bereits im vorschulischen Alter stark beschäftigt, und obwohl die für diese Altersgruppe produzierten Medienprodukte die bereits vorhandene Neigung der Kinder zur Stereotypenbildung geradezu zu übertreffen versuchen, müssen wir hier weitgehend eine medienpädagogische Leerstelle konstatieren.

Die „dünne“ Dokumentation von Projekten und Konzepten erschwert den Einblick in die Konzepte geschlechtersensibler medienpädagogischer Arbeit. Die Interviews, die geführt wurden, verdeutlichen eine breite Vielfalt von Begründungsmustern, welche die Komplexität des Feldes widerspiegelt. **Es zeigt sich, dass selbst ähnlich erscheinende Projekte auf sehr unterschiedlichen Ansätzen basieren können.**

Unterschiedliche Nutzungsgewohnheiten und **unterschiedliche Herangehensweisen von Jungen und Mädchen an Medien**, insbesondere solche, die eine ausgeprägte Geschlechter-Konnotation aufweisen, werden von Expertinnen und Experten häufig beschrieben. Deutlich unterscheiden sich jedoch die **Begründungen und Schlussfolgerungen**, die daraus für die Angebotskonzeption gezogen werden.

Selten werden **physiologische Erklärungsmuster** für die Defizite einer Geschlechtergruppe herangezogen, ein aktuelles Beispiel ist die Förderung der Lesekompetenz von Jungen. Die entsprechenden Konzepte setzen auf Aufklärung der pädagogisch Tätigen über die Benachteiligung, die sich durch Sozialisationserfahrungen fortsetzt, und auf systematische Angebote zur Kompensation. Der entsprechenden Medienkompetenz wird hierbei ein grundsätzlicher und hoher kultureller Wert beigemessen.

Oft werden **sozialisatorische Effekte** für die unterschiedlichen Herangehensweisen von Jungen und Mädchen an Medien verantwortlich gemacht. Die Sozialisation der Kinder und Jugendlichen, die Sozialisation der pädagogischen Fachkräfte (und die daraus resultierenden Interaktionsangebote) und die sozialisatorischen Impulse, die durch Medien und Materialien gesetzt werden, werden von den Expertinnen und Experten in ihrem Beitrag zur Entwicklung geschlechterspezifischer Stereotypien unterschiedlich gewichtet.

Die Konzepte setzen entsprechend auf Verschiedenes. In vielen Konzeptionen ist die Errichtung eines pädagogisch geschützten (meist geschlechtshomogenen) Raumes bedeutsam, innerhalb dessen im Umgang mit dem Medium zunächst einmal **Alternativ- und Kontrasterfahrungen** gemacht werden können. Dies wird als hilfreich verstanden, auch um Mythen über geschlechterspezifische Medienkonnotationen abzubauen. Die Mediennutzungskompetenz wird meist als wertvoll und zukünftig bedeutsam angesehen; die Fähigkeit, mit dem Medium umgehen zu können, verschafft **Zugang zu gesellschaftlich bedeutsamen Feldern**. Die Orientierung kann unterschiedlich weit reichen: angefangen beim kurzfristigen Ermöglichen erster, unbelasteter Nutzungserfahrungen, über symbolisches Wirken und Umsetzen der Kenntnisse im alltäglichen privaten Raum, bis zur kleinen oder großangelegten Präsentation im öffentlichen Raum (Filmvorführung im Kino, Bandauftritt). Oft erwähnt wird das systematische Einbeziehen oder Verweisen auf **gleichgeschlechtliches Fachpersonal, das eine Vorbildfunktion übernimmt**.

Andere Konzeptionen nutzen den bereitgestellten pädagogisch geschützten Raum gezielt über die Nutzung und Verwendung hinaus: etwa zur Anregung einer thematischen Auseinandersetzung mit geschlechterrelevanten Themen und zur **Selbstreflexion** (z. B. Radio für Jungen) oder zur **Anregung und Ermöglichung jugendspezifischer Artikulationen**. Die Bedeutung der medialen Inhalte tritt bei diesen konzeptionellen Ansätzen gegenüber einer bloßen Nutzungskompetenz in den Vordergrund. Weniger geht es allerdings um die Analyse bestehender Inhalte, meist steht das eigene Gestalten eines nichtmedialen Themas im Zentrum. Unterschiede sind auch hier zu finden: Ein Teil dieser Ansätze arbeitet mit vorgängiger Zielgruppenbeschränkung und nur geschlechterhomogen (z. B. Videofilmwettbewerb), ein andere Teil führt partiell geschlechterhomogene Gruppen ein, um zu authentischen Artikulationen zu gelangen (z. B. reflexive Filmarbeit).

Auffallend ist, dass konzeptionelle Arbeit mit und über Medien und Medieninhalte, die nicht den Nimbus einer kulturellen Bedeutung mitbringen, sondern – wie Computerspiele – ignoriert oder abgelehnt werden, sehr selten zu finden ist. Das Konzept von „Hardliner“ stellt hier eine bedeutsame Ausnahme dar. Es verdeutlicht, wie komplex und anspruchsvoll eine geschlechtersensible medienpädagogische Arbeit ist, welche die medialen Sozialisationserfahrungen der Beteiligten umfassend einbezieht. Medienpädagogische Arbeit zeigt sich hier im Spannungsfeld von Akzeptanz und pädagogischer Zielorientierung. Hier liegt ein enormes Potenzial, aber auch eine große Herausforderung.

Die Studie hat es sich zum Ziel gesetzt, die Vielzahl unterschiedlicher Projektangebote abzubilden und zu dokumentieren. Das Forschungsinteresse liegt darin, die konzeptionelle Ebene der geschlechtersensiblen medienpädagogischen Projekte verstehend nachzuvollziehen. In diesem Sinne werden die einzelnen Projektkonzeptionen hier im Kontext von Problemlage und Praxiserfahrung dokumentiert. Dieses Vorgehen versucht, die Komplexität und Sperrigkeit der Praxis gegenüber der Theorie aufrechtzuerhalten und gleichwohl die theoretischen Überlegungen und empirischen Befunde, wie sie im ersten Teil dieser Studie dokumentiert wurden, einzubeziehen.

10 Schlussfolgerungen und Empfehlungen

10.1 Medienkompetenzdiskussion

Die Diskussion um den Medienkompetenzbegriff ist im deutschsprachigen Raum sehr weit vorangeschritten. Wie die Übersicht zeigt, gibt es eine Vielzahl von Ansätzen, die mit einigen Modifikationen alle in eine ähnliche Richtung zielen, nämlich Medienkompetenz als Fähigkeit und Fertigkeit für den angemessenen und sinnvollen Umgang mit Medien zu sehen. Welche Aspekte dabei in Betracht gezogen werden müssen, wird in den Ansätzen unterschiedlich gewichtet. Folgende Probleme sollten jedoch nicht übersehen werden:

Einige Ansätze beziehen sich explizit nur auf die neuen Medien wie Computer und Internet, während andere Ansätze auch die traditionellen Medien wie etwa Fernsehen und Radio dazuzählen. Hier wäre eine Ausweitung des Begriffs Medienkompetenz auf jeden Fall sinnvoll. Dabei kann und muss es jedoch bezüglich der unterschiedlichen Medien auch zu differenzierten Gewichtungen bei den verschiedenen Aspekten von Medienkompetenz kommen. Vielleicht sollte sich die deutschsprachige Diskussion an die im anglo-amerikanischen Raum geführte Diskussion um „media literacy“ anschließen. Sinnvoll wäre auch eine systematische Konzeptualisierung von Medienkompetenz, die die bisherigen Ansätze in eine einheitliche Version bringt.

Die bisherigen Definitionen von Medienkompetenz erscheinen manchmal sehr „technisch“ im Sinne von klar bestimm- und vermittelbaren Fähigkeiten und Fertigkeiten. Da aber Medienkompetenz sich auch auf Bereiche beziehen muss, die in der Zukunft der Medienentwicklung liegen, dürfte eine Bestimmung, die flexibler auf Veränderungen in der Medienlandschaft reagiert, angemessener sein. Das Konzept von „media fluency“ zeigt dazu eine Richtung auf.

Vielfach wird der Begriff Medienkompetenz nur auf Kinder und Jugendliche bezogen, jedoch dürften auch Erwachsene von diesen Fähigkeiten und Fertigkeiten profitieren, wenn nicht sogar in manchen Bereichen nötiger haben. Eine Ausdehnung von Medienkompetenz auf alle Alterstufen in den öffentlichen und fachlichen Diskussionen erscheint deshalb sinnvoll.

Es fehlt – und das ist wohl das wichtigste Fazit der vorliegenden Studie – an empirischen Studien, die die systematischen und programmatischen Entwürfe von Medienkompetenz empirisch stützen. Zwar lassen sich vereinzelt entsprechende Studien finden, aber nur die wenigsten Ansätze versuchen konsequent, ihre Konzeption von Medienkompetenz auch durch ein Forschungskonzept zu untermauern.

Es liegen weiterhin eine Vielfalt von Daten zur geschlechterspezifischen Mediennutzung – ob quantitativ oder qualitativ – vor, jedoch kaum solche, die sich mit der Frage geschlechterbezogener Kompetenzen im Medienbereich befassen. Es fehlen Studien, die empirisch valide die jeweiligen Medienkompetenzen von Jungen und Mädchen im Umgang mit unterschiedlichen Medien erfassen.

Nicht zuletzt ist deutlich geworden, dass die interessanten und differenzierten Konzepte von Medienkompetenz in der medienpädagogischen Praxis kaum angemessen umgesetzt werden. Vielfach beschränken sich die Projektziele auf die technische Handhabung von Medien, ohne dass dabei die schon aufgeführten kognitiven, ästhetischen oder affektiven Aspekte von Medienkompetenz aufgegriffen werden. Da die meisten Projekte nicht evaluiert werden, ist es sehr fraglich, ob die unterstellten Zielsetzungen überhaupt erreicht werden.

Auf der Grundlage dieser Einschätzungen wird empfohlen, zukünftig verstärkt Forschungen zu fördern und zu unterstützen, die die zentralen Aspekte von Medienkompetenz in ihrer Struktur, in ihrer Genese sowie in den Möglichkeiten der pädagogischen Förderung untersuchen. Dabei sollte auch systematisch vorgegangen und nicht immer aktuellen Trends gefolgt werden. Die im Jahre 2006 aufkommenden Diskussionen um die problematische Handynutzung ist ein gutes Beispiel dafür, wie sich der Fokus auf ein neues Phänomen richtet, ohne dabei zu überlegen, wie grundlegende Aspekte im Umgang mit neuen Medien von Kindern und Jugendlichen erforscht bzw. auch gefördert werden können.

10.2 Mediensozialisation

Mediensozialisation ist ein sehr zentrales Phänomen in der Alltagswelt von Kindern, Jugendlichen und Erwachsenen, zugleich aber auch ein theoretisch und empirisch wenig beleuchtetes. Die wenigen theoretischen Konzepte – falls man überhaupt davon sprechen kann –, die vorliegen, sind entweder nicht aktuell oder knüpfen kaum an sozialwissenschaftliche Diskussionen und Theorien in der Psychologie, Soziologie oder Pädagogik an. Auch fehlt es im deutschsprachigen Raum an entsprechenden empirischen Studien, die die Komplexität des Gegenstandsbereichs berücksichtigen und mit entsprechenden Forschungsdesigns arbeiten. Am weitesten vorangeschritten scheint es im Bereich der Lesesozialisation zu sein, wo eine Vielzahl von quantitativen und qualitativen Studien vorliegt. Jedoch scheint jeder erforschte Medienbereich nur für sich isoliert betrachtet zu werden, ohne die unter dem Begriff Medienkonvergenz gefassten Zusammenhänge verschiedener Medien in der Mediennutzung zu betrachten. Zwar gibt es erste Ansätze dazu, wie etwa zur Frage nach der Bedeutung des Lesens für die Nutzung neuer Medien oder zum Einfluss von Fernsehthemen auf Internetpräferenzen, aber insgesamt wird zu wenig auf das Zusammenspiel unterschiedlicher Medien im Alltag von Menschen geachtet.

Weiterhin sind die meisten Studien keine Längsschnittstudien, aber gerade diese könnten Prozesse der Sozialisation durch und mit Medien erst angemessen betrachten. Auch fehlt vielen empirischen Studien eine theoretische Grundlegung, so dass konzeptionell in der Forschung zur Mediensozialisation eine Stetigkeit und Weiterentwicklung fehlt.

Es wird empfohlen, in Zukunft verstärkt bei der Forschungsförderung auf Aspekte der Medienkonvergenz zu achten und Längsschnittstudien in Betracht zu ziehen, um den aktuellen und zukünftigen Medientrends gerecht zu werden. Außerdem sollten auch theoretische Arbeiten unterstützt werden, die den Blick für Prozesse der Mediensozialisation öffnen. Diese Studien sollten aber interdisziplinär angelegt sein, damit die fachlichen Debatten in anderen sozialwissenschaftlichen Disziplinen angemessen aufgenommen werden können.

10.3 Geschlechterspezifische Mediennutzung

Die Datenlage zur geschlechtsspezifischen Mediennutzung scheint auf den ersten Blick recht gut zu sein, wie die vielen Tabellen und Aufstellungen zeigen. Jedoch macht ein genauerer Blick deutlich, dass zum einen vielfach die Auswertungsmöglichkeiten vorhandener Daten etwa in Form multivariater Analysen kaum genutzt werden. Dass so wenig zu sozialer Herkunft in Bezug auf Mediennutzung bekannt ist, verdeutlicht dieses Manko. Zum anderen ist ein Schwerpunkt beim Fernsehen zu sehen, während andere Medien nicht so stark in den Fokus empirischer Forschung zum Thema Mediennutzung und Geschlecht gerückt wurden. In Bezug auf das Geschlecht als relevanter Faktor der Mediennutzung ist eine Verknüpfung mit anderen Faktoren wie etwa soziale Herkunft, Familienstruktur oder Migrationshintergrund notwendig.

Bei den qualitativen Studien ist häufig eine Vermischung zwischen Typenbildung und Häufigkeitsauszählung zu finden. Auch werden Verfahren der Triangulation verschiedener Theorien oder Methoden kaum genutzt.

Nicht zuletzt bedarf die Problematik der Differenz zwischen dem theoretischen Konzept von Geschlecht als soziale Konstruktion und der empirischen

Verwendung des biologischen Geschlechts einer Diskussion und Überprüfung, um nicht zu trivialen Ergebnissen zu kommen. Die unkritische empirische Erhebung von Geschlechterdifferenzen in der empirischen Medienforschung birgt die Gefahr in sich, vermeintlich biologische Geschlechterdifferenzen unreflektiert fortzuschreiben.

Es wird empfohlen, Daten zur Mediennutzung unter geschlechtsspezifischen Aspekten auf der Grundlage vorliegender Studien und Erhebungen gezielter unter Anwendung multivariater Verfahren auszuwerten. Auch Neuerhebungen sollten sich nicht nur auf eine deskriptive Statistik beschränken, sondern erprobte Verfahren der statistischen Datenauswertung anwenden.

10.4 Konzeptionelle Überlegungen zur geschlechterspezifischen Medienkompetenzförderung

10.4.1 Vielfalt in der geschlechtersensiblen Medienarbeit

Die bestehende Vielfalt von Ansätzen geschlechtersensibler medienpädagogischer Arbeit ist positiv. Sie muss Ausgangspunkt jeder Modellüberlegung sein. Es wird vor allem darum gehen, die bestehenden medienpädagogischen Angebote gezielt zu ergänzen und systematisch die Angebote zu fördern, die an den sozialisatorischen Erfahrungen der Kinder und Jugendlichen im Umgang mit Medien ansetzen.

Auf der Basis der Recherche in diesem Forschungsprojekt ist zu konstatieren, dass die Berücksichtigung der Geschlechterthematik in der medienpädagogischen Praxis in erster Linie die Etablierung einer monoedukativen, also einer geschlechtergetrennten Praxis bedeutet. Dabei überwiegen die Angebote für Mädchen bzw. junge Frauen. Explizite Angebote nur für Jungen ließen sich deutlich weniger finden. Diese Tendenz kann insofern nicht verwundern, als historisch gesehen die monoedukative Praxis für Mädchen in den 80er Jahren in Folge des sechsten Jugendberichts der Bundesregierung (1984) gefordert und gefördert wurde, um in der Jugendarbeit generell einschränkende Sozialisationsbedingungen von Mädchen und jungen Frauen zu kompensieren. Im Zuge dieser Diskussion wurde Mädchenarbeit in der medienpädagogischen Praxis gefordert, um den weiblichen Jugendlichen Raum für die Inszenierung ihrer Themen und Sichtweisen zu geben und um diese ohne Konkurrenz durch männliche Technikdominanz umsetzen zu können. Diese Argumentation ist weiterhin relevant, wie die Expertinnen- und Experteninterviews gezeigt haben. Gleichzeitig haben sich die Perspektiven auf die Problematik ausdifferenziert. Auf politischer Ebene fordert das Konzept des gender-mainstreaming, stärker beide Geschlechter – Mädchen und Jungen – in den Blick zu nehmen. Hier wird argumentiert, dass der Begriff der Mädchenbenachteiligung zu Vereinseitigungen und Ausblendungen von gesellschaftlichen Widersprüchlichkeiten führe und die männliche und weibliche Lebensrealität auf diese Weise nicht zutreffend beschrieben würde. Im wissenschaftlichen Diskurs erhebt sich der kritische Einwand, dass das Festhalten an der Geschlechterdifferenz diese gerade hervorrufe und festige. Die Orientierung an der Annahme der Gleichheit innerhalb der Geschlechtergruppe würde die Ausdifferenzierungen innerhalb der Mädchen- und Jungenwelten zu wenig berücksichtigen. Auch aus der Praxis kommen z. B. von den Mädchen und jungen Frauen selbst Einwände gegen die monoedukative Praxis, weil sich die in theoretischen Analysen konstatierten strukturellen Geschlechterhierarchien in ihren subjektiven Wahrnehmungs- und Deutungsmustern unterschiedlich bis gar nicht widerspiegeln.

Trotz der kritischen Stimmen zeigt sich, dass im pädagogischen Feld dann, wenn die Geschlechterperspektive in der medienpädagogischen Arbeit zum Tragen kommt, die Zielgruppenorientierung überwiegend als monoedukative Praxis realisiert wird. Grundsätzlich liegt darin eine **Chance** der Entschärfung der Bedingungen für die geschlechtliche Darstellung von Mädchen wie Jungen. Mädchen- bzw. Jungengruppen erhalten in konstruktivistischer Perspektive eben nicht ihre Begründung dadurch, dass sie sich in ihren besonderen „weiblichen“ wie „männlichen“ Eigenschaften unterscheiden, sondern dadurch, dass das „doing gender“ seine Bedeutung in der geschlechterhomogenen Gruppe verändert, weil die permanenten geschlechtlichen Darstellungen und Inszenierungen obsolet werden. Quasi männliche Technikdominanz „muss“ nicht mehr inszeniert werden, weibliche Technikabstinenz kann nicht erfolgreich praktiziert werden. Eine Vielzahl interaktiver sozialer Praktiken fällt in geschlechtshomogenen Gruppen weg, weil sie nur in Bezug auf das jeweils andere Geschlecht praktiziert werden. Ein besonderes Gewicht kommt diesem Aspekt in der Arbeit mit Jugendlichen zu.

Dort, wo es bei der Arbeit mit Medien vorrangig um deren Inhalt geht, Medienkompetenz also eine kritisch-reflexive Dimension einschließt, bietet die monoedukative Praxis Chancen vertiefender Auseinandersetzung mit den medial konstruierten Normierungen von Weiblichkeit und Männlichkeit. In der Tendenz vermitteln Medien ein stereotypes Bild der Geschlechterordnung, das eher Identitätsentwicklungsprozesse von Kindern und Jugendlichen beschränkt. Diese Beschränkungen, die sich aus der Identifikation mit und Orientierung an medialen Vorbildern ergeben, können in solchen Settings besonders sichtbar werden, in denen individuelle Handlungen und Einstellungen in Solidarität mit der eigenen Genusgruppe kommuniziert und reflektiert werden. Normierende Geschlechterkonstruktionen lassen sich durch die Schaffung von Handlungsspielräumen überwinden. Statt fortwährender Festschreibung von Geschlechternormalität kann ein reizvolles Terrain für Experimente als Überwindung oder Durchbrechung von Heteronormalität stattfinden. Das gilt für Mädchen wie für Jungen.

Grundsätzlich kann konstatiert werden, dass der Pädagogin in der medienpädagogischen Praxis eine zentrale Rolle zukommt. Dieser Aspekt kommt deshalb besonders zum Tragen, weil weibliche erwachsene Vorbilder in Medienberufen eher fehlen. In der Praxis wird dies von allen Medienprojekten betont, die sich explizit an Mädchen richten. In der Arbeit mit dem Internet, den Video-, Radio- und Computerprojekten übernehmen weibliche Vorbilder für die berufliche Perspektive der weiblichen Jugendlichen generell eine Orientierungsfunktion. Diese Funktion kann allerdings in der monoedukativen wie in der koedukativen Praxis wirksam werden.

Die **Grenzen** der monoedukativen Praxis sind dort zu sehen, wo Zweigeschlechtlichkeit als Zuschreibung feste, vor allem diskriminierende Geschlechterdifferenzen zementiert oder neu hervorbringt. In der Recherche zeigen sich interessante Öffnungen in Richtung auf koedukative medienpädagogische Settings. Verallgemeinernd lässt sich konstatieren, dass die Chancen in der koedukativen Praxis für die Berücksichtigung der Geschlechterperspektive dort groß sind, wo die Überlegungen zur Prozessorientierung in der Konzeption und Umsetzung berücksichtigt werden. D. h. dies trifft dann zu, wenn Kinder und Jugendliche mit ihren Interessen und Lebenslagen einbezogen werden, und wenn die soziale Interaktion im Hinblick auf diskriminierende oder allgemein normierende Geschlechterpraxis mitreflektiert wird. Dieser Zusammenhang verweist auf die Rolle der Pädagogin und des Pädagogen als die Instanz, ohne die eine geschlechtersensible medienpädagogische Arbeit nicht realisierbar ist.

Bildungsarbeit wird von Menschen gemacht. Wie wichtig die kontinuierliche Qualifizierung medienpädagogisch Tätiger ist, wird an vielen Stellen der Expertinnen- und Expertengespräche deutlich. Geschlechtersensible medienpädagogische Arbeit braucht Personen, die nicht nur über Fachwissen verfügen, sondern auch einen reflektierten Umgang mit ihrer eigenen geschlechtlichen Sozialisation und gängigen Stereotypien aufweisen. Eine zukünftige Strategie muss die Qualifizierung des Personals bei jedem Unterfangen berücksichtigen.

10.4.2 Überlegungen zur zukünftigen Gestaltung geschlechtersensibler Medienkompetenzförderung

An der Förderung der Medienkompetenz von Kindern, Jugendlichen und Erwachsenen als lebenslange gesellschaftliche Aufgabe besteht kein Zweifel. Die umfangreiche Dokumentation des Begründungsdiskurses sowie die Darstellung zahlreicher Modelle zur näheren Bestimmung des Konstrukts „Medienkompetenz“ belegen dies. Die abschließend zu diskutierende Frage ist, wie in diesem Kontext die Geschlechterthematik angemessen berücksichtigt und konkretisiert werden kann. Es geht darum, welche Aspekte aus einer erziehungswissenschaftlichen Perspektive bei der Gestaltung geschlechtersensibler Medienkompetenzförderung bedenkenswert sind.

Auf der Ebene der Definitionen von Medienkompetenz zeigt sich – dem Anspruch der Gleichstellung der Geschlechter folgend – ein universeller Anspruch, Medienkompetenz als individuelle Aufgabe zu realisieren, und zwar unabhängig von Alter, Herkunft und Geschlecht. Pointiert formuliert lässt sich daraus folgern: Medienkompetenz hat kein Geschlecht. Auf der Ebene der Ergebnisse empirischer Untersuchungen – die hier dokumentiert sind – wird allerdings unzweifelhaft sichtbar, dass sich in der Quantität und Qualität der Mediennutzung Differenzen in den Dimensionen von Geschlecht, Alter und Bildungsniveau abzeichnen. Wenn Geschlecht also eine wesentliche Dimension im Rahmen der Mediennutzung darstellt, liegt es auf der Hand, dass sie als Dimension ebenfalls bei der Medienkompetenzförderung zu berücksichtigen ist. Auch die Medien selbst, die Medieninhalte und die in der Pädagogik tätigen Personen transportieren geschlechterspezifische Erwartungen und Konnotationen. Die Forschungslage unterstützt insofern die Forderung nach Berücksichtigung der Geschlechterperspektive in diesem Kontext.

Anhand der hier eigens durchgeführten Studie mit Expertinnen und Experten aus dem pädagogischen Feld konkretisiert und differenziert sich diese Perspektive sehr anschaulich und plausibel. Die Befragten formulieren unterschiedliche Problemlagen als Ausgangsbasis für die Entwicklung und Durchführung medienpädagogischer Interventionen. Sie alle nehmen die Geschlechterperspektive in den Blick und machen damit gleichzeitig die Vielschichtigkeit der Ausgangslage sichtbar.

Die Befragung der Expertinnen und Experten und deren Analyse und kritisch-konstruktive Sichtung hat zudem erneut deutlich gemacht, dass Ansätze der Medienkompetenzförderung dann verkürzt gedacht werden, wenn nur die Zieldimension in den Blick genommen wird. Pädagogische Prozesse unterliegen einer komplexen Beziehungsdynamik, in welcher die Zieldefinition einen Faktor neben anderen darstellt. Die Expertinnen und Experten selbst betonen die für den Erfolg der Arbeit wichtigen Faktoren: **die Interaktionen in der Gruppe und der Arbeit an einem für die Adressatinnen und Adressaten bedeutsamen Thema**. Mit der Hervorhebung dieser für die Erreichung von Zielen wesentlichen Faktoren rückt der fürs Lernen wichtige Aspekt der Prozesshaftigkeit in den Blick. Eine solche Vorstellung medienpädagogischer Arbeit knüpft eher an den Begriff der Medienbildung an, wie er eingangs dargelegt wurde. Bildungsprozesse rücken das ins Zentrum, was der Zu-Erziehende selbst tut und zu tun beabsichtigt. Dem Subjekt wird Selbstverantwortung zugestanden, aber auch abverlangt. Zielformulierungen sind damit nicht obsolet. Die pädagogische Intervention versteht sich dabei aber nicht als eine Ursache-Wirkungs-Relation in dem Sinne, dass auf die Absicht das Resultat schon erfolgen werde. Pädagogische Intervention ist nach diesem Verständnis als intersubjektives Verhältnis zu verstehen, indem es um die wechselseitige Kommunikation und Interpretation der Intention aller Beteiligten geht. Bezogen auf die Förderung von Medienkompetenz ist also neben der Formulierung von Zielen das Bedingungsgefüge zu beschreiben, das fruchtbare Lern- und Bildungsprozesse ermöglichen kann. Eine solche Vorstellung von medienpädagogischer Arbeit kann als Bildungsarbeit bezeichnet werden, die ihren „Machbarkeitsanspruch" zu Gunsten eines Verständigungsanspruches zu relativieren weiß.

Medienpädagogische Bildungsarbeit ist insofern ein fruchtbarer Ansatz für die geschlechtersensible Medienkompetenzförderung als sie ihren Fokus auf das Subjekt und dessen Ressourcen, Interessen und Lebensbezüge generell legt und so auch mögliche unterschiedliche Bedingungen berücksichtigt, die aus der Geschlechtersozialisation erwachsen. Verallgemeinernd lässt sich eine solche Bildungsarbeit im Rahmen medienpädagogischer Arbeit als Modell skizzieren, in welchem davon ausgegangen wird, dass die einzelnen Elemente des Lernprozesses – Person, Sache und Medium – erst im Wechselverhältnis zueinander ihre Wirksamkeit entfalten. Alle diese Elemente beinhalten geschlechterspezifische Erwartungen und Konnotationen. Folgende Elemente bestimmen den Prozess, der jeweils im größeren Rahmen gesellschaftlicher Anforderungen zu sehen ist:

Abbildung 2: Wechselverhältnis relevanter Aspekte geschlechtersensibler medienpädagogischer Bildungsarbeit

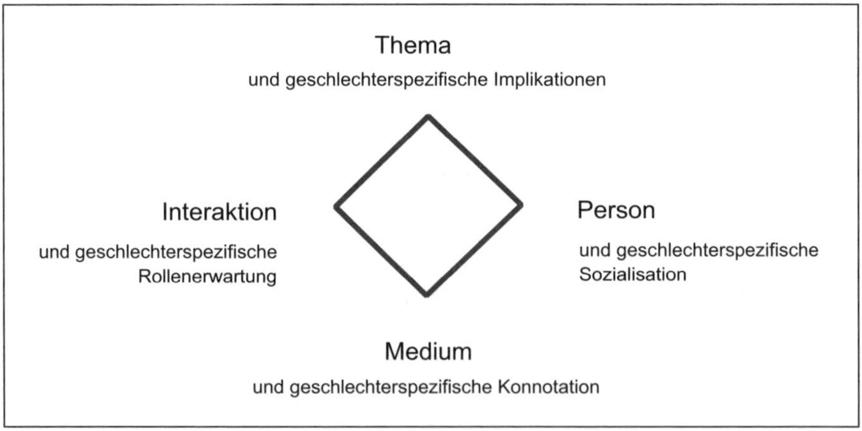

Überblicksartig kann gezeigt werden, wie die Geschlechterperspektive in diesem Prozess insgesamt und in den Elementen im Einzelnen zum Tragen kommt: Das **Medium** an sich beinhaltet bereits Geschlechterkonnotationen, die eng mit der Vorstellung von Techniknähe und Technikferne zu tun hat.

Entsprechend wird das Buch mit der größten Technikferne den Mädchen und z. B. der Roboter mit großer Techniknähe den Jungen zugeordnet.

Gleichzeitig besteht eine enge Verknüpfung zum zweiten Prozesselement: dem **Thema** bzw. der **Sache,** die kommuniziert wird. Auch diese trägt verborgen oder offen spezielle Implikationen, die auf Geschlecht verweisen. Solange die Inhalte unreflektiert bleiben, werden auch hier Stereotype transportiert.

Personen bringen spezielle Interessenlagen, Motivationen, Defiziten und Stärken mit, die sie in der Sozialisation erworben haben. Dies kann zu speziellen Vorbehalten gegenüber Medien und Themen führen. Hier kann es notwendig werden, Räume für Alternativerfahrungen zu öffnen und nicht davor zurückzuschrecken, die Konfrontation mit dem Fremden zu wagen.

Schließlich ist noch das vierte bedeutsame Element in diesem Prozess zu benennen: die **soziale Interaktion** in der Gruppe. Wie eingangs im Zusammenhang mit der geschlechterspezifischen Sozialisation formuliert, werden alle Individuen – Kinder, Jugendliche, Erwachsene – in ihrem Alltag mit Geschlechterzuschreibungen und geschlechterbezogenen Erwartungen konfrontiert. Selbstverständlich geschieht dies ebenfalls in jedem pädagogisch initiierten Prozess. Die Projektrecherche belegt, dass eben diese Tatsache zentraler Ausgangspunkt für eine geschlechtersensible Medienarbeit ist: Es sollen Freiräume geschaffen werden, in denen ohne „Konkurrenz“ und Hierarchisierung durch die Geschlechterordnung ein Experimentieren und Präsentieren ermöglicht wird. In dieser Forderung und Praxis liegt einerseits eine viel versprechende Perspektive und gleichzeitig auch – wie bereits erwähnt – die Gefahr, die dualistische Orientierung von „typisch weiblich“ und „typisch männlich“ festzuschreiben, statt sie zu überwinden bzw. zu erweitern.

Geschlechtersensible Medienbildung muss sich der Vielfalt medialer Sozialisationsprozesse stellen. Eine bloße Herstellungsperspektive bleibt unzureichend. Die unreflektierte Vermittlung von einfacher Nutzungskompetenz, die Anpassung der nachwachsenden Generation an die Vorgaben der bestehenden Medien, kann nicht Ziel einer kritischen Medienpädagogik sein. Die Reflexion von Medienerfahrungen, von Mediensozialisation, von Medieninhalten und den Beschränkungen, die subtil von medialen Gestaltungsformen ausgehen, sollten integraler Bestandteil jeder Bildungsveranstaltung sein, um Bildungsprozesse zu ermöglichen.

Im Zuge der Interviewstudie konnte eine nicht unbeträchtliche Anzahl geschlechterbezogener medienpädagogischer Projekte umfangreich dokumentiert und in ihrer qualitativen Ausrichtung fundiert dargestellt werden. Diese Projekte stehen exemplarisch für das sehr heterogene Feld der Medienkompetenzförderung von Mädchen und Jungen. Die Skizzierung des Modells medienpädagogischer Bildungsarbeit versteht sich als theoretische Folie, die eine Orientierungsfunktion im Kontext dieses Praxisfeldes darzustellen vermag. Der theoretische Diskurs zur Implementierung und Differenzierung von Medienkompetenz zeigt ebenso wie das Praxisfeld, dass eine funktionalisierte Aneignung einzelner isolierter Medienkompetenzdimensionen dann zu kurz greift, wenn die grundlegende lern-, entwicklungs-, sozialisations- und bildungstheoretische Fundierung fehlt. Zu dieser Fundierung gehört nicht zuletzt der Stand der sozialwissenschaftlichen Geschlechterforschung. Allzu leicht wird immer noch ein unkritischer Differenzansatz zugrunde gelegt, der eine geschlechtersensible Medienbildung eher verhindert als fördert.

10.4.3 Berücksichtigung und Differenzierung der Ausgangslagen und Problembereiche der Mediennutzung und Medienkompetenz von Mädchen und Jungen

Aus den hier zusammengefassten aktuellen Ergebnissen empirischer Studien zur Mediennutzung und Medienrezeption von Mädchen und Jungen ergeben sich Problemlagen, denen bei zukünftigen Projekten der Medienkompetenzförderung Aufmerksamkeit geschenkt werden sollte.

In der gängigen Diskussion um Mediennutzung und Medienkompetenz werden in den Bereichen „Lesekompetenz“ und „Computerkompetenz“ die stärksten Geschlechterkonnotationen konstatiert. Diese Sichtweise hat dazu beigetragen, diese Kompetenzen auf der Achse von Geschlecht eindimensional zu polarisieren, also die Stärken in der Lesekompetenz den Mädchen, die Stärken in der Computerkompetenz den Jungen zuzuordnen und für die Schwächen dann entsprechend jeweils den entgegen gesetzten Pol anzunehmen. Diese Annahme ist auf der Grundlage empirischer Ergebnisse zu differenzieren. Der große Vorsprung in der Lesekompetenz der Mädchen bezieht sich auf Leseleistungen im Umgang mit literarischen bzw. kontinuierlichen Texten. Berücksichtigt man nicht-lineare Texte wie Grafiken, Tabellen, Diagramme, also Textstrukturen, wie sie in multimedialen Umgebungen vorzufinden sind, sinkt die Differenz erheblich. Diese unterschiedlichen Kompetenzen sind eng verknüpft mit den jeweiligen Präferenzen von Mädchen und Jungen bezogen auf die spezifischen Textsorten. Eine geschlechterbewusste Lesekompetenzförderung sollte diese unterschiedlichen Präferenzen von Mädchen und Jungen berücksichtigen, ohne sie zu zementieren. **Insofern ist eine Lesekompetenzförderung für Mädchen *und* Jungen anzustreben. Dabei sind die jeweiligen Stärken und Schwächen zu berücksichtigen, ohne vorschnell einer Polarisierung Vorschub zu leisten.**

Bezogen auf die Computerkompetenz ist im Hinblick auf Unterschiede zwischen Mädchen und Jungen ebenfalls eine differenzierte Sichtweise angebracht. In der Internettätigkeit ist rein quantitativ eine große Annäherung von Mädchen und Jungen in den letzten Jahren zu verzeichnen. Computerspiele werden weiterhin bevorzugt von Jungen genutzt.

Für die Förderung von Kompetenzen im Bereich der Internet- und Computernutzung kann das in der Studie vorgestellte dreidimensionale Modell der Internetnutzung hilfreiche Anregungen geben. Danach ist für die Kompetenz in diesem Bereich nach „Nutzungsautonomie“, „Medienkompetenz“ und „Nutzungsvielfalt“ zu unterscheiden. Nutzungsautonomie hängt von den technischen Voraussetzungen und den örtlichen, bzw. zeitlichen Bedingungen der Internetnutzung ab. Technische Kompetenz ist für die Nutzung nicht unbedingt erforderlich, zwar hilfreich, aber durch die Verfügbarkeit sozialer Netzwerke zu kompensieren. Mit Medienkompetenz ist die individuelle Fähigkeit der Nutzerinnen und Nutzer gemeint, die die Fähigkeit einschließt, sich bedarfsgerecht Unterstützung zu holen. Nutzungsvielfalt bedeutet, das verfügbare Angebot in seiner ganzen Breite nutzen zu können. Mit dieser Unterscheidung relativiert sich die Relevanz des technischen Know-hows im kompetenten Umgang mit dem Internet und dem Computer. Es wird zu *einem* Faktor, aber nicht zu dem relevantesten. **Technisches Know-How repräsentiert nur einen Teil von Medienkompetenz. Medienpädagogische Maßnahmen in diesem Bereich sind insofern als notwendig, aber nicht als hinreichend zu bewerten.**

Betrachten wir Nutzungsvielfalt als anzustrebendes Ziel in der Kompetenzförderung im Umgang mit Internet und Computer, so zeigen sich in den Untersuchungen weniger Geschlechterdifferenzen als Differenzen auf der Bildungsebene. In diesem Bereich ist also speziell das Bildungsniveau zu kompensieren und weniger die Differenzen auf der Ebene der Geschlechter. Im Sinne einer geschlechtersensiblen Praxis ist von daher die Fokussierung auf die Defizitorientierung im Bereich der technischen Kompetenz von Mädchen als zu einseitig und verkürzt zu betrachten. **Es geht eher darum, die Nutzungsvielfalt für beide Geschlechter anzustreben und die Orientierung auf das Knowhow der Bedienung um analytische, reflexive und kognitive Dimensionen zu erweitern**. In dieser Hinsicht ist besonders die in der Studie konstatierte geringe Anzahl von realisierten Projekten für Jungen als negativ zu bewerten.

Qualitative Untersuchungsergebnisse zur Medienrezeption betonen die Verknüpfung von Interessen der Mädchen und Jungen und deren Mediennutzung. Dies betrifft alle Medien. Unabhängig vom Alter führt dies – vereinfacht ausgedrückt – zu den bekannten Genrepräferenzen: im Computerspielbereich zu Kampf-Sport- und Abenteuerspielen bei den Jungen und Denk- und Geschicklichkeitsspielen bei den Mädchen; im Bereich der Fernsehnutzung zu Action- und Comedyserien auf der einen und Soaps auf der anderen Seite. Besonders im Jugendalter, in dem die Peergruppe für die Identitätsentwicklung der Jugendlichen relevant ist, wird die Mediennutzung zu einem Faktor der Vergewisserung von Zugehörigkeit und damit ein „Sicherheitsfaktor“ in einer psychisch verunsichernden Zeit. Die Mediennutzung ist Teil einer Jugendkultur und damit geeignet zur Abgrenzung von Gruppen untereinander, u. a. zur Abgrenzung entlang der Geschlechterdimension. Mit der Abgrenzung geht gleichzeitig eine Bewertung einher. Das führt dazu, dass die mit Weiblichkeit assoziierten Medien bzw. Genres von den Jungen abgelehnt werden und umgekehrt. Dies bezieht sich auch – wie mehrfach erwähnt – auf die technische Kompetenz, die den Jungen zugeschrieben wird und die sich diese auch zuschreiben. **Die symbolische Zuordnung von Geschlecht im Umgang mit Technik zementiert die traditionelle Geschlechterordnung insofern, als Jungen dies als ihre Domäne ansehen und in der Interaktion mit Mädchen ihre tatsächliche, häufig nur ihre vermeintliche, Vormachtstellung behaupten wollen**.

Für Praxisprojekte zur Medienkompetenzförderung bedeutet dies einerseits, im Wissen um solche Zusammenhänge an den Interessen der Jugendlichen anzuknüpfen und phasenweise z. B. in monoedukativen Settings zu arbeiten, um den Interessen der Jugendlichen gerecht zu werden. Gleichwohl ist es anzustreben, die Grenzen zu erweitern und mit Neuem und dem Anderen zu experimentieren. Auf diese Weise können begrenzte Handlungsräume und -perspektiven wahrgenommen und überwunden werden. Dies gilt auch für den Aspekt der Berufsperspektiven im Medienbereich, in denen Mädchen und junge Frauen durch Praxiserfahrung in Medienprojekten an Selbstbewusstsein gewinnen. Im Übrigen ist dies der Faktor – so sagen es die Untersuchungen –, in dem sich die Geschlechter mehr unterscheiden als in der tatsächlichen Handlungskompetenz.

Die Untersuchungen weisen das Fernsehen weiterhin als das Leitmedium für Kinder und Jugendliche aus. Ebenso haben Radio, Zeitschriften und vermehrt das Handy neben dem Computer einen großen Stellenwert für deren Alltagsgestaltung. Insofern ist die starke Fokussierung im Bereich der Medienkompetenzförderung auf die neuen Medien als zu eingeschränkt zu bewerten. **Alle Medien sollten entsprechend ihrer Nutzungsbedeutung medienpädagogisch aufgegriffen werden**. Dabei sollte der Aspekt, der unter dem Begriff der Medienkonvergenz gefasst wird, also die Zusammenhänge verschiedener Medien in der Mediennutzung, stärkere Berücksichtigung finden.

10.4.4 Einbezug vernachlässigter Medienkompetenzbereiche

Als ein Ergebnis der Projektrecherche wurde die Vielfalt benannt, die in der medienpädagogischen Projektarbeit realisiert wird. Gleichzeitig weisen die Ergebnisse darauf hin, dass einige Medienkompetenzbereiche wenig Beachtung finden. Die Internetrecherche zu medienpädagogischen Projekten mit Genderbezügen und die zusätzlichen Experteninterviews lassen bei der Zuordnung zu den einzelnen Medienkompetenzbereichen Lücken sichtbar werden. Eine quantitative Zuordnung der hier dokumentierten Projekte zu den Bereichen: **Medienkunde/Medienwissen, Medienkritik, Mediennutzung** und **Mediengestaltung** zeigt deutlich, in welchen Bereichen Bedarfe zu verzeichnen sind.

Von den 45 im Anhang dokumentierten medienpädagogischen Projekten lassen sich mehr als drei Viertel dem Bereich „Mediengestaltung“ zuordnen. Einen ebenso großen Anteil, auch drei Viertel, hat der Bereich „Medienkunde, Medienwissen“ zu verzeichnen. Der handlungsorientierte Bereich ist also überrepräsentiert. Weit unterrepräsentiert ist der Bereich „Medienkritik“, dort ist etwa nur ein Viertel der Projekte angesiedelt. Im Bereich der „Mediennutzung“ fällt auf, dass die soziale Dimension kaum Berücksichtigung findet. Nur vereinzelt konnten Projekte gefunden werden, die eine Verbindung und Verknüpfung von Medienwelten und Alltagssituationen anstreben. Dies Ergebnis spricht dafür, neben Forderungen in den zuvor konstatierten Problembereichen besonders Projekte zu fördern, die den Bereich Medienkritik einbeziehen. Unter Genderperspektive bedeutet das die analytische, die ethische, sowie die reflexive Dimension zu betonen, also Geschlechterstereotypisierungen und -bewertungen zu analysieren, diskriminierende Darstellungen aufzuspüren und zu bewerten sowie Medienerfahrungen und -erlebnisse zu reflektieren. Im Bereich der „Mediennutzung“ ist die alltagsbezogene, soziale Dimension der Mediennutzung stärker einzubeziehen. D. h. im Sinne der Förderung des Medialitätsbewusstseins sind Mediennutzung und Medienaussagen mit Alltagserfahrungen zu verknüpfen, die Anschlusskommunikation über Medieninhalte bzw. -angebote außerhalb des Rezeptionsraums ist zu fördern. Auf diese Weise können beispielsweise Heldenszenarien für Jungen und Schlankheitsidole für Mädchen realitätsorientiert kommunizierbar werden. U. a. kann eine solche Ausrichtung medienpädagogischer Arbeit dazu beitragen, für interaktive Praktiken der Herstellung einer hierarchischen Geschlechterordnung zu sensibilisieren.

Dies Ergebnis sei abschließend mit dem Vorschlag verbunden, die Zusammenarbeit von außerschulischen mit schulischen Projekten im medienpädagogischen Kontext allgemein und speziell auch im Zusammenhang mit der geschlechterbewussten Medienkompetenzförderung voranzutreiben. Der außerschulische Bereich, der auf die Handlungsorientierung fokussiert, wie die Recherche gezeigt hat, könnte durch den schulischen Bereich mit einer analytisch-reflexiv-ethischen Orientierung ergänzt werden. Von einer Verknüpfung der Bereiche in Form einer mehrdimensionalen Ausrichtung der Projekte könnten die Kinder und Jugendliche im Sinne einer vertiefenden Erfahrung profitieren.

10.4.5 Orientierungsrahmen für eine geschlechtersensible Medienkompetenzförderung

Zur Orientierung für eine geschlechtersensible Medienkompetenzförderung wurde auf der Basis der eingangs referierten theoretischen Folien der Medienkompetenz ein kategorialer Orientierungsrahmen konzipiert und im Hinblick auf die Genderperspektive konkretisiert:

I. Kompetenzbereich: Medienkunde/Medienwissen (kognitive Dimension)

Qualifikation

a) instrumentell:
Wissen um Grundfunktionen zur sinnvollen Hadhabung von Medien

b) informativ:
Kenntnisse über Inhalte, Strukturen und Funktionen verschiedener Medien und Mediensysteme; Kenntnisse über Medienkonvergenzen; Kenntnisse über Nutzungsgewohnheiten (Kinder, Jugendliche, Erwachsene)

Mögliche Inhalte

Ad a)
Projekte, die Medien zur Informationsbeschaffung, zur Unterhaltung und zur Kommunikation thematisieren und – in Kombination mit dem Kompetenzbereich Mediennutzung – die Vermittlung der Handhabung berücksichtigen:
z. B. Bücherwerkstatt, Computerwerkstatt, Radiowerkstatt, Handykurs etc.

Ad b)
Analyse von Mediensystemen, medienspezifischen Symbolen, Codierungen und Medieninhalten; Analyse von Medienkonvergenz
Welche Programmgenres gibt es? Was ist ein duales Rundfunksystem? Wie wird ein Medienverbund (DSDS oder GZSZ) inszeniert? etc.

Hinweise für die geschlechtersensible Praxis

Ad a)
- Prävention und Kompensation sozialisationsbedingter Defizite von Mädchen und Jungen
- Ermöglichung monoedukativer Praxis zur Schaffung von „Freiräumen".
- Berücksichtigung der Vorbildfunktion von PädagogInnen bzw. Workshopleitung

Ad b)
- Berücksichtigung der Verknüpfung von Mediensystemen und -strukturen mit politischen Machtkonstellationen und deren Geschlechterimplikationen
- Realisierung der und Sensibilisierung für die Widerspiegelung der symbolischen Geschlechterordnung in der präsentativen (nicht sprachlichen) Symbolik der Medien

II. Kompetenzbereich: Medienkritik (analytisch-ethisch-reflexive Dimension)

Qualifikation

Analytisch
Medien anhand vielfältiger Kriterien analysieren

ethisch
Medien einschätzen und beurteilen

reflexiv
Anwendung des analytischen Wissens auf sich selbst und auf eigenes Handeln

Mögliche Inhalte

Analyse von Gestaltung und Inhalt verschiedener Medien an Beispielen: Werbung, altersgruppenspezifische Medien-Zeitung, Fernsehen, Computerspiele, Internet

ethisch
Einschätzen und beurteilen von Medien im Hinblick auf moralisch-ethische Wertmaßstäbe, im Hinblick auf Jugend- und Datenschutz z. B.: Musiktexte, Computerspiele, Internetplattform

reflexiv
Eigene Medienerfahrungen und -erlebnisse realisieren, einordnen und reflektieren, z. B.: Zusammenhänge zwischen Mediengestaltung und der Steuerung von Emotionen erkennen; Faszination von Gewalt in den Medien; Täter- und Opferperspektive

Hinweise für die geschlechtersensible Praxis	– Analyse von Geschlechterstereotypisierungen in den Medien; gezielter Einbezug solcher Beispiele, die die Stereotype überwinden, unterbrechen, negieren. Analyse der Geschlechterordnung – Aufspüren diskriminierender Geschlechter-Darstellungen; sensibilisieren für sexistische Darstellungen und Machtkonstellationen in Beziehungen – Reflexion der Erfahrungen, Erlebnisse und Nutzungsgewohnheiten

III. Kompetenzbereich: Mediennutzung

Qualifikation	a) rezeptiv und interaktiv: Auswahl und Nutzung von Medienangeboten entsprechend motivationaler und situationsabhängiger Bedürfnisse und Interessen b) affektiv/ästhetisch: Auswahl und Nutzung von Medien entsprechend emotionaler Bedürfnisse; Entwicklung medienbezogener Genussfähigkeit und Selektionskompetenz im Hinblick auf „Geschmacksbildung" c) sozial: Sozialverantwortliche und sozialverträgliche Mediennutzung. Verbindung und Verknüpfung von Medienwelten und Alltagssituationen
Mögliche Inhalte	– Informationsbeschaffung zu ausgewählten Themen – Gebrauchswert von Medien zur Bewälti gung des Alltags (unterhalten, spielen, kaufen – Kommunikationsmöglichkeiten (E-Mail, Chatroom, Workspace) – Förderung der Wahrnehmung medialer Präsentationen (Bild, Film, Musik, Video) im Sinne ästhetisch-emotionalen Erlebens: z. B. Film erleben und Musik hören – Verknüpfen von Medienwelten und Alltagssituationen; Medienaussagen an der Realwelt überprüfen im Sinne der Förderung des Medialitätsbewusstseins – Anschlusskommunikation über Medieninhalte bzw. -angebote außerhalb des Rezeptionsraums
Hinweise für die geschlechtersensible Praxis	– Akzeptanz heterogener Interessen- und Bedürfnislagen – Eröffnen alternativer Wahrnehmungs- und Erlebnisräume jenseits der Geschlechtergrenzen – Ermöglichung monoedukativer Praxis zur Schaffung von Freiräumen – Sensibilisierung für interaktive Praktiken der Herstellung der Geschlechterordnung: z. B. Vermeidung der Hierarchisierung der Interessen- und Bedürfnislagen: z. B. *„Sport"* sei wichtiger als *„Soaps"*

IV. Kompetenzbereich: Mediengestaltung

Qualifikation	Gestaltung und Veröffentlichung eigener Ideen mit und in unterschiedlichen Medien Ästhetischer Ausdruck in Sprache, Bild, Ton, Film, Video, Musik Präsentation und Veranschaulichen von Sachverhalten
Mögliche Inhalte	Medienpädagogische Projektarbeit zu ausgewählten Themen: – Entwürfe von Wirklichkeit – Selbst- und Fremdinszenierung – Aufgreifen gesellschaftspolitischer Themen – Workshops zum künstlerischen Experimentieren – Workshops zur Qualifizierung und Fortbildung
Hinweise für die geschlechtersensible Praxis	– Akzeptanz heterogener Interessen- und Bedürfnislagen – Ermöglichung monoedukativer Praxis zur Schaffung von Freiräumen und zum Experimentieren mit Selbstentwürfen – Schaffen von Artikulationsmöglichkeiten für heterogene Interessenlagen im Sinne politischer Bildung

11 Literatur

American Association of University Women Educational Foundation (2000): Tech-savvy: Education girls in the new computer age. Washington. http://www.aauw.org/member_center/publications/TechSavvy/TechSavvy.pdf (31. 7. 2006)

Anmerkungen zur Lieblingsmetapher der Medienpädagogik. In: medien praktisch, H. 2, S. 11–15.

Aufderheide, P. / Firestone, C. (1993): Media Literacy: A Report of the National Leadership Conference on Media Literacy. Queenstown, MD: The Aspen Institute.

Aufenanger, S. (1994): Medienrezeption von Jungen. Sozialisation von Geschlechtsrollen in einer Mediengesellschaft. In: medien + erziehung, H. 2, S. 71–75.

Aufenanger, S. (1996): Geschlechtsspezifische Nutzung unterschiedlicher Medien durch Kinder und Jugendliche. In: Praktische Theologie, H. 31, S. 287–284.

Aufenanger, S. (1997): Medienpädagogik und Medienkompetenz – Eine Bestandsaufnahme. In: Deutscher Bundestag (Hrsg.): Medienkompetenz im Informationszeitalter. Enquete-Kommission „Zukunft der Medien in Wirtschaft und Gesellschaft. Deutschlands Weg in die Informationsgesellschaft". Bonn, S. 15–22.

Aufenanger, S. (2000): Medienbildung in der Wissensgesellschaft. In: medien praxis. Grundlagen 13. Bonn, S. 33–41.

Aufenanger, S. (2001): Multimedia und Medienkompetenz – Forderungen an das Bildungssystem. In: Aufenanger, S. / Schulz-Zander, R. / Spanhel, D. (Hrsg.): Jahrbuch Medienpädagogik 1. Opladen, S. 109–122.

Aufenanger, S. (2004): Mediensozialisation. Aufwachsen in einer Medienwelt. In: Computer + Unterricht, H. 53, S. 6–9.

Aufenanger, S. / Neuß, N. (1999): „Alles Werbung, oder was?" Medienpädagogische Ansätze zur Vermittlung von Werbekompetenz im Kindergarten. Kiel.

Baacke, D. (1973): Kommunikation und Kompetenz. München.

Baacke, D. (1999): Medienkompetenz als zentrales Operationsfeld von Projekten. In: Baacke, D. et al. (Hrsg.): Handbuch Medien: Medienkompetenz. Bonn, S. 31–36.

Barth, Michael (1995): Entwicklungsstufen des Kinderwerbeverständnisses – ein schema- und wissensbasiertes Modell. In: Aufenanger, S. / Charlton, M., Hoffmann-Riem, W. / Neumann-Braun, K.: Fernsehwerbung und Kinder. Band 2. Rezeptionsanalyse und rechtliche Bedingungen, S. 17–30.

Beinzger, D. / Eder, S./Luca, R. / Röllecke, R. (Hrsg.) (1998): Im Wyberspace. Mädchen und Frauen in der Medienlandschaft. Bielefeld.

Beinzger, D. (2003): Filmerleben im Rückblick. Der Zusammenhang zwischen Filmrezeption und Geschlechtsidentität aus biographischer Sicht. In: Luca, R. (1998):

Medien. Sozialisation. Geschlecht. Fallstudien aus der sozialwissenschaftlichen Forschungspraxis. München, S. 111–126.
Bertschi-Kaufmann, A. (2000): „Am Computer muss man nämlich viel von der Geschichte selber machen …“ Lesen und Schreiben in der Medienvielfalt. In: schweizer schule 9/2000, S. 31–41.
Bischof, U. / Heidtmann, H. (2002): Lesen Jungen ander(e)s als Mädchen: Untersuchung zu Leseinteressen und Lektüregratifikation. In: medien praktisch 3, S. 27–31.
Böhm, M. / Fischer, H. U. (2003): „Wir machen uns das Bild von der Welt selbst …“. In: Medienkompetenz und Medienleistung in der Informationsgesellschaft. Tagung der SGKM und der Fachgruppe Medienpädagogik der DGPuK vom 11./12. April 2003. Zürich, S. 115–120.
Bonfadelli, H. (1981): Die Sozialisationsperspektive in der Massenkommunikationsforschung. Berlin.
Bonfadelli, H. (1999): Leser und Leseverhalten heute – Sozialwissenschaftliche Buchlese(r)forschung. In: Franzmann, B. / Hasemann, K. / Löffler, D./Schön E. (Hrsg.): Handbuch Lesen. München: Saur, S. 86–144.
Bonfadelli, H. / Saxer, U. (1986): Lesen, Fernsehen und Lernen. Wie Jugendliche die Medien nutzen und die Folgen. Zug.
Bos, W. et al. (2003): Erste Ergebnisse aus IGLU. Münster. S. 36–38.
Bourdieu, P. (1982): Die feinen Unterschiede. Kritik der gesellschaftlichen Urteilskraft. Frankfurt a. M.
Bourdieu, P. (1987): Sozialer Sinn. Kritik der theoretischen Vernunft. Frankfurt a. M.
Buchen, S. (2004): PC/Interneterfahrungen von Schülerinnen einer katholischen Mädchenrealschule. Die Nutzungspraxis als funktionales Äquivalent für andere Handlungsmodi. In: Buchen, S. / Helfferich, C. / Maier, M. S. (Hrsg.): Gender methodologisch. Empirische Forschung in der Informationsgesellschaft vor neuen Herausforderungen. Wiesbaden, S. 67–87.
Buchen, S. / Helfferich, C. / Maier, M. S. (Hrsg.) (2004): Gender methodologisch. Empirische Forschungen in der Informationsgesellschaft vor neuen Herausforderungen. Wiesbaden.
Budde, J. (2005): Männlichkeit und gymnasialer Alltag. Doing gender in heutigen Bildungsinstitutionen, Bielefeld.
Burkhardt, W. (2001): Förderung kindlicher Medienkompetenz durch die Eltern. Grundlagen, Konzepte und Zukunftsmodelle. Opladen: Leske + Budrich.
Butler, J. (1995): Körper von Gewicht. Die diskursiven Grenzen des Geschlechts. Berlin.
Butler J. (1991): Das Unbehagen der Geschlechter. Frankfurt a. M.
Charlton, M. / Neumann-Braun, K. (1990): Medienrezeption und Identitätsbildung. Tübingen.
Dehm, U. / Kochhan, C. / Beeske, S. / Storll, D. (2005): Lese-Erlebnistypen und ihre Charakteristika. Bücher – „Medienklassiker“ mit hoher Erlebnisqualität. In: Media Perspektiven 10, S. 521–534.
Dewe, B. / Sander, U. (1996): Medienkompetenz und Erwachsenenbildung. In: von Rein, A. (Hrsg.): Medienkompetenz als Schlüsselbegriff. Bad Heilbrunn, S. 125–142.
DiMaggio, P. / Hargittai, E. (2001): From the „Digital Divide“ to „Digital Inequality“: Studying Internet Use as Penetration Increases. In: Princeton University Center for Arts and Cultural Policy Studies, Working Paper Series, No. 15.

Dreher, E. / Dreher, M. (1985): Entwicklungsaufgaben im Jugendalter: Bedeutsamkeit und Bewältigungskonzepte. In: Liepman, D. / Stiksrud, A. (Hrsg.): Entwicklungsaufgaben und Bewältigungsprobleme in der Adoleszenz. Göttingen, S. 56–70.

Egmont Ehapa Verlag (2005): KidsVerbraucherAnalyse 2005. Kinderzielgruppen 6–13 Jahre. Stuttgart.

Eichen, R. (2006): Gendergerecht unterrichten. Eine Einführung in das Themenheft von Regina Eichen. In: Computer + Unterricht. Anregungen und Materialien für das Lernen in der Informationsgesellschaft 16, H. 61, S. 3.

Famulla, G.-E. et al. (1992): Computer und Persönlichkeit. Opladen.

Faulstich-Wieland, H. / Weber, M. / Willems, K. (2004): Doing gender im heutigen Schulalltag. Empirische Studien zur sozialen Konstruktion von Geschlecht in schulischen Interaktionen. Weinheim.

Fauser, R. (1992): Neue empirische Untersuchungen über geschlechtsspezifische Unterschiede im Interesse am Computer. Voraussetzungen und Folgen. In: Bundesministerium für Bildung und Wissenschaft (Hrsg.): Mädchen und Computer. Bad Honnef, S. 22–45.

Fedorov, A. (2003): Media Education and Media Literacy: Experts' Opinions. http://www.mediaculture-online.de/fileadmin/bibliothek/federov_experts/federov_experts.pdf (14. 09. 2005)

Feierabend, S. / Klingler, W. (1998): Eine Analyse der Fernsehnutzung 1997 von Drei- bis 13-Jährigen. Was Kinder sehen. In: Media Perspektiven 4, S. 167–178.

Feierabend, S. / Klingler, W. (1999): Ergebnisse der Studie KIM 99 zur Mediennutzung von Kindern. Kinder und Medien 1999. In: Media Perspektiven 12, S. 610–625.

Feierabend, S. / Klingler, W. (2001): Ergebnisse der Studie KIM 2000 zur Mediennutzung von Kindern. Kinder und Medien 2000: PC/Internet gewinnen an Bedeutung. In: Media Perspektiven 7, S. 345–357.

Feierabend, S. / Klingler, W. (2003): Eine Analyse der Fernsehnutzung von Drei- bis 13-Jährigen 2002. Was Kinder sehen. In: Media Perspektiven 4, S. 167–179.

Feierabend, S. / Klingler, W. (2003): Ergebnisse der Studie KIM 2002 zum Medienumgang Sechs- bis 13-Jähriger in Deutschland. Kinder und Medien 2002. In: Media Perspektiven 6, S. 278–289.

Feierabend, S. / Klingler, W. (2004): Eine Analyse der Fernsehnutzung von Drei- bis 13-Jährigen 2003. Was Kinder sehen. In: Media Perspektiven 4, S. 151–162.

Feierabend, S. / Klingler, W. (2005): Eine Analyse der Fernsehnutzung Drei- bis 13-Jähriger 2004. Was Kinder sehen. In: Media Perspektiven 4, S. 163–177.

Feierabend, S. / Klingler, W. / Simon, E. (1999): Eine Analyse der Fernsehnutzung 1998 von Drei- bis 13-Jährigen. Was Kinder sehen. In: Media Perspektiven 4, S. 174–186.

Feierabend, S. / Mohr, I. (2004): Ergebnisse der ARD/ZDF-Studie „Kinder und Werbung 2003". Mediennutzung von Klein- und Vorschulkindern. In: Media Perspektiven 9, S. 453–462.

Feierabend, S. / Simon, E. (2000): Eine Analyse der Fernsehnutzung 1999 von Drei- bis 13-Jährigen. Was Kinder sehen. In: Media Perspektiven 4, S. 159–170.

Feierabend, S. / Simon, E. (2001): Eine Analyse der Fernsehnutzung 2000 von Drei- bis 13-Jährigen. Was Kinder sehen. In: Media Perspektiven 4, S. 176–188.

Feil, C. / Decker, R. / Gieger, C. (2004): Wie entdecken Kinder das Internet? Beobachtungen bei 5- bis 12-jährigen Kindern. Wiesbaden: Verlag für Sozialwissenschaften.

Flammer, W. (1991): Entwicklungsaufgaben als Initiationsrituale? Entwicklungsaufgaben anstelle von Initiationsritualen? In: Klosinski, G. (Hrsg.): Pubertätsriten: Äquivalente und Defizite in unserer Gesellschaft. Bern, S. 89–101.

Frey-Vor, G. / Schumacher, G. (2004): Studie der ARD/ZDF-Medienkommission – Kernergebnisse für die sechs- bis 13-jährigen Kinder und ihre Eltern. Kinder und Medien 2003. In: Media Perspektiven 9, S. 426–440.

Fromme, J. / Meder, N. / Vollmer, N. (2000): Computerspiele in der Kinderkultur. Opladen.

Fromme, J. et al. (Hrsg.) (1999): Selbstsozialisation, Kinderkultur und Mediennutzung. Opladen.

Gapski, H. (2001): Medienkompetenz. Eine Bestandsaufnahme und Vorüberlegungen zu einem systemtheoretischen Rahmenkonzept. Wiesbaden.

Gapski, H. (2003) : Zu den Fragen, auf die „Medienkompetenz" die Antwort ist. In: Medienkompetenz und Medienleistung in der Informationsgesellschaft. Tagung der SGKM und der Fachgruppe Medienpädagogik der DGPuK vom 11./12. April 2003. Zürich, S. 10–17.

Gerhards, M. / Klingler, W. (2004): Trends und Perspektiven bis zum Jahr 2010. Mediennutzung in der Zukunft – Konstanz und Wandel. In: Media Perspektiven 10, S. 472–482.

Gerhards, M. / Klingler, W. (1998): Eine Analyse der Fernsehforschungsdaten 1997 von Zwölf- bis 19-Jährigen. Fernseh- und Videonutzung Jugendlicher. In: Media Perspektiven 4, S. 179–189.

Gerhards, M. / Klingler, W. (1999): Entwicklungsphasen, Nutzung und Funktionen der Medien für Jugendliche. Jugend und Medien: Fernsehen als Leitmedium. In: Media Perspektiven 11, S. 562–576.

Gerhards, M. / Klingler, W. (2001): Nutzung und Bedeutung des Fernsehens für Jugendliche im Jahr 2000. Jugend und Medien: Fernsehen bleibt dominierend. In: Media Perspektiven 2, S. 65–74.

Gildemeister, R. / Wetterer, A. (1992): Wie Geschlechter gemacht werden. Die soziale Konstruktion der Zweigeschlechtlichkeit und ihre Reifizierung in der Frauenforschung. In: Knapp, G.-A. / Wetterer, A. (Hrsg.): Traditionen Brüche. Entwicklung feministischer Theorie. Freiburg, S. 201–254.

Goffman, E. (1994): Interaktion und Geschlecht. Frankfurt a. M., New York.

Götz, M. (2002): Typische Aneignungsmuster der Soap. In: Götz, M. (Hrsg.): Alles Seifenblasen? Die Bedeutung von Daily Soaps im Alltag von Kindern und Jugendlichen. München, S. 251–301.

Groeben, N. (2002): Dimensionen der Medienkompetenz: Deskriptive und normative Aspekte. In: Groeben, N. / Hurrelmann, B. (Hrsg.): Medienkompetenz. Voraussetzungen, Dimensionen, Funktionen. Weinheim und München, S. 160–201.

Groeben, N. / Hurrelmann, B. (Hrsg.) (2002): Medienkompetenz. Voraussetzungen, Dimensionen, Funktionen. Weinheim und München.

Grütz, D. (2004): Der geschlechtsspezifische Zugriff auf Lesestrategien – Ergebnisse einer Untersuchung im Rahmen unterrichtsdidaktischer Forschung. http://www.linguistik-online.net/21_04/gruetz.html (12. 03. 2006)

Hargittai, E. (2002): Second-Level Digital Divide. Differences in Peoples' Online Skills. In: First Monday. Peer-Reviewed Journal on the Internet; Vol. 7, Nr. 4.

Hartung, A. (2004): Radio ist Musik. Das Radio als Spiegelbild musikalischer Präferenzen. In: Medien und Erziehung 48/2, S. 24–31.
Haug, K. (2005): Lesekompetenz: „Führerschein für die Datenautobahnen der Zukunft“ http://www.lesen-in-deutschland.de/html/content.php?object=journal&lid=581 (17. 03. 2006)
Havighurst, R. J. (1982): Developmental Tasks and Education. New York.
Heidtmann, H. / Bischof, U. (2002): Lesen Jungen ander(e)s als Mädchen? In: medien praktisch, H. 3, 27–31.
Hirschauer, S. (1989): Die interaktive Konstruktion von Geschlechtszugehörigkeit In: Zeitschrift für Soziologie, H. 2, S. 100–118.
Hirschauer, S. (1993a): Die soziale Konstruktion der Transsexualität. Über die Medizin und den Geschlechtswechsel. Frankfurt a. M.
Hirschauer, S. (1993b): Dekonstruktion und Rekonstruktion. Plädoyer für die Erforschung des Bekannten. In: Feministische Studien, H. 2., S. 55–67.
Hirschauer, S. (1994): Die soziale Fortpflanzung der Zweigeschlechtlichkeit In: Kölner Zeitschrift für Soziologie und Sozialpsychologie, Jg. 46, S. 668–692.
Hobbs, R.: Expanding The Concept Of Literacy. http://interact.uoregon.edu/MediaLit/mlr/readings/articles/hobbs/expanding.html (9. 9. 2005)
Hurrelmann, K. (2002): Einführung in die Sozialisationstheorie: über den Zusammenhang von Sozialstruktur und Persönlichkeit, 8., vollständig überarb. Aufl., Weinheim und Basel.
Information Competence in the CSU: A Report. Dec. 1995: What Is Information Competence? http://www.csupomona.edu/%7Elibrary/InfoComp/definition.html (4. 10. 2005)
International Encyclopedia of the Social & Behavioral Sciences (2001). Vol. 14, Eds. N. J.Smelser & P. B. Baltes. Oxford.
IP Deutschland GmbH (2001): „Internet 2001 – European Key Facts“. Köln.
IP Deutschland GmbH (2002): „Internet 2002 – European Key Facts“. Köln.
IP Deutschland GmbH (2001): „Television 2001“. Köln.
IP Deutschland GmbH (2002): „Television 2002 – International Key Facts“. Köln.
IP Deutschland GmbH (2003): „Television 2003 – International Key Facts“. Köln.
IP Deutschland GmbH (2004): „Television 2004“ am 18. 11. 2004. Köln.
Klaus, E. / Röser, J. (1996): Fernsehen und Geschlecht. Geschlechtsgebundene Kommunikationsstile in der Medienrezeption und -produktion. In: Marci – Boehncke, G. / Werner, P. / Wischermann, U. (Hrsg.): BlickRichtung Frauen: Theorien und Methoden geschlechtsspezifischer Rezeptionsforschung. Weinheim, S. 37–60.
Kochhan, C. / Haddad, D. / Dehm, U. (2005): Unterschiedliches Leseverhalten im Kontext von Fernsehgewohnheiten. Bücher und Lesen als Freizeitaktivität. In: Media Perspektiven 1, S. 23–32.
Kongress der Deutschen Gesellschaft für Erziehungswissenschaft. Opladen, S. 225–243.
Krais, B. / Gebauer, Gunther: Habitus. Bielefeld 2002.
Kübler, H. D. (1996): Kompetenz der Kompetenz der Kompetenz … Anmerkungen zur Lieblingsmetapher der Medienpädagogik. In: medien praktisch. H. 20, S. 11–15.
Kübler, H. D. (1999): Medienkompetenz – Dimensionen eines Schlagwortes. In: Schell, F. / Stolzenburg, E. / Theunert, H. (Hrsg.): Medienkompetenz: Grundlagen und pädagogisches Handeln. München, S. 25–50.

Kuchenbuch, K. (2003): Eine Analyse anhand des Sinus-Milieu-Modells. Die Fernsehnutzung von Kindern aus verschiedenen Herkunftsmilieus. In: Media Perspektiven 1, S. 2–11.

Livingstone, S. (2004): What is media literacy? http://www.mediaculture-online.de/fileadmin/bibliothek/livingstone_medialiteracy/livingstone_medialiteracy.pdf (16. 11. 2005)

Luca, R. (1993): Zwischen Ohnmacht und Allmacht. Unterschiede im Erleben medialer Gewalt von Mädchen und Jungen. Frankfurt, New York.

Luca, R. (1998): Medien und weibliche Identitätsbildung. Körper, Sexualität und Begehren in Selbst- und Fremdbildern junger Frauen. Frankfurt/New York.

Luca, R. (2003): Medien. Sozialisation. Geschlecht. Fallstudien aus der sozialwissenschaftlichen Forschungspraxis. München.

Maihofer, A. (1995): Geschlecht als Existenzweise. Macht, Moral, Recht und Geschlechterdifferenz. Frankfurt a. M.

Maihofer, A. (2002): Geschlecht und Sozialisation. In: Benseler, F. / Blank, B. / Keil-Slawik, R. / Loh, W. (Hg.): Erwägen Wissen Ethik. Paderborn, S. 13–74.

Media Perspektiven (1991): Basisdaten. Daten zur Mediensituation in Deutschland 1991. Frankfurt am Main.

Media Perspektiven (1993): Basisdaten. Daten zur Mediensituation in Deutschland 1993. Frankfurt am Main.

Media Perspektiven (1994): Basisdaten. Daten zur Mediensituation in Deutschland 1994. Frankfurt am Main.

Media Perspektiven (1995): Basisdaten. Daten zur Mediensituation in Deutschland 1995. Frankfurt am Main.

Media Perspektiven (1996): Basisdaten. Daten zur Mediensituation in Deutschland 1996. Frankfurt am Main.

Media Perspektiven (1997): Basisdaten. Daten zur Mediensituation in Deutschland 1997. Frankfurt am Main.

Media Perspektiven (1998): Basisdaten. Daten zur Mediensituation in Deutschland 1998. Frankfurt am Main.

Media Perspektiven (1999): Basisdaten. Daten zur Mediensituation in Deutschland 1999. Frankfurt am Main.

Media Perspektiven (2002): Basisdaten. Daten zur Mediensituation in Deutschland 2000. Frankfurt am Main.

Media Perspektiven (2001): Basisdaten. Daten zur Mediensituation in Deutschland 2001. Frankfurt am Main.

Media Perspektiven (2003): Basisdaten. Daten zur Mediensituation in Deutschland 2003. Frankfurt am Main.

Media Perspektiven (2004): Basisdaten. Daten zur Mediensituation in Deutschland 2004. Frankfurt am Main.

Media Perspektiven (2005): Basisdaten. Daten zur Mediensituation in Deutschland 2005. Frankfurt am Main.

Medienpädagogischer Forschungsverbund Südwest (Hrsg.) (1999): Kinder und Medien. KIM '99. Basisuntersuchung zum Medienumgang 6- bis 13-Jähriger in Deutschland. Baden-Baden, Juli 1999.

Medienpädagogischer Forschungsverbund Südwest (Hrsg.) (2000): JIM 2000. Jugend, Information, (Multi-)Media. Basisuntersuchung zum Medienumgang 12- bis 19-Jähriger in Deutschland. Baden-Baden, Dezember 2000.

Medienpädagogischer Forschungsverbund Südwest (Hrsg.) (2000): KIM-Studie 2000. Kinder und Medien, Computer und Internet. Basisuntersuchung zum Medienumgang 6- bis 13-Jähriger in Deutschland. Baden-Baden, August 2001.

Medienpädagogischer Forschungsverbund Südwest (Hrsg.) (2001): JIM-Studie 2001. Jugend, Information, (Multi-)Media. Basisuntersuchung zum Medienumgang 12- bis 19-Jähriger in Deutschland. Baden-Baden, Januar 2002.

Medienpädagogischer Forschungsverbund Südwest (Hrsg.) (2002): JIM-Studie 2002. Jugend, Information, (Multi-)Media. Basisuntersuchung zum Medienumgang 12- bis 19-Jähriger in Deutschland. Baden-Baden, März 2003.

Medienpädagogischer Forschungsverbund Südwest (Hrsg.) (2002): KIM 2002. PC und Internet. Basisstudie zum Medienumgang 6- bis 13-Jähriger in Deutschland. Baden-Baden, Dezember 2002.

Medienpädagogischer Forschungsverbund Südwest (Hrsg.) (2003): JIM-Studie 2003. Jugend, Information, (Multi-)Media. Basisuntersuchung zum Medienumgang 12- bis 19-Jähriger in Deutschland. Baden-Baden, April 2004.

Medienpädagogischer Forschungsverbund Südwest (Hrsg.) (2003): KIM-Studie 2003. Kinder und Medien, Computer und Internet. Basisuntersuchung zum Medienumgang 6- bis 13-Jähriger in Deutschland. Baden-Baden, Dezember 2003.

Medienpädagogischer Forschungsverbund Südwest (Hrsg.) (2004): JIM-Studie 2004. Jugend, Information, (Multi-)Media. Basisuntersuchung zum Medienumgang 12- bis 19-Jähriger in Deutschland. Stuttgart, Dezember 2004.

Medienpädagogischer Forschungsverbund Südwest (Hrsg.) (2005): JIM-Studie 2005. Jugend, Information, (Multi-)Media. Basisuntersuchung zum Medienumgang 12- bis 19-Jähriger in Deutschland. Stuttgart, November 2005.

Medienpädagogischer Forschungsverbund Südwest (Hrsg.) (2005): KIM-Studie 2005. Kinder und Medien, Computer und Internet. Basisuntersuchung zum Medienumgang 6- bis 13-Jähriger in Deutschland. Stuttgart, Februar 2006.

Medienpädagogischer Forschungsverbund Südwest (Hrsg.) (99/2000): JIM 99/2000. Jugend, Information, (Multi-)Media. Basisuntersuchung zum Medienumgang 12- bis 19-Jähriger in Deutschland. Baden-Baden, April 2000.

Mikos, L. (2007): Mediensozialisation als Irrweg – Zur Integration von medialer und sozialer Kommunikation aus der Sozialisationsperspektive. In: Hoffmann, D. / Mikos, L. (Hrsg.): Mediensozialisationstheorien. Neue Modelle und Ansätze in der Diskussion. Wiesbaden, S. 27–46.

Moser, H. (2003): Von der Medienkompetenz zur Medienbildung. In : Medienkompetenz und Medienleistung in der Informationsgesellschaft. Tagung der SGKM und der Fachgruppe Medienpädagogik der DGPuK vom 11./12. April 2003. Zürich, S. 26–35

Nielsen, J. (2002): Usability of Websites for Teenagers. http://www.useit.com/alertbox/20050131.html (23. 10. 2005)

Nielsen, J. (2002): Kids' Corner: Website Usability for Children. http://www.useit.com/alertbox/20020414.html (23. 10. 2005)

Niesyto, H. (2007): Kritische Anmerkungen zu Theorien der Mediennutzung und -sozialisation. In: Hoffmann, D. / Mikos, L. (Hrsg.): Mediensozialisationstheorien. Neue Modelle und Ansätze in der Diskussion. Wiesbaden, S. 47–66.

Otto, H.-U.et al. (2004): Soziale Ungleichheit im virtuellen Raum: Wie nutzen Jugendliche das Internet? Erste Ergebnisse einer empirischen Untersuchung zu Online-Nutzungsdifferenzen und Aneignungsstrukturen von Jugendlichen. http://www.bmfsfj.de/Kategorien/Forschungsnetz/forschungsberichte,did=14282.html (20. 11. 2005)

Peters, S. (1990): Lernstattkonzepte als methodischer Ansatz zur Organisationsentwicklung und zur betrieblichen Bildung. Eschborn.

Pietrass, M. (2003) : Medienkompetenz als „Framing". In : Medienkompetenz und Medienleistung in der Informationsgesellschaft. Tagung der SGKM und der Fachgruppe Medienpädagogik der DGPuK vom 11./12. April 2003. Zürich, S. 4–10.

Pohlschmidt, M. (Hrsg.) (2002): Grundbaukasten Medienkompetenz. 2. völlig aktualisierte und überarbeitete Auflage. Marl: ecmc.

Recommendations Addressed to the United Nations Educational Scientific and Cultural Organization UNESCO (Hrsg.) (1999). In: Education for the Media and the Digital Age. Wien, p. 273–274.

Richter, K. / Plath, M. (2005): Lesemotivation in der Grundschule. Empirische Befunde und Modelle für den Unterricht. Weinheim.

Röll, F.-J. (1996): Sinnsuche im Medienzeitalter – die ästhetische Konstruktion unserer Weltbilder. In: Zacharias, W. (Hrsg.): Interaktiv – Im Labyrinth der Wirklichkeiten. Ess, S. 209–231.

RTL DISNEY Fernsehen GmbH & Co.KG (Hrsg.)/IP Deutschland GmbH (2004): Kinderwelten 2004. Spielen und Medien in der kindlichen Erlebniswelt. Medienforschung Super RTL. Köln, Juni 2004.

Saxer, U. (1991): Lese(r)forschung – Lese(r)förderung. In: Lesen im Medienumfeld. Eine Studie im Auftrag der Bertelsmannstiftung. Gütersloh, S. 99–134.

Schelhowe, H. (2003): Digitale Medien in der Schule – Doing Gender. Beitrag für die Fachtagung „Schwimmen lernen im Netz."

Schell, F. / Stolzenburg, E. / Theunert, H. (Hrsg.) (1999): Medienkompetenz: Grundlagen und pädagogisches Handeln. München.

Schindler (1996): Von Super Mario und Super Marion. http://snp.bpb.de/referate/schind.htm (31. 03. 2006)

Schmit, C. / Krapf, M. (2004): Kinderwelten 2004. Spielen und Medien in der kindlichen Erlebniswelt. Köln.

Schorb, B. (2005): Sozialisation. In: Hüther, J. / Schorb, B. (Hrsg.): Grundbegriffe Medienpädaogik, 4., vollständig neu konzip. Aufl., München, S. 381–389.

Schorb, B. / Theunert, H. (1992): Zwischen Vergnügen und Angst – Fernsehen im Alltag von Kindern. Berlin.

Schründer-Lenzen, A. (2004): Gender und Medienpädagogik. In: Glaser, E. / Klika, D. / Prengel, A. (Hrsg.): Handbuch Gender und Erziehungswissenschaft. Bad Heilbrunn, S. 557–571.

Schulz-Zander, R. (2002): Geschlechter und neue Medien in der Schule. In: Fritsche, B. / Nagode, C. / Schäfer, E. (Hg): Geschlechterverhältnisse im sozialen Wandel. Interdisziplinäre Analysen zu Geschlecht und Modernisierung. Opladen, S. 251–267.

Sinhart-Pallin, D. (1990): Die technik-zentrierte Persönlichkeit. Sozialisationseffekte mit Computern. Weinheim.

Spanhel, D. (1999): Der Aufbau grundlegender Medienkompetenzen im frühen Kindesalter. In: Gogolin, I. / Lenzen, D. (Hrsg.): Medien-Generation. Beiträge zum 16. Kongress der DGfE. Weinheim.

Spanhel, D. (2002): Medienkompetenz als Schlüsselbegriff der Medienpädagogik? In: forum medienethik 1/2002: Medienkompetenz – Kritik einer populären Universalkonzeption.

Stanat, P. / Kunter, M. (2001): Geschlechterunterschiede in Basiskompetenzen. In: Deutsches PISA-Konsortium (Hrsg.): PISA 2000. Basiskompetenzen von Schülerinnen und Schülern im internationalen Vergleich. Opladen, S. 249–269.

Straub, I. (2005): Neue Freunde durch neue Medien? Die Bedeutung computervermittelter Kommunikation für männliche Jugendliche. In: Medienpädagogik. Online-Zeitschrift für Theorie und Praxis der Medienbildung, http://www.medienpaed.com/05-2/straub1.pdf (30.03.2006)

Süss, D. (2004): Mediensozialisation von Heranwachsenden. Dimensionen – Konstanten – Wandel. Weinheim.

Süss, D. et al. (2003): Medienkompetenz in der Informationsgesellschaft.

Sutter, T. (1999): Entwicklungspsychologische Grundlagen der Mediensozialisation. Drei Ebenen einer Theorie. In: Schell, F. / Stolzenburg, E. / Theunert, H. (Hrsg.): Medienkompetenz: Grundlagen und pädagogisches Handeln. München, S. 73–81.

Theunert, H. (Hrsg.) (1993): ‚Einsame Wölfe‘ und ‚Schöne Bräute‘. Was Mädchen und Jungen in Cartoons finden. München.

Theunert, H. (1999): Medienkompetenz: Eine pädagogische und altersspezifisch zu fassende Handlungsdimension. In: Schell, F. / Stolzenburg, E. / Theunert, H. (Hrsg.): Medienkompetenz: Grundlagen und pädagogisches Handeln. München, S. 50–60.

Theunert, H. (2005): Geschlecht und Medien – Der Umgang von Jungen und Mädchen mit Medien. In: Anfang, G. (Hrsg.): Von Jungen, Mädchen und Medien. Theorien und Praxis einer geschlechtsbewussten und -sensiblen Medienarbeit. München, S. 11–23.

Theunert, H. / Gebel, Ch. (Hrsg.) (2000): Lehrstücke fürs Leben in Fortsetzung. Serienrezeption zwischen Kindheit und Jugend. München: Fischer.

Theunert, H. / Lenssen, M. (1999): Medienkompetenz im Vor- und Grundschulalter: Altersspezifische Voraussetzungen, Ansatzpunkte und Handlungsoptionen. In: Schell, F. / Stolzenburg, E. / Theunert, H. (Hrsg.): Medienkompetenz. Grundlagen und pädagogisches Handeln. München 1999, S. 60–73.

Tietgens, H. (1989): Von den Schlüsselqualifikationen zur Erschließungskompetenz. In: Petsch, J. / Tietgens, H. (Hrsg.): Allgemeinbildung und Computer. Theorie und Praxis der Erwachsenenbildung. Bad Heilbrunn, S. 34–43.

Tillmann, K.-J. (2000): Sozialisationstheorien: eine Einführung in den Zusammenhang von Gesellschaft, Institution und Subjektwerdung. Reinbek bei Hamburg.

Treumann, K. P. et al. (2003): Das Bielefelder Medienkompetenz-Modell. In: Medienkompetenz und Medienleistung in der Informationsgesellschaft. Tagung der SGKM und der Fachgruppe Medienpädagogik der DGPuK vom 11./12. April 2003. Zürich, S. 17–26.

Van Eimeren, B. / Ridder, C.-M. (2005): Ergebnisse der ARD/ZDF-Langzeitstudie Massenkommunikation. Trends in der Nutzung und Bewertung der Medien 1970 bis 2005. In: Media Perspektiven 10, S. 490–504.

Vollbrecht, R. (2001): Einführung in die Medienpädagogik. Weinheim und Basel.

Vollmer, N. (2000): Nutzungshäufigkeit und Spielvorlieben. In: Fromme, J. / Meder, N. / Vollmer, I. (Hrsg): Computerspiele in der Kinderkultur. Opladen, S. 28–46.

Winker, G. (2004): Internetforschung aus Genderperspektiven. In: Buchen, S. / Helfferich, C. / Maier, M. S. (Hrsg.): Gender methodologisch. Empirische Forschung in der Informationsgesellschaft vor neuen Herausforderungen. Wiesbaden, S. 123–143.

Winter, R. / Neubauer, G. (2002): Da kannst Du mal sehen ... Jungen und Soaps. In: Alles Seifenblasen? Die Bedeutung von Daily Soaps im Alltag von Kindern und Jugendlichen. München: kopaed, S. 319–334.

Yates, S. J. / Littleton, K. (1999): Understanding Computer Game Cultures. A situated approach. In: Information, Communication & Society, Volume 2, No. 4, S. 566–583.

12 Anhang

12.1 Interviewpartner und Interviewpartnerinnen

Ulrike Buchmann (Projektentwicklung), Akademie für Leseförderung an der Gottfried Wilhelm Leibniz Bibliothek in Hannover, Interview am 19. 10. 2005

Andreas von Hören (Einrichtungsleitung/Projektleitung), Medienprojekt Wuppertal e. V., Interview am 20. 10. 2005

Nicole Tritschler (Projektmitarbeiterin), Jugendbildungswerk Freiburg e. V., Interview am 20. 10. 2005

Sascha Denzel (Projektmitarbeiter) Offener Kanal Westküste in Heide/Schleswig-Holstein, Interview am 20. 10. 2005

Ulrike Hiller (Projektmitarbeiterin), Frauenzentrum Ludwigsburg, Interview am 24. 10. 2005

Karin Heinelt (Einrichtungsleitung/Projektleitung), Jugendkulturzentrum FORUM, Stadtjugendring Mannheim e. V., Interview am 25. 10. 2005

Hans-Jürgen Palme (Geschäftsführender Vorstand), Studio im Netz e. V. in München, Interview am 31. 10. 2005

Ruken Aytas (Projektmitarbeiterin), Mädchentreff Gewitterziegen in Bremen, Interview am 1. 11. 2005

Steph Klinkenborg (Geschäftsführerin), Frauenmusikzentrum in Hamburg, Interview am 9. 11. 2005

*Marco Fileccia (*Lehrer/Projektentwicklung), Elsa-Brändström-Gymnasium in Oberhausen, Interview am 28. 11. 2005

Katja Demnitz (Projektmitarbeiterin), MONAliesA e. V. in Leipzig, Interview am 2. 12. 2005

Eva Pieper (Projektentwicklung), Landesarbeitsgemeinschaft Lokale Medienarbeit NRW, Interview am 8. 12. 2005

Ulrike Schmidt (Einrichungsleitung/Projektleitung), Schulen ans Netz e. V., Bonn, Interview am 22. 12. 2005

Jens Wiemken (Geschäftsführer), „die pädagogen", Vechta, Interview am 18. 1. 2006

Karin Eble (Einrichtungsleitung/Projektleitung), Wissenschaftliches Institut des Jugendhilfswerks Freiburg e. V., Interview am 19. 1. 2006

Prof. Dr. Heidi Schelhowe (Wissenschaftliche Begleitung), Forschungsgruppe „Digitale Medien in der Bildung" der Universität Bremen, Interview am 31. 1. 2006

Dr. Norbert Neuß (Projektentwicklung), Universität Hamburg, Interview am 6. 2. 2006

12.2 Formblätter der Projektrecherche

Erstes Formblatt: „Titelblatt" des Projektfolders

Projektname/ Projektbezeichnung:	
Quelle Hier angeben oder anheften!	http://www. | Flyer o.Ä. | Telefon | E-Mail | Aufsatz | ...
Güte der Quelle	viel relevante Information | brauchbar | wenig relevante Information
Weitere Recherche?	| weitere Recherche anstreben
Gender-Aspekt	☐ Gender stark ☐ Aspekte ☐ marginal/nicht ( ) unklar
Relevanz des Projekts für unsere Arbeit	☐ sehr relevant ☐ relevant ☐ gering/irrelevant ( ) unklar/Wiedervorlage
Stand der Recherche	kurz gesichtet erste Infos zusammengestellt zentrale Infos zusammengestellt vollständig
Blatt angelegt/ergänzt	Datum/Name

Zeites Formblatt: „Datenblatt“

Projektname/ Projektbezeichnung:	
Projektbeschreibung	
Projektträger und Finanzierung	
Projektdauer	Jahre ( ) – Monate ( ) – Wochen ( ) – Tage ( )
Organisationsform	Zusammenhängende Projekttage – Wöchentliche Termine – Sonstige Größe der Gruppe = Betreuer/-innen = Feste Projektgruppe – wechselnd zusammengesetzte Gruppe
Zielgruppe/ Teilnehmende:	nur Mä. | überwiegend Mä. | Mä. + Ju. | überwiegend Ju. | nur Ju. Vorschul~ (0–6 J.) – Grundschul~ (6–10 J.) – Teenager (10–14 J.) – Jugendliche I (14–16 J.) – Jugendliche II (16–18 J.) – Junge Erwachsene (über 18 J.)
Wird ein Produkt erstellt?	Film: Videofilm – DVD-Film Sendung Fernsehsendung – Radiosendung Site: Internetseite/Homepage – Internetzeitung – Internetportal Foto: Fotobearbeitung (digital) – Foto (Papier) Text: Fiktionaler Text/Geschichte – fiktionale Fotogeschichte – Comic Text: Dokumentation – Bericht Text: Zeitung (Papier) – Buch – anderes Druckerzeugnis Musik: Musikstück – CD Einmaliges Produkt – periodisch erscheinendes Produkt

Was ist Ziel?	Kennenlernen eines Mediums Handhabung/Anwendung eines Mediums systematisch einüben Professionelle Handhabung des Mediums einüben Aktives, kreatives Gestalten mithilfe des Mediums Professionell kreativ Gestalten Kritische Analyse von Medieninhalten Kritische Analyse des Mediums selbst Reflexion eines Themas (z.B. Identität, Gesellschaft, Geschlechtsrollenklischees etc.) mithilfe des Mediums

Drittes Formblatt: „Genderaspekt im Detail“

Projektname/ Projektbezeichnung:	
Wo taucht der Aspekt Gender-Sensitivität auf?	In der Zielgruppeneinschränkung durch Geschlecht: Zugehörigkeit zum gewünschten Geschlecht ermöglicht Teilnahme Im Ziel des Projekts, geschlechterspezifische Nutzungs- und Kompetenzdefizite abzubauen durch das Ermöglichen eines Zugangs zu Medien durch das Anregen/Fördern eines aktiven Umgangs mit Medien durch intensive Kompetenz-Schulungen Im Ziel des Projekts, Geschlechterstereotypien aufzulösen durch bewusst herbeigeführte nicht-stereotype Handlungserfahrungen durch Analyse und Reflexion geschl.-stereotyper medialer Präsentationen durch das Erstellen medialer Produkte, die Geschlechterstereotypien entlarven oder Gegenentwürfe präsentieren durch Experimentieren mit Stereotypien u. Gegenentwürfen Im Ziel des Projekts, einen geschützten (geschlechtshomogenen) Raum zu schaffen, in dem mit medialer Selbstinszenierung experimentiert werden kann. Im Ziel des Projekts, eine bestimmte Geschlechtsgruppe für ein berufliches Tätigkeitsfeld zu faszinieren, das nicht den Geschlechterstereotypen entspricht (z.B. Mädchen für Technikberufe). In der Personalstruktur die geschlechtshomogen ist (z.B. nur Frauen) in der eine Geschlechtsgruppe überrepräsentiert ist in der Hierarchie nicht an die Zugehörigkeit zu einem Geschlecht gekoppelt erscheint in der eine Vielfalt von Handlungspraxen einer Geschlechtsgruppe repräsentiert wird

12.3 Geschlechtersensible Medienprojekte

Projekt Nr.	**1**
Projektname	… aus Mädchensicht
Projektträger und Finanzierung	Frauenzentrum Ludwigsburg „Frauen für Frauen e. V.“, Hahnenstraße 47, 71634 Ludwigsburg, Tel.: 0 71 41/22 08 70, E-Mail: info@frauenfuerfrauen-lb.de, www.maedchensicht.de
Projekt im Überblick	Mädchen aus dem Kreis Ludwigsburg porträtierten in einer filmischen Dokumentation Frauen in geschlechtsuntypischen Berufen.
Projektdauer	Juni 2005 bis Februar 2006
Veranstaltungsform	Feste Projektgruppe
Zielgruppe und Altersstufe	Mädchen zwischen 12 und 14 Jahren
Eingesetzte Medien	Film, Video
Zentrale Absicht des Projekts	Kennenlernen und Handhabung des Mediums Film von Drehbuch schreiben über Interviewführung bis zu Kamerabedienung und Filmschnitt; inhaltliche Auseinandersetzung mit Geschlechterrollen
Datum der Recherche	19. 09. 2005

Projekt Nr.	**2**
Projektname	Amazone – Mädchenzentrum
Projektträger und Finanzierung	Mädchenzentrum Amazone, Kirchstraße 39, 6900 Bregenz (Österreich), Tel.: 05574/45801, E-Mail: maedchenzentrum@amazone.or.at, Homepage: www.amazone.or.at
Projekt im Überblick	Im Mädchenzentrum Amazone wird Mädchen ein eigener Raum geboten. Geschlechtersenible Arbeit findet in den Dimensionen Geschlechtsidentität, Pädagogik, Politik statt. Die Mädchen werden individuell gefördert und in ihrer Autonomie unterstützt.
Projektdauer	Dauerhaft
Veranstaltungsform	Workshops, Projekte und ständige Angebote
Zielgruppe und Altersstufe	Mädchen, junge Frauen
Eingesetzte Medien	Radio, Video, Webdesign, Digitalfotografie
Zentrale Absicht des Projekts	Neudefinition und Aufwertung weiblicher Kompetenzen; Aufzeigen und Hinterfragen struktureller Ungleichheiten; Kennenlernen und Handhabung von Medien
Datum der Recherche	14. 10. 2005

Projekt Nr.	**3**
Projektname	Aviva
Projektträger und Finanzierung	www.aviva-berlin.de, Geschäftsführung und Chefredaktion: Sharon Adler Gneisenaustraße 46, 10961 Berlin, Tel.: 030/6918503, E-Mail: info@avive-berlin.de
Projekt im Überblick	Aviva ist ein Onlinemagazin für Frauen, das über vielfältige gendersensitive Projekte informiert und sie initiert.
Projektdauer	Dauerhaft
Veranstaltungsform	Onlinemagazin, Plattform
Zielgruppe und Altersstufe	Erwachsene Frauen
Eingesetzte Medien	Computer, Internet
Zentrale Absicht des Projekts	Plattform für Frauen aus dem IT-Buisness; Multiplikator für Frauen am Medienstandort Berlin
Datum der Recherche	02.08.2005

Projekt Nr.	**4**
Projektname	Buchkinder
Projektträger und Finanzierung	Freundeskreis Buchkinder e. V. – Kinder machen Bücher, Bernhard-Göring-Straße 110, 04275 Leipzig, Tel.: 03 41/2 25 37 42, E-Mail: info@buchkinder.de, Homepage: www.buchkinder.de
Projekt im Überblick	Mit der Bücherwerkstatt wird Kindern und Jugendlichen ein ihnen gemäßer Raum geboten, sich Geschichten auszudenken, Bilderwelten zu bauen und daraus ihr Buch zu machen. Manchmal sind die Bilder vor dem Text da, manchmal wird ein Text illustriert. Spielerisch lernen sie bei der Umsetzung von Text und Bildideen Drucktechniken kennen. Sie erproben sich an Bleisatz und in unterschiedlichen Formen der Buchbindung.
Projektdauer	Seit April 2001
Veranstaltungsform	Feste Gruppen und Termine
Zielgruppe und Altersstufe	Kinder und Jugendliche von 3 bis 17 Jahren
Eingesetzte Medien	Buch
Zentrale Absicht des Projekts	Ermöglichen des Zugangs zu Medien
Datum der Recherche	13. 10. 2005

Projekt Nr.	**5**
Projektname	Computerwerkstatt für Mädchen
Projektträger und Finanzierung	OffIT CJD Bildungszentrum Offenburg (Bildungsstätte des CJD Jugenddorfes in Offenburg), Träger: Christliches Jugenddorfwerk Deutschland e. V. (CJD), Jugenddorf Offenburg, Zähringerstraße 42–59, 77652 Offenburg, Tel.: 07 81/9 48 78 16, E-Mail: katrin-suehnel@cjd.de, Homepage: www.cjd-offenburg.de
Projekt im Überblick	Die Computerwerkstatt für Mädchen ist Teil des Bildungsangebotes der Bildungsstätte. In diesem Kurs wird alles Wichtige rund um den Computer vermittelt: Umgang mit Internet, Textverarbeitung, Bildbearbeitung und Gestaltung einer Präsentation, zudem wird eine CD-ROM erstellt.
Projektdauer	35 Unterrichtseinheiten
Veranstaltungsform	Unterrichtskurs
Zielgruppe und Altersstufe	Mädchen, die kurz vor dem Schulabschluss stehen
Eingesetzte Medien	Computer
Zentrale Absicht des Projekts	Medium Computer kennenlernen; Handhabung und Anwendung üben; zugleich Kennenlernen und Heranführung an Medienberufe; erstellen einer CD-ROM
Datum der Recherche	02.08.2005

Projekt Nr.	**6**
Projektname	Femmes e-magazin
Projektträger und Finanzierung	Jugendzentrum Wienerberg in Wien, Redaktionskontakt: renate.wallner@a1.net, Homepage: http://femme.jugendserver.at oder http://girlspower.jugendserver.at
Projekt im Überblick	„Femmes" war ein medienpädagogisches Projekt des Jugendzentrums Wienerberg, bei dem Mädchen die Möglichkeit hatten, alle Themen und Texte, die sie persönlich interessierten, auch anderen Mädchen zugänglich zu machen. Als freies Redaktionsteam wurden die Mädchen dabei unterstützt, ihre eigenen Ideen und Wünsche journalistisch und technisch umzusetzen.
Projektdauer	Abgeschlossen (2002–2003); weitere geplant
Veranstaltungsform	Onlinemagazin
Zielgruppe und Altersstufe	Mädchen
Eingesetzte Medien	Computer, Internet
Zentrale Absicht des Projekts	Medium Computer durch Redaktion eines Onlinemagazins kennenlernen; Handhabung und Anwendung üben; geschützten Raum schaffen, in dem mit der medialen Selbstinszenierung experimentiert werden kann
Datum der Recherche	14. 10. 2005

Projekt Nr.	**7**
Projektname	fm:z – Frauenmusikzentrum
Projektträger und Finanzierung	Frauenmusikzentrum Hamburg, Große Brunnenstraße 63 A, 22763 Hamburg, Kontakt: Steph Klinkenborg, Tel.: 040/39 27 31 E-Mail: fmz@espressiva.de, Homepage: www.espressiva.de
Projekt im Überblick	Das fm:z ist seit den Anfängen vor allem Raum für Musikerinnen und deren Austausch mit dem Ziel des Female Empowerments. Das fm:z bietet voll ausgestattete Proberäume, ein Haus als Treffpunkt für Hamburger Musikerinnen, Vermittlung von musikaktiven Frauen (Bands, Instrumentalistinnen und Sängerinnen, DJs, Dozentinnen, Licht- oder Tontechnikerinnen, Bookerinnen, Fotografinnen, etc.) sowie Fortbildung und Qualifizierung durch regelmäßig stattfindende Workshops. Es entstand ein Netzwerk, aus dem heraus sich ein breites Spektrum von Projekten entwickelte, wie z. B. „espressiva – das Musikerinnenfestival“ oder „SISTARS – das bundesweite Mädchenbandcoaching“ oder „VerStärker Hamburg – Musikaktivistinnen vernetzt!“ Gleichzeitig werden feministische Ansätze, Strategien und Gender Politics in Veranstaltungen diskutiert.
Projektdauer	Dauerhaft
Veranstaltungsform	Feste Gruppen, Workshops, Veranstaltungen, Wettbewerbe etc.
Zielgruppe und Altersstufe	Junge Bands und Musikerinnen zwischen 12 und 27, teilweise auch älter
Eingesetzte Medien	Instrumente, Musiktechnik
Zentrale Absicht des Projekts	Im Umfeld von Popkultur und Gender ist die Intention aller Projekte, eine Selbstverständlichkeit von Musikerinnen und Frauen im Musikbiz zu erreichen. Neudefinition und Aufwertung von Kompetenzen; Hinterfragen struktureller Ungleichheiten
Datum der Recherche	19. 09. 2005

Projekt Nr.	**8**
Projektname	Frauen ans Netz
Projektträger und Finanzierung	Die Aktion Frauen ans Netz wird koordiniert beim Kompetenzzentrum Technik – Diversity – Chancengleichheit e. V., Wilhelm-Bertelsmann-Straße 10, 33602 Bielefeld, Projektleitung: Birgit Kampmann: Tel.: 05 21 / 1 06 73 00, E-Mail: kampmann@frauen-ans-netz.de, Homepage: www.frauen-ans-netz.de Förderung: Bundesministerium für Bildung und Forschung, Bundesagentur für Arbeit, T-Com, Zeitschrift Brigitte und Verein Frauen geben Technik neue Impulse e. V.
Projekt im Überblick	Frauen ans Netz (FaN) hat zum Ziel, den Frauenanteil im Netz auf mindestens 50 Prozent zu steigern. Zum einen soll eine kostengünstige Internetnutzung ermöglicht werden. Mit dem Projekt sollen Frauen motiviert werden, die Alltagstauglichkeit des Mediums Internet zu erproben und sich an der Gestaltung der Informationsgesellschaft zu beteiligen. Zudem soll gezeigt werden, wie das Internet für Kontakte, Unterhaltung und Information oder auch Weiterbildung genutzt werden kann.
Projektdauer	1998 bis 2005
Veranstaltungsform	Computer-/Internetkurse, Homepage (Gestaltung und Pflege)
Zielgruppe und Altersstufe	Frauen
Eingesetzte Medien	Internet, Computer
Zentrale Absicht des Projekts	Ermöglichen des Zugangs zu Medien; geschlechtsspezifische Nutzungs- und Kompetenzdefizite abbauen durch Anregen und Fördern des aktiven Umgangs und Kompetenzschulungen
Datum der Recherche	02. 08. 2005

Projekt Nr.	**9**
Projektname	Frauen in Sicht
Projektträger und Finanzierung	Niedersächsische Landesmedienanstalt, Seelhorststraße 18, 30175 Hannover, Tel.: 05 11/2 84 77-0, E-Mail: info@nlm.de, Homepage: www.nlm.de
Projekt im Überblick	„Frauen in Sicht" war ein Projekt zur aktiven Mitarbeit von Frauen in Bürgermedien, z. B. Radio beim Offenen Kanal Oldenburg, weil Frauen in den Medien – sei es als aktive Macherinnen oder als Personengruppe, über die berichtet wird – unterrepräsentiert sind. Es soll Frauen der aktive Zugang zum Medium Rundfunk erleichtert und so zur Förderung der Medienkompetenz von Frauen beigetragen werden. Durch spezielle Fortbildungsangebote sowie durch eine intensive Begleitung von Frauenredaktionsgruppen konnten regelmäßige, frauenspezifische Radio- und Fernsehsendungen im Programm des OK Oldenburg etabliert werden.
Projektdauer	Abgeschlossen
Veranstaltungsform	Fortbildungsprogramm, Redaktionsgruppen für Radio und Fernsehen
Zielgruppe und Altersstufe	Frauen
Eingesetzte Medien	Radio, TV
Zentrale Absicht des Projekts	Ermöglichen des Zugangs zu Medien; Förderung einer aktiven Beteiligung an Medien; Medienkompetenz schulen; Anregen und Fördern des aktiven Umgangs
Datum der Recherche	08. 09. 2005

Projekt Nr.	**10**
Projektname	Frauennet
Projektträger und Finanzierung	Girlsspace e. V. c/o Ev. Jugendpfarramt, Kartäuserwall 24b, 50678 Köln, Tel.: 0221/9526763, E-Mail: girlspace-verein@netcologne.de, Homepage: www.girlspace.de
Projekt im Überblick	„Frauennet“ ist das Onlinemagazin des Mädchen- und Frauentreffs Girlsspace. Der Verein bietet speziell Au-pair- Mädchen und Frauen aus aller Welt eine Einführung in die Neuen Medien und deren Nutzung. Soziale und emotionale Kompetenzen sollen durch die Zusammenarbeit in einer gleichgeschlechtlichen Gruppe unterstützt und gestärkt werden. Das Projekt besteht aus zwei Bereichen: Interneteinführungskurs und Onlinemagazin „Frauennet-Köln“.
Projektdauer	Dauerhaft seit 2001
Veranstaltungsform	Onlinemagazin, Interneteinführungskurse
Zielgruppe und Altersstufe	Junge Frauen mit Migrationshintergrund
Eingesetzte Medien	Internet, Computer
Zentrale Absicht des Projekts	Einführung ins Internet und dessen Nutzung; Erweiterung kommunikativer Kompetenzen (mehrsprachige Website); Kennenlernen und Austausch mit Frauen in ähnlicher Lebenslage
Datum der Recherche	04. 08. 2005

Projekt Nr.	**11**
Projektname	Girls go Movie
Projektträger und Finanzierung	Projektträger: Stadtjugendring Mannheim e. V., Jugendkulturzentrum FORUM, Neckarpromenade 46, 68167 Mannheim; Kontakt: Karin Heinelt, Tel.: 0621/2937661, E-Mail: karin.heinelt@forum-mannheim.de
Projekt im Überblick	Das Projekt „Girls go Movie" initiiert und unterstützt die Videofilmproduktion von Mädchen und jungen Frauen. Den Teilnehmerinnen werden Beratung, Betreuung, Qualifizierung und kostenlose Technik angeboten. Das Projekt bietet die Möglichkeit, sich einem öffentlichen Publikum mitzuteilen. Sie können als „Macherinnen" von Videofilmen agieren und eigene Ideen umsetzen, dem alltäglichen Angebot etwas entgegensetzen und dabei in eine kritische Auseinandersetzung mit dem Medium Film/Fernsehen treten. Durch den Umgang mit der notwendigen Technik (Kamera, Beleuchtung, Drehbuch, etc.) erlangen sie Technikkompetenz.
Projektdauer	Jährlich, aktuelles Projekt von November 2005 bis April 2006
Veranstaltungsform	Wettbewerb
Zielgruppe und Altersstufe	Mädchen und junge Frauen
Eingesetzte Medien	Video und Filmtechnik
Zentrale Absicht des Projekts	Öffentliche Präsenz von Mädchen; Medienkompetenz und kulturelle Bildung; Persönlichkeitsentwicklung; Technikkompetenz schulen
Datum der Recherche	19.09.2005

Projekt Nr.	**12**
Projektname	Girlzine
Projektträger und Finanzierung	Redaktion Girlzine (Mädchentreff Ludwigsburg) c/o Frauen für Frauen e. V., Hahnenstrasse 47, 71634 Ludwigsburg, Tel.: 07141/220870, E-Mail: redaktion@girlzine.de, Homepage: www.girlzine.de
Projekt im Überblick	Girlzine ist ein Onlinemagazin von, für und über Mädchen. Mit dem Girlzine sollen Mädchen und junge Frauen aus dem Raum Ludwigsburg die Möglichkeit haben, ihre Themen ins World Wide Web zu bringen. Die Onlinezeitung Girlzine ist ein Gemeinschaftsprojekt des Mädchentreffs Ludwigsburg mit ccm webwork&more und der Journalistin Sandra Mross. Begleitet wird das Projekt von Fachfrauen aus den Bereichen EDV/Webdesign und Journalistik.
Projektdauer	Dauerhaft
Veranstaltungsform	Onlinemagazin
Zielgruppe und Altersstufe	Mädchen und junge Frauen
Eingesetzte Medien	Internet
Zentrale Absicht des Projekts	Geschützten Raum für die mediale Selbstinszenierung und den Ausdruck von Mädchen schaffen; geschlechtsspezifische Nutzungs- und Komeptenzdefizite abbauen; Anregen und Fördern des aktiven Umgangs mit Medien
Datum der Recherche	02.08.2005

Projekt Nr.	**13**
Projektname	Görls – Medienprojekt im Medienzentrum Wien X-tra
Projektträger und Finanzierung	Verein WienXtra, Medienzentrum: Zieglergasse 49/II, 1070 Wien (Österreich), Tel.: 01/4000-83444, E-Mail: medienzentrum@wienXtra.at oder Homepage: http://goerlskalender.medienzentrum.at
Projekt im Überblick	Görls, der Mädchenkalender ist ein Projekt des Medienzentrum Wien. Es fördert und unterstützt den aktiven, kreativen und kritischen Umgang mit Medien in der außerschulischen Jugendarbeit. In Radio-, Video-, Zeitungs- und Musikworkshops lernen sie technische und gestalterische Grundlagen kennen. Zur selbstständigen Realisierung eigener Projekte stehen Kameras, Audiosets, Video- und Audio- Schnittmöglichkeiten zur Verfügung.
Projektdauer	Dauerhaft
Veranstaltungsform	Workshops
Zielgruppe und Altersstufe	Mädchen zwischen 16–19 Jahren
Eingesetzte Medien	Zeitung und Homepage (Computer)
Zentrale Absicht des Projekts	Anregen und Fördern des aktiven Umgangs mit Medien und Kompetenzschulungen; geschützten Raum für mediale Selbstinszenierung schaffen
Datum der Recherche	14.10.2005

Projekt Nr.	**14**
Projektname	Hardliner
Projektträger und Finanzierung	Die Pädagogen, Büro für Jugend-, Schul- und Kommunalprojekte, Kontakt: Jens Wiemken, Füchtelerstraße 5, 49377 Vechta, Tel.: 04441/854385, E-Mail: info@diepaedagogen.de, Homepage: http://www.diepaedagogen.de
Projekt im Überblick	Mit dem Hardliner-Konzept wird versucht bei Bildschirmspielern die begrenzte virtuelle Erfahrung durch authentische Erlebnisse auszugleichen. Computerspiele werden in der Wirklichkeit nachgestellt und gespielt. Der „Hardliner"-Ansatz eignet sich für die Arbeit zum Thema Gewaltprävention mit außerschulischen Gruppen und als Idee für Projektwochen und Bildungsfahrten für Schulklassen.
Projektdauer	Regelmäßig
Veranstaltungsform	Zusammenhängende Projekttage
Zielgruppe und Altersstufe	Jungen zwischen 12 und 16 Jahren
Eingesetzte Medien	Computerspiele und reales Erleben
Zentrale Absicht des Projekts	Reales Erleben von PC-Spielsettings (Egoshooter); Auseinandersetzung mit Differenz von Spiel und Realität und mit Geschlechtsrollen
Datum der Recherche	13.10.2005

Projekt Nr.	**15**
Projektname	Hören Machen – Girls Power Radio
Projektträger und Finanzierung	Freier Rundfunk Salzburg, Mühlbacherhofweg 5, 5020 Salzburg (Österreich), Tel.: 0662/842961, E-Mail: office@akzente.net, Homepage: www.akzente.net/Hoeren-machen.744.o.html
Projekt im Überblick	Anliegen ist eine Plattform für diejenigen zu schaffen, die in den kommerziellen Medien kaum zu Wort kommen. Unter dem Motto „Dein Programm bist du selber" wird Mädchen die Möglichkeit geboten, Radio von Mädchen für Mädchen zu gestalten. In Workshops wird in Grundbegriffe und Techniken des Radiomachens eingeführt, am Ende erhalten die Mädchen ihre Sendung auf CD.
Projektdauer	Dauerhaft
Veranstaltungsform	Workshops
Zielgruppe und Altersstufe	Mädchen
Eingesetzte Medien	Radio, digitale Technik
Zentrale Absicht des Projekts	Mädchen entwerfen und gestalten ihr eigenes Radioprogramm; Technikschulung; mediale Selbstinszenierung und gesellschaftliche Teilhabe ermöglichen
Datum der Recherche	14.10.2005

Projekt Nr.	**16**
Projektname	jc hafen höft
Projektträger und Finanzierung	Jugendcafé Hafen Höft, Zum alten Tief 1, 28759 Bremen, Tel.: 0421/6608665, E-Mail: JugendcafeHH@t-online.de, Homepage: www.jchafenhoeft.netcup.de
Projekt im Überblick	In den Medienprojekten soll der Umgang mit den verwendeten Medien, die Darstellung von persönlichen Artikulationen in den Medien und der Umgang mit sich selbst als soziale Kompetenz vermittelt werden.
Projektdauer	Dauerhaft
Veranstaltungsform	Projekte in Form von Arbeitsgemeinschaften
Zielgruppe und Altersstufe	Mädchen und Jungen
Eingesetzte Medien	Webdesign, Computer, Film, Foto
Zentrale Absicht des Projekts	Kennenlernen und Handhabung eines Medium systematisch einüben; Anregen und Fördern des aktiven und inhaltlichen Umgangs mit Medien
Datum der Recherche	13.10.2005

Projekt Nr.	**17**
Projektname	Job Werkstatt Mädchen
Projektträger und Finanzierung	Technischer Jugendfreizeit- und Bildungsverein (tjfbv) e. V. – Job Werkstatt Mädchen, Rudower Straße 37, 12557 Berlin, Tel.: 030/67489493, E-Mail: jobwerkstattmaedchen@tjfbv.de, Homepage: www.jobwerkstattmaedchen.de, Finanzierung: u. a. Europäischer Sozialfonds (ESF), das Bundesministerium für Familie, Senioren, Frauen und Jugend (BMFSFJ)
Projekt im Überblick	Job Werkstatt Mädchen ist ein Projekt der außerschulischen Bildungsarbeit für Mädchen. Hier finden Mädchen und junge Frauen Zugang zu technischen Berufen der Multi-Media- und der IT-Branche, sie können sich an Grafik-Programmen, digitalen Videoschnittplätzen oder Lötstationen ausprobieren. Sie können sich gezielt auf moderne Berufe vorbereiten, Hilfe bei der Recherche nach Ausbildungsplätzen und Begleitung beim Übergang von der Schule in die Ausbildung erhalten.
Projektdauer	Dauerhaft seit 1997
Veranstaltungsform	Zusammenhängende Projekttage, Gruppengröße von Schulklassen bis zu Einzelpersonen, ständige (wöchentliche) Termine
Zielgruppe und Altersstufe	Mädchen ab 14 Jahren
Eingesetzte Medien	Computer, Video, Lötwerkstatt
Zentrale Absicht des Projekts	Kennenlernen eines Mediums; professionelle Handhabung eines Mediums systematisch einüben; Heranführung an technischen (Medien-)Berufe
Datum der Recherche	31. 07. 2005

Projekt Nr.	**18**
Projektname	Jugend ans Netz
Projektträger und Finanzierung	Projektträger: Internationaler Jugendaustausch- und Besucherdienst der Bundesrepublik Deutschland (IJAB) e. V., Stiftung Demokratische Jugend, Universität Bielefeld, Projektleitung: Andreas Pautzke. Tel.: 02 28/95 06-0, E-Mail: a.pautzke@jugendstiftung.org; mehr Informationen unter www.jugend.info, Förderung: Bundesministerium Familie, Senioren und Sport, Initiative D21.
Projekt im Überblick	„Jugend ans Netz" ist eine Initiative für mehr Internetanschlüsse in Jugendzentren. Ziel ist ein umfassendes außerschulisches Informations-, Bildungs- und Beratungsangebot zu schaffen, um möglichst viele jugendliche Nutzerinnen und Nutzer zu erreichen und ihre Medienkompetenz zu stärken. Außerdem werden mehrtägige medienpädagogische Schulungen für die Leiterinnen und Leiter der Jugendzentren angeboten, damit sie gezielte Medienprojekte durchführen, die die Jugendlichen mit Teilnahme-Zertifikaten abschließen können.
Projektdauer	Längerfristig
Veranstaltungsform	Ausstattungsoffensive und Schulungen für MultiplikatorInnen
Zielgruppe und Altersstufe	Mädchen und Jungen
Eingesetzte Medien	Computer und Internet
Zentrale Absicht des Projekts	Ermöglichen des Zugangs zu Medien; geschützten Raum für mediale Selbstinszenierung und Ausdruck schaffen; geschlechtsspezifische Nutzungs- und Komeptenzdefizite abbauen; MultiplikatorInnenschulung
Datum der Recherche	31. 10. 2005

Projekt Nr.	**19**
Projektname	Jungs machen Radio
Projektträger und Finanzierung	Offener Kanal Westküste, Landvogt-Johannsen-Straße 11, 25746 Heide, Tel.: 0481/3333, E-Mail: info@okwestkueste.de, Homepage: www.okwestkueste.de, Kontakt: Sascha Denzel
Projekt im Überblick	In Workshops entwerfen und gestalten Jungen Radiosendungen zu Themen, die sie teilweise selbst wählen.
Projektdauer	Wiederkehrend
Veranstaltungsform	Zusammenhängende Projekttage
Zielgruppe und Altersstufe	Jungen zwischen 10 und 13 Jahren
Eingesetzte Medien	Radio
Zentrale Absicht des Projekts	Artikulation im Radio; Auseinandersetzung mit relevanten Themen und Geschlechterbildern
Datum der Recherche	04.08.2005

Projekt Nr.	**20**
Projektname	Jungs ran an die Bücher
Projektträger und Finanzierung	Akademie für Leseförderung der Stiftung Lesen, Waterloostraße 8, 30169 Hannover, Kontakt: Ulrike Buchmann, Tel.: 05 11/1 26 73 08, E-Mail: ulrike.buchman@gwlb.de
Projekt im Überblick	„Jungs ran an die Bücher" ist ein Projekt zur Schulung von Multiplikatorinnen, mit dem Ziel Jungen an die Lust zum Lesen heranzuführen und ihre Lesekompetenz zu steigern.
Projektdauer	Wiederkehrend
Veranstaltungsform	Seminar
Zielgruppe und Altersstufe	Lehrerinnen, Bibliothekarinnen (MultiplikatorInnen)
Eingesetzte Medien	Vortrag, Animation
Zentrale Absicht des Projekts	Defizite im Lesen bei Jungen abbauen
Datum der Recherche	19. 09. 2005

Projekt Nr.	**21**
Projektname	Karlsrules Junior Edition
Projektträger und Finanzierung	Musikmobil SOUNDTRUCK, Saarlandstraße 16, 76187 Karlsruhe, Tel.: 0721/566341, E-Mail: soundtruck@t-online.de, Homepage: www.soundtruck.de
Projekt im Überblick	Das Musikmobil Soundtruck führt verschiedene regionale Musikprojekte durch. Im Projekt „Karlsrules Junior Edition" werden gezielt jugendliche HipHop-Künstler gefördert. Sie werden in jede Phase einer CD-Produktion aktiv einbezogen und sind sowohl künstlerisch-gestalterisch als auch technisch tätig. Zum Projekt gehört auch eine CD-Release-Party, dadurch erwerben die Jugendlichen Kenntnisse im Bereich der Bühnen- und Beschallungstechnik.
Projektdauer	Dauerhaft
Veranstaltungsform	Zusammenhängende Projekttage
Zielgruppe und Altersstufe	Jugendliche Hip-Hop-Künstler
Eingesetzte Medien	Musiktechnik
Zentrale Absicht des Projekts	Erlernen eines aktiven und selbstgesteuerten Umgangs mit Musikmedien; authentische und ganzheitliche Einblicke in die Musik-CD-Produktion
Datum der Recherche	12.09.2005

Projekt Nr.	**22**
Projektname	Kinder auf die Spuren bringen
Projektträger und Finanzierung	Pädagogische Hochschule Ludwigsburg, Forschungsstelle Jugend-Medien-Bildung; wissenschaftliche Leitung und Kontakt: Prof. Dr. Gudrun Marci-Boehncke; Prof. Dr. Matthias Rath, Tel.: 07141/140–222, E-Mail: rath@ph-ludwigsburg.de, Homepage: http://www.ph-ludwigsburg.de/956.html
Projekt im Überblick	Das Projekt „Kinder auf die Spuren bringen – Medienerziehung in der Frühförderung“ ist ein Forschungsprojekt zur Medienerziehung im Kindergarten. Neben der Datenerhebung steht gleichberechtigt die Förderung des eigenständigen und kreativen Medienumgangs der Kinder. Die medienpädagogische Intervention wird wiederum wissenschaftlich begleitet, die Ergebnisse an die Erzieherinnen zurückgemeldet, damit diese sie für ihre tägliche Arbeit im Kindergarten nutzen können.
Projektdauer	Januar 2005 bis Frühjahr 2007
Veranstaltungsform	Forschungsprojekt
Zielgruppe und Altersstufe	Kinder bis 6 Jahre
Eingesetzte Medien	Medien jeglicher Art
Zentrale Absicht des Projekts	Erhebung der Mediennutzungsgewohnheiten von Vorschulkindern; Erhebung von Folgen medialer Nutzung auf die kognitiven Kompetenzen; Erhebung von Medienkompetenz, Entwicklung medienerzieherischer Konzepte für den Vorschulbereich; Evaluation dieser Interventionen
Datum der Recherche	31.07.2005

Projekt Nr.	**23**
Projektname	Klickerkids
Projektträger und Finanzierung	jaf – Junger Arbeitskreis Film und Video e. V., Bebelallee 22, 22299 Hamburg, Tel.: 040/5113840, E-Mail: info@klickerkids.de, Homepage: www.klickerkids.de
Projekt im Überblick	Klickerkids ist ein Projekt für Mädchen und Jungen, die Lust haben selber Internetseiten zu gestalten und sie anderen zu präsentieren. Ziel von „klickerkids" ist Kindern eine gemeinsame Website zur Verfügung zu stellen, wo ihre Interessen und Ideen im Mittelpunkt stehen. Unter medienpädagogischer Anleitung recherchieren, gestalten und programmieren die Kinder zu Themen, die ihnen wichtig sind. Internet und Computer werden zu kreativen Kommunikations- und Erzählwerkzeugen.
Projektdauer	Dauerhaft
Veranstaltungsform	Zusammenhängende Projekttage inklusive Präsentation für Eltern und Freunde, offenes Mitmachangebot auf Veranstaltungen oder regelmäßiges wöchentliches Treffen
Zielgruppe und Altersstufe	Mädchen und Jungen zwischen 7 und 15 Jahren
Eingesetzte Medien	Computer und Internet
Zentrale Absicht des Projekts	Ermöglichen des Zugangs zu Medien; (geschlechtsspezifische) Nutzungs- und Komeptenzdefizite abbauen; Anregen und Fördern des aktiven Umgangs
Datum der Recherche	04. 08. 2005

Projekt Nr.	**24**
Projektname	Leseförderung Jungen
Projektträger und Finanzierung	Öffentliche Bücherhallen Hamburg, Ansprechpartnerin: Heidi Jakob-Röhl, Tel.: 040/4206793, E-Mail: kinderbibliothek.hamburg@buecherhallen.de, Homepage: www.buecherhallen.de
Projekt im Überblick	„Leseförderung Jungen“ ist ein Veranstaltungskonzept der Hamburger Bücherhallen für Jungen und ihre Väter, das ein gemeinsames Leseerlebnis von Männern und Jungen ermöglicht.
Projektdauer	Tagesveranstaltung
Veranstaltungsform	Lesereise
Zielgruppe und Altersstufe	Jungen zwischen 6 und 11 Jahren und ihre Väter
Eingesetzte Medien	Bücher (Geschichten)
Zentrale Absicht des Projekts	Leseförderung
Datum der Recherche	19.09.2005

Projekt Nr.	**25**
Projektname	Leyla – Mädchentreff
Projektträger und Finanzierung	ProMädchen – Mädchenhaus Düsseldorf e. V., Hüttenstraße 32, 40215 Düsseldorf, Tel.: 02 11/ 1 57 95 90, E-Mail: maedchentreff@promaedchen.de, Homepage: www.promaedchen.de
Projekt im Überblick	Der Mädchentreff „Leyla“ will neben der Förderung von sozialen Kompetenzen auch die Medienkompetenz von Mädchen und jungen Frauen schulen. Interkulturalität spielt als schöpferische Ressource eine wichtige Rolle.
Projektdauer	Dauerhaft
Veranstaltungsform	Workshops, ständige Angebote
Zielgruppe und Altersstufe	Mädchen zwischen 10 und 18 Jahren
Eingesetzte Medien	Computer, digitale Bildbearbeitung, Onlinemagazin „Zickenpost“
Zentrale Absicht des Projekts	Förderung der Sozial- und Medienkompetenz von Mädchen
Datum der Recherche	13. 10. 2005

Projekt Nr.	**26**
Projektname	LizzyNet
Projektträger und Finanzierung	Schulen ans Netz e. V., Loggia am Stadthaus, Thomas-Mann-Straße 4, 53111 Bonn, Tel.: 0228/910480, Kontakt: Ulrike Schmidt (Leitung), E-Mail: ulrike.schmidt@schulen-ans-netz.de, Finanzierung: Bundesministerium für Bildung und Forschung, Europäischer Sozialfonds
Projekt im Überblick	LizzyNet möchte Mädchen einen Platz im World Wide Web geben, damit sie das Netzgeschehen mitbestimmen können und unter sich über die Themen reden können, die ihnen wichtig sind. Dazu soll das notwendige Know-how vermittelt werden, damit Mädchen das Netz aktiv mitgestalten können. LizzyNet ist nicht kommerziell und wird redaktionell und medienpädagogisch betreut. LizzyNet hat im Angebot: Onlinekurse z. B. für Html oder Flash, Communities, Lerngruppen etc.
Projektdauer	Dauerhaft
Veranstaltungsform	Onlinemagazin, Onlinekurse
Zielgruppe und Altersstufe	Mädchen ab 12 Jahre
Eingesetzte Medien	Internet, Onlinemagazin
Zentrale Absicht des Projekts	Kennenlernen und Anwendung von Internet und Computer; Austausch und Darstellung persönlich bedeutsamer Themen
Datum der Recherche	02. 08. 2005

Projekt Nr.	**27**
Projektname	Mädchen in Bremen – aber sicher.
Projektträger und Finanzierung	Mädchentreff Gewitterziegen, Kornstraße 100, 28201 Bremen, Kontakt: Ruken Aytas, Tel.: 0421/535180, E-Mail: maedchentreff@gewitterziegen-bremen.de
Projekt im Überblick	„Mädchen in Bremen – aber sicher." war ein Videofilm-Wettbewerb zum Thema Sicherheit aus Sicht von Mädchen in Bremen. Der Mädchentreff Gewitterziegen war eine der VeranstalterInnen und sorgte für technische und pädagogische Begleitung und Unterstützung.
Projektdauer	September bis Ende Oktober 2005
Veranstaltungsform	Videofilm-Wettbewerb
Zielgruppe und Altersstufe	Mädchen und junge Frauen von 12 bis 18 Jahren
Eingesetzte Medien	Video
Zentrale Absicht des Projekts	Kennenlernen und Anwendung von Video-/Filmtechnik,; Auseinandersetzung mit relevantem Thema
Datum der Recherche	04.08.2005

Projekt Nr.	**28**
Projektname	Mädchen Medien Projekt
Projektträger und Finanzierung	Haus der Jugend im Jugendbildungswerk Freiburg e. V., Uhlandstraße 2, 79102 Freiburg, Kontakt: Nicole Tritschler, Tel.: 0761/79 19 79-22, E-Mail: nicole.tritschler@jbw.de
Projekt im Überblick	Im Rahmen des Freiburger Ferienpasses bietet das Jugendbildungswerk Freiburg medienpädagogische Projekte an, zum Beispiel Bildbearbeitung mit Computer, Scanner und Digitalkamera, Herstellung verschiedener Produkte mit Computertechnik.
Projektdauer	Regelmäßig
Veranstaltungsform	Zusammenhängende Projekttage
Zielgruppe und Altersstufe	Mädchen von 11 bis 17 Jahren
Eingesetzte Medien	Computer, digitale Fotografie
Zentrale Absicht des Projekts	Kennenlernen eines Mediums; Handhabung eines Medium systematisch einüben; selbstreflexive Auseinandersetzung anregen
Datum der Recherche	19. 09. 2005

Projekt Nr.	**29**
Projektname	MaDonna
Projektträger und Finanzierung	MadonnaMädchenkult.Ur e. V., Falkstraße 26, 12053 Berlin, Tel.: 030/6212048, E-Mail: Madonnamaedchenpower@web.de, Homepage: www.madonnamaedchenpower.de
Projekt im Überblick	Der Verein für Mädchenarbeit bietet u. a. ein Multimedia-Film-Projekt an. In diesem Projekt soll neben dem Erlernen des technischen Umgangs auch die Lernfreude gestärkt werden und so die schulische und berufliche Qualifikation verbessert werden. Des Weiteren soll durch den Film Anerkennung und Aufmerksamkeit für die Anliegen der Mädchen erreicht werden. Parallel zum Workshop werden Zukunftsperspektiven geklärt und Kontakt zur Berufshilfe geknüpft.
Projektdauer	Dauerhaft/längerfristig
Veranstaltungsform	Medienarbeit in Form von Projekten
Zielgruppe und Altersstufe	Mädchen von 14 bis 22 Jahren
Eingesetzte Medien	Multimedia-Film, digitale Fotografie
Zentrale Absicht des Projekts	Technik- und Medienkompetenz fördern; durch aktive und kreative Handhabung das Medium Film erlernen; Ausdrucksmöglichkeit für eigene Anliegen bieten
Datum der Recherche	19.09.2005

Projekt Nr.	30
Projektname	Medi@culture
Projektträger und Finanzierung	Das Projekt MediaCulture-Online ist Teil des Projekts Medienoffensive II des Landes Baden-Württemberg (Ministerium für Kultus, Jugend und Sport Baden-Württemberg). Projektleitung: Dr. Jochen Hettinger; Tel.: 07 11/2 79 25 28, E-Mail: Jochen.Hettinger@km.kv.bwl.de, Homepage: www.mediaculture-online.de
Projekt im Überblick	Medi@Culture-Online ist ein Internetportal, das Informationen rund um die Themen Medienbildung, Medienpraxis und Medienkultur für den schulischen und außerschulischen Bereich zur Verfügung stellt. Das Angebot gibt Lehrerinnen, Lehrern, Eltern, Studierenden sowie pädagogischen Multiplikatoren Anleitungen und Literatur für die eigene Medienproduktion, Medienanalyse und Mediennutzung an die Hand. In dem Teilprojekt „Mediaculture-Praxis“ wird Kindern und Jugendlichen ermöglicht, für sie interessante Themen mit Medien zu bearbeiten, dabei eigene Ausdrucksformen zu finden und Medienproduktionen herzustellen. Das Projekt folgt dabei einem handlungsorientierten Ansatz. Zugleich ist Mediaculture eine Plattform für Medienarbeit in Baden-Württemberg.
Projektdauer	2003 bis 2005
Veranstaltungsform	Einzelprojekte mit Workshopcharakter, Plattform
Zielgruppe und Altersstufe	Jugendliche Mädchen und Jungen
Eingesetzte Medien	Video, Radio, Internet, digitale Fotografie, CD-ROM, Zeitung, Hörspiel, einmalige Produkterstellung
Zentrale Absicht des Projekts	Kennenlernen eines Mediums; aktive und kreative Handhabung eines Medium systematisch einüben; Reflexion von Themen mithilfe des Mediums
Datum der Recherche	31.07.2005

Projekt Nr.	**31**
Projektname	Mediennächte
Projektträger und Finanzierung	Elsa-Brändström-Gymnasium in Oberhausen, Tel.: 0208/85789–0, www.gym-elsa-ob.de, E-Mail: EBG@gym-elsa-ob.de organisiert von: Marco Fileccia, Homepage: www.fileccia.de
Projekt im Überblick	Die Mediennächte sind eine außerschulische Veranstaltung am Elsa-Brändström-Gymnasium für die Schüler dieser Schule. Bei dieser Party gibt es vielfältige Möglichkeiten, sich verschiedenen Medien anzunähern, u. a. LAN-Party, Chat/Internetraum, „Singstar“-Karaoke. Es wird darauf geachtet, dass die Medienangebote jeden ansprechen. Ziel ist, in einem lockeren und dennoch pädagogisch begleiteten Rahmen miteinander und im Umgang mit den Medien Spaß zu haben und Medienkompetenz zu entwickeln.
Projektdauer	Abendveranstaltung
Veranstaltungsform	Medienparty
Zielgruppe und Altersstufe	Mädchen und Jungen ab 14 Jahren
Eingesetzte Medien	Vielfältige Medien
Zentrale Absicht des Projekts	Medien erleben und ausprobieren; Medienkompetenz schulen
Datum der Recherche	02.08.2005

Projekt Nr.	**32**
Projektname	Medienprojekt Wuppertal
Projektträger und Finanzierung	Medienprojekt Wuppertal, Kontakt: Andreas von Hören, Hofaue 59, 42103 Wuppertal, Tel.: 0202/ 5632647, E-Mail: borderline@wuppertal.de, Homepage: www.medienprojekt-wuppertal.de
Projekt im Überblick	Das Medienprojekt Wuppertal konzipiert und realisiert seit 1992 erfolgreich Modellprojekte aktiver Jugendvideoarbeit, dazu gehören: das regelmäßig erscheinende Jugendvideomagazin „borderline", thematische Videoworkshops und Videoaktionswochen, Doku-Soaps, thematische Dokumentationen, internationale Videoprojekte. Nach dem Motto „Jugendliche klären am besten Jugendliche auf" wird die Hälfte der Videos bundesweit über eine eigene Edition und über diverse Verlage als Bildungs- und Aufklärungsmedium vertrieben.
Projektdauer	Dauerhaft
Veranstaltungsform	Produktionen, regelmäßige Workshops, Aktionswochen
Zielgruppe und Altersstufe	Mädchen und Jungen von 14 bis 28 Jahren
Eingesetzte Medien	Video und Filmtechnik
Zentrale Absicht des Projekts	Möglichkeit zur kreativen Artikulation ihrer Ästhetiken, ihrer Meinungen und Lebensinhalte bieten; kommunikative Kulturtechniken, Lust an Film und Video sowie am künstlerischen und inhaltlichen Ausdruck anregen und fördern
Datum der Recherche	27.09.2005

Projekt Nr.	**33**
Projektname	MiM – Mädchen in Medienberufe
Projektträger und Finanzierung	Landesarbeitsgemeinschaft Lokale Medienarbeit NRW, Emscherstraße 71, 47137 Duisburg; Tel.: 0203/41058-10, E-Mail: info@medienarbeit-nrw.de
Projekt im Überblick	Beim „MiM"-Projekt können Mädchen und junge Frauen die Vielfalt der Medienberufe kennenlernen und selbst ausprobieren. In den MiM-Praxisworkshops werden Videofilme oder Radiobeiträge erstellt, Internetseiten gestaltet und programmiert. Die MiM-Teilnehmerinnen besuchen Redaktionen, Agenturen, Produktionsfirmen und begegnen Frauen, die sich bereits einen Arbeitsplatz in der Medienwelt erobert haben. „MiM" wurde unterstützt durch die örtlichen Arbeitsämter, Regionalstellen Frau und Beruf, IHKs, Handwerkskammern und Ausbildungsinstitutionen. Medienunternehmen ermöglichen Berufsfelderkundungen, Praktika und Ausbildungsplatzangebote für Mädchen. Qualifikationsveranstaltungen für MultiplikatorInnen, durchgeführt als Fachtagungen und Regionalkonferenzen, runden das MiM-Programm ab.
Projektdauer	Abgeschlossen
Veranstaltungsform	Projekttage, Workshops
Zielgruppe und Altersstufe	Mädchen zwischen 14 und 21 Jahren
Eingesetzte Medien	Je nach Workshop, vorrangig Film, Fernsehen, Radio
Zentrale Absicht des Projekts	Technik- und Medienkompetenzförderung bei Mädchen; Neudefinition und Aufwertung weiblicher Eigenschaften und Kompetenzen; Mädchenförderung hinsichtlich Berufswahl im Medienbereich
Datum der Recherche	02.08.2005

Projekt Nr.	**34**
Projektname	MONAliesA
Projektträger und Finanzierung	MONAliesA e. V., Haus der Demokratie, Bernhard-Göring-Straße 152, 04277 Leipzig, Kontakt: Katja Demnitz, Tel.: 0341/3065260, E-Mail: monaliesa@leipzigerinnen.de, Homepage: www.monaLiesa.Leipzigerinnen.de
Projekt im Überblick	Mädchen finden bei MONAliesA einen geschützten Raum, in dem sie sich treffen, austauschen oder eigene Projekte planen und durchführen können. Die regelmäßigen Mädchennachmittage umfassen eine Veranstaltungsreihe mit unregelmäßigen medienpädagogischen Angboten und stehen für eine lustvolle Auseinandersetzung mit der weiblichen Identität. Eine Mädchenbibliothek bietet dafür einen breit gefächerten Bestand an Büchern, Videos und CDs für Mädchen aller Altersstufen.
Projektdauer	Ständiger Mädchentreff, medienpädagogische Projekte unregelmäßig
Veranstaltungsform	Workshops, Projektarbeit
Zielgruppe und Altersstufe	Mädchen ab 12 Jahren
Eingesetzte Medien	Video, Foto, Radio
Zentrale Absicht des Projekts	Reflektion von Selbstbild und Vorstellungen bezüglich Geschlecht und Geschlechtsrollen; feministische Mädchenarbeit in der Medien als Mittel zur Auseinandersetzung eingesetzt werden
Datum der Recherche	01.08.2005

Projekt Nr.	**35**
Projektname	Multiline
Projektträger und Finanzierung	WI-Fachbereich Fortbildung; Konradstraße 14, 79100 Freiburg, Kontakt: Karin Eble, Tel.: 0761/ 70361-14, E-Mail: eble@jugendhilfswerk.de, Homepage: www.multiline-net.de
Projekt im Überblick	Kompetenzen im Umgang mit Neuen Medien zu fördern, ist ein wichtiges Bildungsziel und Voraussetzung für Chancengleichheit. Als interdisziplinäres Netzwerk bündelt Multiline Ressourcen aus Medien, Pädagogik und Politik, um die Medienkompetenz von pädagogischen Fachkräften sowie Mädchen und jungen Frauen nachhaltig zu stärken. Damit trägt Multiline zur Verbesserung der Chancengleichheit in Bildung und Beruf bei. Multiline bietet auch medienpädagogische Projekte an. Weiterhin sorgt es für Vernetzung, Information und Qualifizierung von Fachkräften aus Praxis und Wissenschaft.
Projektdauer	Dauerhaft
Veranstaltungsform	Virtuelle Plattform
Zielgruppe und Altersstufe	Multiplikatorinnen, Mädchen, junge Frauen
Eingesetzte Medien	Digitale Fotografie, Radio, Internet, Computerspiele, Kamera (Filmtechnik)
Zentrale Absicht des Projekts	Plattform zum Vernetzen, Informieren, Qualifizieren; Medienpraxis entwickeln zur Technik- und Medienkompetenzförderung bei Mädchen
Datum der Recherche	19.09.2005

Projekt Nr.	36
Projektname	Neue Medien in der sexualpädagogischen Arbeit in der Schule
Projektträger und Finanzierung	Leitung: Prof. Dr. Cornelia Helfferich, Evangelische Fachhochschule Freiburg (KGBI), Bugginger Straße 38, 79114 Freiburg, Tel.: 0761/4781238, E-Mail: kgbi@efh-freiburg.de, Förderung: Kompetenzzentrum für Genderforschung und Bildungsfragen in der Informationsgesellschaft (KGBI), E-Mail: kgbi@freiburg.de, Homepage: www.kompetenzgbi.de
Projekt im Überblick	„Neue Medien in der sexualpädagogischen Arbeit in der Schule – Mediennutzung und Geschlechterinteraktion im Entwicklungsbezug" ist ein Forschungsprojekt zu Erfahrungen von Jugendlichen mit sexuellen Inhalten im Internet. Es wird untersucht, wie Mädchen und Jungen interagieren, wenn sie sexuelle und sexualpädagogische Inhalte im Internet aufsuchen. Zusätzlich werden in einem Workshop pädagogische Fachkräfte befähigt, den sexualpädagogischen Unterricht im Hinblick auf die Vermittlung von Medien- und Genderkompetenz besser auf die Entwicklungslagen und subkulturellen Vorstellungswelten von Mädchen und Jungen zuschneiden zu können.
Projektdauer	2003 bis 2006
Veranstaltungsform	Forschungsprojekt, Seminare
Zielgruppe und Altersstufe	Mädchen und Jungen zwischen 16 und 18 Jahren, Lehrkräfte
Eingesetzte Medien	Internet
Zentrale Absicht des Projekts	Ziel ist es, die Frage zu beantworten, welchen „funktionalen" Beitrag neue Medien zur Geschlechterentwicklung im Bereich Sexualität/Sexualpädagogik leisten. Des Weiteren soll geklärt werden wie Mädchen und Jungen in Interaktionssituationen untereinander und mit und in dem Medium (sexuelles) Geschlecht präsentieren und regulieren. Übergeordnetes Ziel ist es, dieses Wissen Lehrkräften an die Hand zu geben, damit sie neue Medien angemessen einsetzen und Medienkompetenz zusammen mit Genderkompetenz vermitteln können.
Datum der Recherche	04.08.2005

Projekt Nr.	**37**
Projektname	Pippilotta – Agentur für Mädchen und Frauenprojekte
Projektträger und Finanzierung	Agentur Pippilotta, Kontakt: Dinah Zanetti-Überwasser; Postfach 16 in CH-4009 Basel, Tel.: 0041/79/6624180, E-Mail: info@pippilotta.ch, Homepage: www.pippilotta.ch
Projekt im Überblick	Die Agentur Pippilotta ist eine feministische Denkfabrik, die eigene Projekte an Schulen und in der offenen Jugendarbeit, die Ausarbeitung genderbewusster pädagogischer Konzepte und Methoden sowie Weiterbildungen und Workshops anbietet. Dazu gehören vereinzelt auch Medienworkshops. Die Agentur Pippilotta setzt sich ein für die Schaffung tatsächlicher Chancengleichheit und vertritt die Rechte und Interessen von Mädchen und jungen Frauen.
Projektdauer	Dauerhaft
Veranstaltungsform	Projekte
Zielgruppe und Altersstufe	Mädchen und Frauen
Eingesetzte Medien	Nicht explizit ausgewiesen
Zentrale Absicht des Projekts	Chancengleichheit für Mädchen und junge Frauen
Datum der Recherche	14.10.2005

Projekt Nr.	**38**
Projektname	Polly und Fred
Projektträger und Finanzierung	FWU Institut für Film und Bild in Wissenschaft und Unterricht gemeinnützige GmbH, Bavariafilmplatz 3, 82031 Grünwald, Kontakt: Petra Müller, Tel.: 0 89/ 6 49 73 54, E-Mail: petra.mueller@fwu.de, Homepage: www.pollyundfred.de, Kooperationspartner: Bundesministerium für Bildung und Forschung, Hessische Landesanstalt für privaten Rundfunk, Bayerische Landeszentrale für neue Medien, Landesanstalt für Medien NRW, Deutsches Kinderhilfswerk und O_2
Projekt im Überblick	Der verantwortungsvolle Umgang mit dem Handy will gelernt werden. Die Lernsoftware „Handykurs mit Polly und Fred“ hilft Kindern, die Chancen und Risiken bei der Handynutzung spielerisch zu erkennen.
Projektdauer	Dauerhaft
Veranstaltungsform	Lernsoftware
Zielgruppe und Altersstufe	Kinder von 8 bis 12 Jahren
Eingesetzte Medien	Handy
Zentrale Absicht des Projekts	Verantwortungsvoller Umgang mit Mobiltelefonen
Datum der Recherche	12. 09. 2005

Projekt Nr.	**39**
Projektname	Project Workshop Girls
Projektträger und Finanzierung	Project Workshop Girls, Dipl. Päd. Sigrid Nicolay, Tel.: 0044/20/86994491, www.projectworkshop.de, E-Mail: info@projectworkshop.de
Projekt im Überblick	Der „Project Workshop Girls“ soll thematisch an die spezifischen Themen der Mädchen anschließen und mit der Entwicklung eines Webprojektes das Interesse am Computer neu wecken. Die Workshops finden in der BRD und Großbritannien statt.
Projektdauer	Auf Anfrage
Veranstaltungsform	Workshops
Zielgruppe und Altersstufe	Mädchen im Alter von 10 bis 12 Jahren
Eingesetzte Medien	Computer, Internet
Zentrale Absicht des Projekts	Technikförderung bei Mädchen; Interesse am Computer wecken; eigene Inhalte im Internet präsentieren; Kennenlernen von Mädchen aus anderen Nationen; Einüben englischer Sprache
Datum der Recherche	02.08.2005

Projekt Nr.	**40**
Projektname	Roberta – Mädchen erobern Roboter
Projektträger und Finanzierung	Fraunhofer Institut, Autonome Intelligente Systeme, E-Mail: roberta-zentrale@ais.fraunhofer.de, Förderung: Bundeministerium für Bildung und Forschung
Projekt im Überblick	Bei „Roberta“ entdecken Mädchen die Faszination für Informatik und Naturwissenschaften. Es wird das Verständnis für technische Systeme geweckt und gefördert.
Projektdauer	Dezember 2003 bis Dezember 2006
Veranstaltungsform	Kurse mit geschulten MultiplikatorInnen
Zielgruppe und Altersstufe	Mädchen, MultiplikatorInnen
Eingesetzte Medien	Software, Roboter
Zentrale Absicht des Projekts	Technikförderung; Förderung von Verständnis der Funktionsweise von Software; Schulung der geschlechtersensiblen Aufmerksamkeit der MultiplikatorInnen
Datum der Recherche	03. 11. 2005

Projekt Nr.	**41**
Projektname	Rubinia DJane
Projektträger und Finanzierung	Rubinia DJane – Schule für Mädelz und Frauen, Büro: Schönaustraße 45, CH-4058 Basel, Tel.: 0041/61/6927042, E-Mail: info@rubinia-djanes.ch, Homepage: www.rubinia-djanes.ch
Projekt im Überblick	Rubinia DJane widmet sich der Förderung von Mädchen und Frauen im Bereich des DJ-ing und Musik-Business. Für junge Frauen gibt es einen DJ-Übungs-, Kurs-, Treffraum und somit die Möglichkeit, Erfahrungen mit zeitgemäßer Technik und Musik an und für sich zu sammeln. Mädchen und Frauen werden in ihren emanzipatorischen Bestrebungen gefördert und bestärkt, in einem männerdominierten Gesellschafts- und Wirtschaftsbereich ihre eigenen Ziele zu verfolgen. Die Aktivitäten des Vereins sollen sie in ihrem Selbstvertrauen stärken und ermutigen, selbstständig aufzutreten.
Projektdauer	Dauerhaft, regelmäßig
Veranstaltungsform	Workshops, Projektarbeit
Zielgruppe und Altersstufe	Mädchen und junge Frauen ab 16 Jahren
Eingesetzte Medien	Musiktechnik jeglicher Art
Zentrale Absicht des Projekts	Geschlechterstereotypen auflösen; Mädchen für ein männerdominiertes Tätigkeitsfeld faszinieren; geschlechtsspezifische Nutzungs- und Kompetenzdefizite abbauen
Datum der Recherche	14.10.2005

Projekt Nr.	**42**
Projektname	Schule@Museum
Projektträger und Finanzierung	Inititatoren: Deutscher Museumsverband e. V., BDK e. V. Fachverband für Kunstpädagogik und Bundesverband Museumspädaogik e. V., Kontakt: Projektbüro Schule@Museum Monika Dreykorn, Tel.: 09 11/7 66 12 39 info@schule-museum.de, Homepage: www.schule-museum.de Förderung: u. a. PwC-Stiftung „Jugend-Bildung-Kultur“
Projekt im Überblick	Bundesweiter Multimedia Wettbewerb 2005/2006: Innovatives Multimediaprojekt, in dem Betrachter zu Akteuren werden. Mit Computer und Internet sollen Schülerinnen und Schüler Museumsobjekte zum Leben erwecken. Schulklassen und Kurse sind aufgerufen, aktiv mit dem kulturellen Erbe im Museum umzugehen und gemeinsam mit einem Partnermuseum eine Multimedia-Produktion für das Internet zu erstellen.
Projektdauer	2005/2006
Veranstaltungsform	Wettbewerb
Zielgruppe und Altersstufe	Schülerinnen und Schüler der Klassen 2 bis 12
Eingesetzte Medien	Multimedia (vorrangig Computer, Internet)
Zentrale Absicht des Projekts	Der experimentelle Zugang mit Computer und Internet zum Angebot von Museen soll zum besseren Kulturverständnis führen; nachhaltig Interesse und Begeisterung an Multimediatechnik wecken
Datum der Recherche	13. 10. 2005

Projekt Nr.	**43**
Projektname	SiN – Mädchencomputerclub
Projektträger und Finanzierung	SiN – Studio im Netz e. V., Kontakt: Hans Jürgen Palme, Heiglhofstraße 1, 81377 München, Tel.: 089/724677-0, E-Mail: palme@sin-net.de, Homepage: www.sin-net.de
Projekt im Überblick	Im Mädchencomputerclub haben Mädchen die Möglichkeit, den multimedialen Welten auf spielerische Art und Weise auf den Grund zu gehen. Es steht ein Raum nur für Mädchen zur Verfügung, in dem sie ohne Scheu virtuelle Räume für sich erobern und mit neuen Kommunikations- und Informationsmedien experimentieren können. Betreut wird dieser Club von einer Pädagogin. Das Projekt wird getragen von der Idee, dass Mädchen im Zeitalter der Informationsgesellschaft und beim Umgang mit neuen Technologien nicht auf der Strecke bleiben dürfen und so ihre berufliche Orientierung einengen.
Projektdauer	Dauerhaft
Veranstaltungsform	Regelmäßiger Termin
Zielgruppe und Altersstufe	Mädchen zwischen 12 und 14 Jahren
Eingesetzte Medien	Computer, Internet
Zentrale Absicht des Projekts	Kennenlernen eines Mediums; aktive und kreative Handhabung von Multimedia und Internet; geschützten Raum zum Experimentieren mit medialer Selbstinszenierung bieten
Datum der Recherche	28.07.2005

Projekt Nr.	**44**
Projektname	Spinxx.de
Projektträger und Finanzierung	www.spinxx.de, Träger: JFC Medienzentrum Köln/ Jugendfilmclub Köln e. V., Hansaring 84–86, 50670 Köln, Tel.: 02 21/13 05 61 50, Projektleitung: Daniela Rohlf, E-Mail: info@jfc.info, Homepage: www.jfc.info
Projekt im Überblick	Spinxx.de ist ein Onlinemagazin für junge Medienkritik. Es bietet eine Plattform zur aktiven Auseinandersetzung mit aktuellen Medienproduktionen. Im Mittelpunkt stehen dabei Kinder- und Jugendfilme aus Kino und TV. Ergänzt wird dies durch Berichte von Filmveranstaltungen, Interviews mit Schauspielern und Hintergrundreportagen. Kinder und Jugendliche erwerben durch die eigene medienkritische Tätigkeit ein vertieftes Verständnis der Medienwelt und reflektieren ihre eigene Mediennutzung.
Projektdauer	Dauerhaft
Veranstaltungsform	Onlinemagazin
Zielgruppe und Altersstufe	Mädchen und Jungen zwischen 10 und 15 Jahren
Eingesetzte Medien	Computer/Internet, Film und Fernsehen
Zentrale Absicht des Projekts	Kritischen Umgang mit Medien erlernen; Film- und Fernseherziehung
Datum der Recherche	14. 09. 2005

Projekt Nr.	**45**
Projektname	Surfhexen & Frau K.
Projektträger und Finanzierung	Bert-Brecht-Gymnasium Dortmund, Tel.: 02 31/ 47 79 69 30, E-Mail: post@bert-brecht-gymnasium.de, Homepage: www.surfhexen.de und www.frau-k.de
Projekt im Überblick	„Surfhexen" ist ein Projekt am Bert-Brecht-Gymnasium zur Mädchenförderung im Internet in Form eines Online-Quiz zu Frauen und Internet. „Frau K." ist ein Online-Journal von Mädchen der Schule seit dem Beginn der Netdays NRW im September 2001.
Projektdauer	Dauerhaft
Veranstaltungsform	Online-Quiz und Online-Journal
Zielgruppe und Altersstufe	Mädchen ab 14 Jahren
Eingesetzte Medien	Computer, Internet
Zentrale Absicht des Projekts	Anregen und Fördern des aktiven Umgangs mit dem Internet; geschlechtsspezifische Nutzungs- und Kompetenzdefizite abbauen
Datum der Recherche	02. 08. 2005

SCHRIFTENREIHE MEDIENFORSCHUNG
DER LANDESANSTALT FÜR MEDIEN
NORDRHEIN-WESTFALEN (LfM)

58 **Geschlechtersensible Medienkompetenzförderung**
Mediennutzung und Medienkompetenz von Mädchen und Jungen sowie medienpädagogische Handlungsmöglichkeiten
von Renate Luca und Stefan Aufenanger
268 Seiten, 33 Abb./Tab., DIN A5, 2007
ISBN 978-3-89158-468-2 Euro 18,– (D)

57 **Die Förderung von Medienkompetenz im Kindergarten**
Eine empirische Studie zu Bedingungen und Handlungsformen der Medienerziehung
von Ulrike Six und Roland Gimmler
368 Seiten, 53 Abb./Tab., DIN A5, 2007
ISBN 978-3-89158-459-0 Euro 21,– (D)

56 **Bürgerfernsehen in Nordrhein-Westfalen**
Eine Organisations- und Programmanalyse
herausgegeben von Helmut Volpers und Petra Werner
236 Seiten, 94 Abb./Tab., DIN A5, 2007
ISBN 978-3-89158-453-8 Euro 15,– (D)

55 **Public Relations und werbliche Erscheinungsformen im Radio**
Eine Typologisierung persuasiver Kommunikationsangebote des Hörfunks
von Helmut Volpers
264 Seiten, 97 Abb./Tab., DIN A5, 2007
ISBN 978-3-89158-449-1 Euro 18,– (D)

54 **Geschichte im Fernsehen**
Eine Untersuchung zur Entwicklung des Genres und der Gattungsästhetik geschichtlicher Darstellungen im Fernsehen 1995 bis 2003
von Edgar Lersch und Reinhold Viehoff
344 Seiten, 119 Abb./Tab., DIN A5, 2007
ISBN 978-3-89158-454-5 Euro 21,– (D)

53 **Die Reform der Regulierung elektronischer Medien in Europa**
von Alexander Roßnagel, Thomas Kleist und Alexander Scheuer
344 Seiten, 8 Tab., DIN A5, 2007
ISBN 978-3-89158-445-3 Euro 20,– (D)

SCHRIFTENREIHE MEDIENFORSCHUNG
DER LANDESANSTALT FÜR MEDIEN
NORDRHEIN-WESTFALEN (LfM)

>lfm:

52
Videoclips und Musikfernsehen
Eine problemorientierte Kommentierung der aktuellen Forschungsliteratur
von Klaus Neumann-Braun und Lothar Mikos
164 Seiten, 22 Tab., DIN A5, 2006
ISBN 978-3-89158-426-2 Euro 10,– (D)

51
Bürgerfunk in Nordrhein-Westfalen
Eine Organisations- und Programmanalyse
von Helmut Volpers, Detlef Schnier und Christian Salwiczek
220 Seiten, 97 Abb./Tab., DIN A5, 2006
ISBN 978-3-89158-420-0 Euro 15,– (D)

50
Suchmaschinen: Neue Herausforderungen für die Medienpolitik
herausgegeben von Marcel Machill und Norbert Schneider
200 Seiten, 65 Abb./Tab., DIN A5, 2005
ISBN 978-3-89158-410-1 Euro 15,– (D)

49
Suchmaschinen als Gatekeeper in der öffentlichen Kommunikation
Rechtliche Anforderungen an Zugangsoffentheit und Transparenz
bei Suchmaschinen im www
von Wolfgang Schulz, Thorsten Held und Arne Laudien
132 Seiten, 5 Abb., DIN A5, 2005
ISBN 978-3-89158-408-8 Euro 9,– (D)

48
Zur Kritik der Medienkritik
Wie Zeitungen das Fernsehen beobachten
herausgegeben von Ralph Weiß
592 Seiten, 25 Abb./Tab., DIN A5, 2005
ISBN 978-3-89158-397-5 Euro 25,– (D)

VISTAS Verlag GmbH
Goltzstraße 11
10781 Berlin
E-Mail: medienverlag@vistas.de

Telefon: 030 / 32 70 74 46
Telefax: 030 / 32 70 74 55
Internet: www.vistas.de

VISTAS
Der Medienverlag